安全生产新做法与新经验丛书

企业培养遵章守纪优秀员工新做法与新经验

“安全生产新做法与新经验丛书”编委会　编

中国劳动社会保障出版社

图书在版编目(CIP)数据

企业培养遵章守纪优秀员工新做法与新经验/“安全生产新做法与新经验丛书”编委会编. —北京：中国劳动社会保障出版社，2013

安全生产新做法与新经验丛书

ISBN 978-7-5167-0368-7

Ⅰ.①企… Ⅱ.①安… Ⅲ.①企业管理-职工培训-研究 Ⅳ.①F272.92

中国版本图书馆 CIP 数据核字(2013)第 106220 号

中国劳动社会保障出版社出版发行

（北京市惠新东街 1 号 邮政编码：100029）

出 版 人：张梦欣

*

北京市艺辉印刷有限公司印刷装订 新华书店经销

880 毫米×1230 毫米 32 开本 9.125 印张 225 千字

2013 年 6 月第 1 版 2013 年 6 月第 1 次印刷

定价：25.00 元

读者服务部电话：（010）64929211/64921644/84643933

发行部电话：（010）64961894

出版社网址：http://www.class.com.cn

编　委　会

主　　编：郑希文

副 主 编：张力娜

编写人员：张力娜　张立军　张　平　张　滇　张开文
张金保　王建平　李　康　赵钰波　赵霁春
刘丽华　袁　晖　袁东旭　袁济东　曹　军
曹永坤　舒江华　闫　炜　陈国恩　高海燕
林　文　谭　英　乔文传　吴志娟　杨晓淞
杨　敏　司建中　李金国　孙　群　尹之山
徐晋青　丁　盛　秦　芳　于晓薇　郑　煜
郑文芸　曾启勇　侯静霞　冯寿亭　冯荣兰

内容提要

企业需要遵章守纪的优秀员工，优秀员工不仅是企业经营发展最为宝贵的财富，也是企业安全生产的基础和保障。2010 年 7 月，国务院在《关于进一步加强企业安全生产工作的通知》（国发〔2010〕23 号）中，对员工的岗位培训和企业的人才培养作了规定，要求强化职工安全培训，企业主要负责人和安全生产管理人员、特殊工种人员一律严格考核，按国家有关规定持职业资格证书上岗；职工必须全部经过培训合格后上岗。企业用工要严格依照劳动合同法与职工签订劳动合同。凡存在不经培训上岗、无证上岗的企业，依法停产整顿。没有对井下作业人员进行安全培训教育，或存在特种作业人员无证上岗的企业，情节严重的要依法予以关闭。

企业要培养出大批遵章守纪的优秀员工，并不是一件容易的事情，不仅需要制定相应的制度、实施积极的鼓励政策，还需要采取切实有效的措施，运用符合本企业实际的有效方法。有的企业，为了打造创新型班组，以学习促技术，开展岗位创新创效活动，根据自身工作特点，着力培养“专家型”员工，并规定，凡是在发明创新活动中有贡献的员工给予一定奖励。还有的企业，着重培养学习型、思考型、能领兵会打仗的班组长，利用多种形式进行培养，取得了很好的效果。

本书依据新的政策规定、新的管理思路，以培养造就遵章守纪的优秀员工为主题，介绍不同行业、不同企业所实施的相关政策措施，介绍企业培养造就优秀员工的新做法、新经验，同时还介绍优秀班组长、优秀员工、优秀技术能手、优秀安全员、优秀基层管理人员的做法与事迹，对企业培养优秀员工有直接的参考借鉴作用，也是车间班组进行安全学习的有益读物。

前言

近几年，在科学发展观思想指导下，党和国家采取了一系列重大措施加强安全生产工作。这些重大政策干预措施对促进安全生产形势稳定好转发挥了重要作用，并且表现出强劲和持久的后续推动力。在连续多年工伤事故死亡人数持续下降后，国家政策干预并没有出现减弱趋势，反而更为增强，安全生产法律法规体系、安全生产政策体系逐步完善，政府安全生产监管工作更为加强。

对于许多企业来讲，在安全生产管理工作中都取得了一定的成绩，同时也遇到许多新情况、新问题，亟待有新的方式方法予以解决。例如，一些企业随着青年工人的大量增加，人员流动性很大，安全生产的严格管理与人员的自由流动形成突出矛盾；再如，一些企业安全生产管理方式日益固定化，缺乏应有的变化和新鲜感，造成人员安全意识的麻木与淡薄，也造成管理者与被管理者矛盾冲突增多，致使安全管理走下坡路。企业安全生产管理工作的实质，是职工广泛参与的自我教育、自我改进的活动，离开了广大职工的积极参与，安全生产管理工作就很难取得实质性的效果。因此，在企业安全生产管理上，需要不断地根据新情况、新问题，学习借鉴其他企业的实用做法、新鲜经验，采取有针对性的措施，从而缓和管理者与被管理者之间的矛盾，不断提高职工对安全生产的认识，促进本企业安全管理水平的提高。

这套丛书，在对大量不同类型企业调研的基础上，从企业的实际情况和实际需要出发，确定相应的选题和内容，主要的读者对象是企业安全生产管理人员和班组职工。

本套丛书共有 10 本：

1.《企业开展安全生产标准化建设新做法与新经验》
2.《企业推进安全文化建设新做法与新经验》
3.《企业强化班组安全建设新做法与新经验》
4.《企业落实职业危害防治责任新做法与新经验》
5.《企业加强安全生产管理工作新做法与新经验》
6.《企业应急救援与应急处置管理新做法与新经验》
7.《企业开展事故隐患排查工作新做法与新经验》
8.《企业开展宣传教育工作新做法与新经验》
9.《企业生产班组自主安全管理新做法与新经验》
10.《企业培养遵章守纪优秀员工新做法与新经验》

每本书都分为三个部分，即相关政策法规要点、企业做法与经验、相关问题解答与探讨。在相关政策法规要点中，对相关政策法规的要点进行提示；在企业做法与经验中，对企业做法与经验进行评述，即对相关做法与经验的适用范围、内在价值、未来改进之处等进行分析，以利于其他企业能够更好地参考借鉴。

本套丛书主要围绕近几年来国家新近颁布实施的安全生产方面的相关法律法规、国家安全生产监督管理总局制定并实施的相关部门规章、企业安全管理人员和班组职工的迫切需要，系统全面地介绍先进企业的新做法、新经验，为企业及班组提供可以参考借鉴的知识，供不同企业直接运用，以利推进实际工作。

编　者

2012年10月

目　录

一、企业培养遵章守纪优秀员工相关政策要点

对于企业来讲，拥有大批遵章守纪的优秀员工是企业最为宝贵的财富，有了优秀员工，才能促进企业的发展，保持企业的竞争力。然而，优秀员工既不是从天上掉下来的，也不是自然而然产生的，如同花儿离不开阳光和水一样，优秀员工需要企业的培养教育。在各种培养教育中，首要的是员工爱岗敬业的教育。要在员工中加强爱岗敬业、尽职尽责的教育，树立干任何事都要精益求精的观念。一个连自己的职业和岗位都不热爱的人，是很难对工作全心投入、尽职尽责的。通过教育，在职工中广泛传播爱岗敬业、尽职尽责的理念，使员工对此达成共识，形成干一行爱一行的良好风气。只有干一行爱一行，才能认认真真“钻一行”，才能全身心投入工作之中，干出成绩。

1.《国务院关于进一步加强企业安全生产工作的通知》相关要点

2010 年 7 月 19 日，国务院印发了《关于进一步加强企业安全生产工作的通知》（国发〔2010〕23 号）。该通知的制定出台，充分体现了党中央、国务院对安全生产工作的高度重视，对人民群众的深切关怀；体现了“安全发展，预防为主”的原则要求和安全生产工作标本兼治、重在治本，重心下移、关口前移的总体思路。

（1）总体要求

1）工作要求。深入贯彻落实科学发展观，坚持以人为本，牢固树立安全发展的理念，切实转变经济发展方式，调整产业结构，提高经济发展的质量和效益，把经济发展建立在安全生产有可靠保障的基础上；坚持“安全第一、预防为主、综合治理”的方针，全面加强企业安全管理，健全规章制度，完善安全标准，提高企业技术

水平，夯实安全生产基础；坚持依法依规生产经营，切实加强安全监管，强化企业安全生产主体责任落实和责任追究，促进我国安全生产形势实现根本好转。

2）主要任务。以煤矿、非煤矿山、交通运输、建筑施工、危险化学品、烟花爆竹、民用爆炸物品、冶金等行业（领域）为重点，全面加强企业安全生产工作。要通过更加严格的目标考核和责任追究，采取更加有效的管理手段和政策措施，集中整治非法违法生产行为，坚决遏制重特大事故发生；要尽快建成完善的国家安全生产应急救援体系，在高危行业强制推行一批安全适用的技术装备和防护设施，最大程度减少事故造成的损失；要建立更加完善的技术标准体系，促进企业安全生产技术装备全面达到国家和行业标准，实现我国安全生产技术水平的提高；要进一步调整产业结构，积极推进重点行业的企业重组和矿产资源开发整合，彻底淘汰安全性能低下、危及安全生产的落后产能；以更加有力的政策引导，形成安全生产长效机制。

（2）严格企业安全管理

1）进一步规范企业生产经营行为。企业要健全完善严格的安全生产规章制度，坚持不安全不生产。加强对生产现场监督检查，严格查处违章指挥、违规作业、违反劳动纪律的“三违”行为。凡超能力、超强度、超定员组织生产的，要责令停产停工整顿，并对企业和企业主要负责人依法给予规定上限的经济处罚。对以整合、技改名义违规组织生产，以及规定期限内未实施改造或故意拖延工期的矿井，由地方政府依法予以关闭。要加强对境外中资企业安全生产工作的指导和管理，严格落实境内投资主体和派出企业的安全生产监督责任。

2）及时排查治理安全隐患。企业要经常性开展安全隐患排查，并切实做到整改措施、责任、资金、时限和预案“五到位”。建立以安全生产专业人员为主导的隐患整改效果评价制度，确保整改到位。

对隐患整改不力造成事故的，要依法追究企业和企业相关负责人的责任。对停产整改逾期未完成的不得复产。

3）强化生产过程管理的领导责任。企业主要负责人和领导班子成员要轮流现场带班。煤矿、非煤矿山要有矿领导带班并与工人同时下井、同时升井，对无企业负责人带班下井或该带班而未带班的，对有关责任人按擅离职守处理，同时给予规定上限的经济处罚。发生事故而没有领导现场带班的，对企业给予规定上限的经济处罚，并依法从重追究企业主要负责人的责任。

4）强化职工安全培训。企业主要负责人和安全生产管理人员、特殊工种人员一律严格考核，按国家有关规定持职业资格证书上岗；职工必须全部经过培训合格后上岗。企业用工要严格依照劳动合同法与职工签订劳动合同。凡存在不经培训上岗、无证上岗的企业，依法停产整顿。没有对井下作业人员进行安全培训教育，或存在特种作业人员无证上岗的企业，情节严重的要依法予以关闭。

5）全面开展安全达标。深入开展以岗位达标、专业达标和企业达标为内容的安全生产标准化建设，凡在规定时间内未实现达标的企业要依法暂扣其生产许可证、安全生产许可证，责令停产整顿；对整改逾期未达标的，地方政府要依法予以关闭。

国务院在《关于进一步加强企业安全生产工作的通知》中，还对建设坚实的技术保障体系、实施更加有力的监督管理、建设更加高效的应急救援体系、严格行业安全准入、加强政策引导、更加注重经济发展方式转变、实行更加严格的考核和责任追究等，提出了要求。

2.《关于冶金企业贯彻落实〈国务院关于进一步加强企业安全生产工作的通知〉的实施意见》相关要点

2010年12月20日，国家安全生产监督管理总局（以下简称国家安全监管总局）印发《关于冶金企业贯彻落实〈国务院关于进一步加强企业安全生产工作的通知〉的实施意见》（安监总管四

〔2010〕208号）。该实施意见指出：为认真贯彻落实《国务院关于进一步加强企业安全生产工作的通知》（国发〔2010〕23号）精神，切实推动冶金企业落实安全生产主体责任，全面加强冶金企业安全生产工作，结合我国冶金企业安全生产的特点和具体情况，制定本实施意见。该实施意见中冶金企业（本部分简称企业）是指炼铁、炼钢、轧钢企业，以炼铁、炼钢、轧钢为主的钢铁联合企业，以及与之配套的烧结、球团、氧气、耐火、碳素、铁合金等企业。

(1) 强化制度建设，切实落实企业安全生产主体责任

1）建立健全安全生产责任体系。企业要建立主要负责人、分管安全生产负责人和其他负责人在各自职责内的安全生产工作责任体系。安全生产责任体系必须做到责任具体、分工清晰，主体明确、责权统一。

2）建立健全完善安全生产规章制度、标准和规程。企业要按照有关安全生产法律法规、标准和规范性文件的要求，建立健全安全生产管理制度，完善各工种、岗位的安全技术操作规程。必须建立以下安全管理制度：安全设备设施管理、检修施工管理、危险源管理、特种作业管理、危险品存储使用管理、电力管理、能源动力介质使用管理、隐患排查治理、监督检查管理、工作联系和确认、外用工管理、劳动防护用品管理、安全教育培训、事故应急救援、安全分析预警与事故报告、生产安全事故责任追究、安全生产绩效考核与奖惩等制度，并根据国家有关安全生产法律行政法规、国家标准、行业标准的更新和生产需要，及时对安全生产规章制度、作业标准、岗位技术操作规程等进行修订完善。

3）加强安全生产管理机构建设。企业从业人员超过300人（含本数）的，应当设置安全生产管理机构，配备不少于从业人员3‰比例的专职安全生产管理人员；从业人员在300人以下的，应当配备专职或者兼职安全生产管理人员。安全生产管理机构应具备相对独立的职能，安全生产管理人员要具备胜任本企业安全生产工作的能力，取得相关证书，同时享受相当类别管理岗位的待遇。

4）加强职业健康管理。企业要按照国家有关规定，加强职业危害控制和职业健康监护。企业应保证作业场所的职业卫生条件符合法律法规和标准规定，为从业人员配备与工作岗位相适应的符合国家标准或者行业标准的劳动防护用品，并教育监督从业人员正确佩戴、使用。

5）加强安全文化建设。企业要积极创造良好的安全生产工作氛围，把安全文化建设融入到企业管理工作中。倡导班组自主管理，定期交流经验，充分发挥工会、共青团、妇联等组织的作用，倡导全员关爱生命、遵章守纪、安全生产的理念。

(2) 强化作业过程控制，提高企业安全生产管理水平

1）开展作业前风险分析。企业要根据生产操作、工程建设、检维修、维护保养等作业的特点，全面开展作业前风险分析。要根据风险分析的结果采取相应的预防和控制措施，消除或降低作业风险。作业前风险分析的内容要涵盖作业过程的步骤、作业所使用的工具和设备、作业环境的特点以及作业人员的情况等。未实施作业前风险分析、预防控制措施不明确或不落实的不得开始作业。

2）严格危险作业许可管理。企业要建立危险作业许可制度，对动火作业、受限空间作业、临时用电作业、高处作业、抽堵盲板作业、设备检维修作业等危险性作业实施许可管理。

3）加强作业过程管理与监督。企业要加强对作业人员按照操作规程实施作业的监督，及时纠正和制止违章指挥、违章操作、违反劳动纪律行为。对实施许可的作业，要明确专人进行监督和监护。作业人员必须遵守安全生产规章制度、操作规程和劳动纪律，有权拒绝违章指挥，有权了解本岗位的职业危害；发现直接危及人身安全的紧急情况时，有权停止作业和及时撤离危险场所。

4）加强交叉作业和相关方管理。企业在正常生产与建设施工或检修之间出现交叉作业的情况下，要全面负责建设施工和检修的安全生产工作，对建设施工或检修承担统一、协调、管理的职责，必须签订安全管理协议，将涉及本企业和施工企业、检修单位安全生产管理的事项纳入本企业的安全管理体系；必须制定施工或检修方案，其安全技术措施和应急预案须经相关机构负责人审查同意。对涉及的各项工作内容、各个单位的任务、安全技术交底、职责等作出明确规定，未经重新确认不得更改。

(3) 规范安全教育培训，提高全员安全素质

1）建立安全培训机制。把安全培训工作纳入本单位年度工作计划，切实做好培训的需求调查、策划、准备、实施、效果评价工作。企业要明确安全培训部门的职责权限、工作程序、要求和目标。建立健全从业人员安全培训档案，详细、准确记录培训考核情况。法人代表、厂长（经理）、分管负责人和安全生产管理人员（专兼职）必须按照国家有关规定，经过专门安全生产教育培训，具备与本单位所从事的生产经营活动相应的安全生产知识和管理能力，经有资质培训机构进行培训考核合格后，取得培训合格证，才能上岗。

企业要保证安全生产教育培训所需人员、资金和设施，加强企业内部安全培训师资队伍和教材等建设。没有培训能力的单位可委托有资质的安全生产培训机构进行培训，或利用广播、电视和网络等实行远程培训和社会化教学。

2）加强新进、转岗、离岗后重新上岗等新上岗人员的安全培训工作。企业要对新上岗人员进行厂、车间（工段、作业区、队）、班组三级安全生产教育培训。新上岗人员，在上岗前按照国家规定课时，经过厂、车间（工段、作业区、队）、班组三级安全教育培训，培训合格方可上岗作业。厂级培训不得低于 8 学时，车间级培训不得低于 16 学时，班组级培训不得低于 24 学时。每年须复训一次，复训时间不少于 18 学时。

3）强化特种作业人员安全教育培训。企业要按照国家有关规定对从事电气、起重吊运（含电梯）、锅炉、压力容器、车辆驾驶（含厂内车辆驾驶）、焊接（电焊、气焊）、高处作业、煤气、爆破、工业探伤等工程的作业人员，进行专门的安全培训，经考核合格，取得有关资格证书后，方可上岗作业。

4）加强相关方人员安全培训教育。对从事本企业生产活动的相关方人员，要纳入本企业全员安全培训教育范围，开展入厂安全教育；临时进驻企业生产作业场所进行技术服务、施工检修、参观访问等相关方单位人员，企业要按照有关法律要求，对其进行危险告知义务，同时实施安全交底和安全监护。

在该实施意见中，还对强化工艺、装备安全管理，提高本质安全水平；认真开展安全生产标准化，全面实施企业安全达标；严格安全监督检查和考核；强化事故及应急管理，切实提高事故防控处置能力；加强监管执法，促进企业主体责任落实等事项作了明确要求。

3.《安全生产教育培训“十二五”规划》相关要点

2011年11月16日，国家安全监管总局印发《安全生产教育培训“十二五”规划》（安监总培训〔2011〕175号）。制定本规划的目的，是为了进一步提高安全生产教育培训科学化水平，培养造就高素质安全监管监察队伍，全面提升从业人员安全素质，促进全国安全生产形势持续稳定好转。

(1) 安全生产教育培训现状及面临的形势

“十一五”期间，各地区、各有关部门和单位认真贯彻落实党中央、国务院关于加强安全生产和教育培训工作的决策部署，按照统一规划、归口管理、分类指导、分级实施、教考分离的工作原则，以预防和减少各类伤亡事故和职业危害、坚决遏制重特大事故为目的，以贯彻落实安全生产相关法律法规为主线，以增强从业人员特别是农民工安全意识和自我保护能力为重点，加大力度，采取措施，推动安全生产教育培训取得了新的进展和成效。

“十二五”时期，是我国全面建设小康社会和构建社会主义和谐社会的关键时期，也是实现安全生产状况根本好转的重要时期。随着我国加快转变经济发展方式和产业结构优化升级，煤矿、非煤矿山、重化工等行业（领域）机械化、自动化水平将不断提升，安全生产将不断出现新情况、新问题，迫切需要进一步加大安全生产教育培训力度，不断提高各类人员安全管理水平和实际操作技能。党中央、国务院关于加强安全生产和教育培训工作的重要指示和决策部署，为安全生产教育培训指明了方向、提供了强有力的政策支持；和谐社会的构建，全社会安全意识的增强，经济发展方式的转变，为安全生产教育培训创造了良好的社会氛围；经济社会持续快速发展，全民特别是农民工文化素质的不断提高，为安全生产教育培训带来了难得的发展条件。我们必须进一步提高认识，增强责任感、使命感和紧迫感，抓住机遇，进一步加大力度，努力解决工作中不适应的问题，推进安全生产教育培训创新发展，全面提升各类人员安全素质和能力，为促进安全生产形势进一步持续稳定好转作出新的更大贡献。

(2) 指导思想、基本原则和规划目标

1）指导思想。深入贯彻落实科学发展观，牢固树立以人为本、安全发展的理念，认真贯彻执行党中央、国务院关于加强安全生产和教育培训工作的重要指示精神和决策部署，以提升从业人员安全素质、提高安全监管监察效能为目标，以落实培训责任、健全法规标准、强化基础建设、提升培训质量、加强安全专业人才培养为重点，进一步深化教育培训改革创新，建立完善面向基层、责任明确、载体多样、保障有力、管理规范的教育培训体系，全面提升安全生产教育培训科学化水平，推动“人才强安”战略深入实施，为促进全国安全生产形势持续稳定好转提供坚强的人才支持和智力保障。

2）基本原则

①坚持提高素质、服务大局。紧紧围绕服务安全生产工作大局，把安全生产教育培训的普遍性要求与不同类别、不同层次、不同岗

位人员的特殊需要结合起来，不断提高各级各类人员安全素质和能力，更好地为安全发展服务。

②坚持竞争择优、改革创新。坚持以改革促发展、以创新增活力、以竞争促资源盘活、以择优促质量提升，努力实现培训内容规范化、培训方式多样化、培训管理信息化。

③坚持联系实际、学用结合。着眼解决安全生产教育培训针对性、实用性不强的问题，把理念、知识、技能作为重要培训内容，形成推动培训机构联系实际办学、教师联系实际教学、学员联系实际真学的机制。

④坚持质量第一、注重实效。把提高教学质量和培训效果作为谋划、推进和评价安全生产教育培训工作的基本要求，贯穿于安全生产教育培训的各个环节和各个方面，实现安全生产教育培训规模、质量和效益相统一。

3）规划目标

①更新教育培训理念。牢固树立为安全生产大局服务、为干部职工成长成才服务的方向，从只有办学才是教育、只有办班才是培训的观念中解放出来，树立实践是最好课堂，自学互学是有效形式的理念，实现教育培训生活化、工作化、常态化。

②完善教育培训制度。坚持制度引领，进一步完善教育培训法规标准，建立健全岗位责任、投入使用、教考分离、考核奖惩、证件年检和监督检查等制度，提高教育培训工作科学化水平。

③强化教育培训基础建设。整合优化资源，完善基地网络，壮大专兼职教师队伍，规范培训内容，健全信息化管理系统和考核体系，基本实现高危行业企业“三项岗位”人员和安全监管监察干部教育培训大纲、教材、考试、颁证、审核全国统一。

④创新教育培训方式方法。适应各级各类人员多样化要求，改进方式方法，提升教育培训的针对性和实效性，全面提高从业人员安全素质和社会公众自救互救能力，有效减少违章指挥、违章作业、

违反劳动纪律等行为。

⑤加强教育培训监督管理。着眼于满足全社会日益增长的安全需求，加强组织领导，强化宏观协调管理，落实教育培训责任，形成职责明确、制度健全、考核规范、监管到位、保障有力的组织管理体制。

⑥推进安全学科专业建设。完善“安全科学与工程”一级学科体系，推动安全类专业高等教育规模、结构、质量、效益与安全生产发展需求基本实现协调发展。

（3）主要任务

1）全面提高企业从业人员安全素质。坚持先培训后上岗，持证上岗。依法强化煤矿、非煤矿山、危险化学品、烟花爆竹、民用爆炸物品、冶金等重点行业（领域）企业主要负责人和安全生产管理人员安全资格培训，并按规定进行复训，做到持安全资格证或职业资格证上岗；加强特种作业人员安全培训及监督管理，严格特种作业人员的条件准入。把农民工和外包施工企业人员作为重点，严格对新上岗人员进行强制性岗前安全培训。对从事加工、制造等生产性质的单位的其他从业人员，坚持厂（矿）、车间（工段、区、队）和班组“三级”安全生产教育培训，未经培训或培训不合格的，一律不得上岗作业。以企业自主培训为主，实施班组长安全培训工程，每年将班组长培训一遍。加强应急演练，强化应急管理和应急救援人员培训，做到全面覆盖。大力推进用人单位职业卫生培训工作。深入开展安全生产、应急避险和职业健康知识进企业、进学校、进乡村、进社区、进家庭等活动，不断增强全民特别是农民工的安全意识。

2）全面深化干部教育培训改革。推进干部教育培训办学体制、运行机制、内容方式、师资管理改革，进一步改进管理方式，全面提升干部教育培训科学化水平。开展领导干部安全素质和安全监管监察人员执法能力研究，分级分类建立干部岗位能力模型体系。推行学分制管理，开发选学平台，开展干部自主选学，解决工学矛盾。加强日常考核和集中考试工作，提高干部队伍学习能力、创新能力、执法能力和执行能力。到 2015 年，将全国市（地）、县（市）、乡（镇）级政府分管安全生产工作的领导干部轮训一遍；安全监管监察人员全部经执法资格培训并持证上岗，专题业务培训率达到 100％。

3）全面加强注册安全工程师队伍建设。进一步完善注册安全工程师（含注册助理安全工程师，以下统称注安师）考试制度，针对煤矿、建筑施工和危险物品等重点行业逐步实行相关考试科目分专业考试，增强考试的科学性、针对性。加强注安师分类注册管理，建立健全行业注安师人才库。强化继续教育，不断提升职业道德和执业能力。构建注安师培养、考核、使用和激励机制，充分发挥注安师作用。加快推进注安师立法工作，保障注安师依法履行职责和行使权力。积极培育注安师事务所，鼓励和支持注安师为中小企业服务；引导建立注安师协会，不断提高行业自律管理能力。加强注安师制度国际交流合作，研究探索注安师走向国际化的途径。到 2015 年，注安师人数比 2010 年增长 40％以上（其中：注册安全工程师增长 50％以上，注册助理安全工程师和安全主任增长 35％以上）；造就一支恪守诚信、素质过硬、适应安全发展要求，基本满足企业安全管理和专业服务需要的注安师队伍。

4）全面强化安全专业技术人才培养。加强安全学科专业建设理论研究，完善“安全科学与工程”一级学科体系。积极推进和扩大安全工程本科专业教育认证，搞好精品课程建设，完善安全工程专业（本科）系列教材。实施“卓越工程师教育培养计划”，推进校企共同培养高层次安全专业人才。进一步完善并落实校企合作办学、对口单招、订单式培养等政策，加大奖学金和助学金支持力度，鼓励高等院校、职业技术学校扩大采矿、机电、地质、通风、安全等相关专业招生规模，加快培养高危行业专业人才和生产一线急需技能型人才。推动发展职业技术教育，鼓励和支持企业办好技工学校，变招工为招生，为高危行业培养更多专业技术和技能应用型人才。到2015年，安全生产管理人才、高技能人才和专业服务人才总量达到662万人，比2010年增长61%；安全类专业高等教育规模、结构、质量、效益与安全生产发展需求基本实现协调发展。

5）全面完善安全生产教育培训法规标准体系。加强安全生产教育培训法规体系研究，建立安全生产教育培训法规制度标准跟踪评价、适时修订、定期清理制度，进一步完善相关法规、规章和标准。制定和修订安全生产教育培训管理、考核、质量评估、监督检查等方面的规章制度，建立完善各类人员培训大纲和考核标准，及时调整和公布特种作业范围，健全培训质量保证体系。针对农民工安全生产教育培训存在的突出问题，进一步完善农民工安全培训相关政策。完善安全培训机构评估标准，规范培训机构从业行为，坚决杜绝以牟利为目的搞速成班，以及乱发文、乱办班、乱收费现象。严格安全生产教育培训行政许可制度，强化相关资格证书的发放和管理，严肃查处培训考核发证工作中的不正之风和腐败现象。

6）全面推进安全生产教育培训基地、师资和教材三项基础工作。建立优胜劣汰机制，规范安全培训机构的资质管理，继续做好培训机构资质认定和复审工作，对不具备办学条件和能力或布局、结构不合理的培训机构进行调整。加强培训效果评估，推进培训机构规范化和标准化建设。坚持资源共享，发挥大中专院校、职业培训机构的作用。逐步构建布局合理、功能完备、特色鲜明、优势互补、与安全生产相适应的安全生产教育培训基地网络。

制定教材编写规划，统筹教材编写。突出案例特色，开发适用于不同层次人员的培训教材，注重加强农民工和企业班组长培训教材以及多媒体教材的开发，逐步形成以文字、音像、多媒体软件等为载体，适应分级分类培训需要，质量高、实用性强的立体化教材体系。

7）全面提升安全生产教育培训质量。改进培训班次设置方式，推广专题研究、短期培训、小班教学，突出按不同层次、不同类别人员开展培训。加强培训需求调研，完善培训课程设计，切实增强培训的针对性和实效性。改进讲授式教学，推广研讨式、互动式、案例式、体验式、模拟式教学，进一步增强教学的吸引力和感染力。严格考核标准，加强考核管理，建立健全高危行业企业“三项岗位”人员和安全监管监察人员考核题库，开发相应配套软件，大力推行计算机考试，实现题库资源共享共用。

8）全面加强安全生产教育培训信息化建设。着眼于满足各级各类人员多样化的学习要求，实施网络教育培训与信息化管理工程。加强网络教育培训基础设施建设，建立网络教育培训平台，规范网络教育培训管理，针对不同层次、不同类型、不同岗位人员工作需求，开发网络课堂、手机课堂、视频课堂，充分利用视频系统、互联网系统开展远程教育，实现安全生产教育培训生活化、网络化、常态化。适应现代信息技术发展的新形势，加快安全生产教育培训信息化建设步伐，构建教育培训信息化管理平台，实现教育培训管理、考核发证、证书查询等信息化，不断提高管理水平和工作效率。

9）全面落实安全生产教育培训责任。深化安全生产教育培训体制、机制、法制建设，进一步明确相关部门、企业和培训机构的职责，建立完善面向基层、责任明确、载体多样、保障有力、管理规范的国家、省、市、县四级安全生产教育培训体系。把安全生产教育培训纳入安全生产监督管理和执法检查的重要内容，进一步加强工作指导和监督检查，督促地方各有关部门以及各培训机构和企业认真落实相关法律法规、制度标准要求，健全教育培训制度，切实履行各自职责，确保各项政策措施落实到位。完善专项检查制度，加大执法检查力度，严厉查处企业“三项岗位”人员未按照相关要求持证上岗、职工未经培训或培训不合格就安排上岗作业的行为，进一步促进企业安全生产教育培训责任落实。

在《安全生产教育培训“十二五”规划》中，还对重点工程、保障措施等事项作了规划。

4.《安全生产培训管理办法》相关要点

2012 年 1 月 19 日，国家安全监管总局公布了《安全生产培训管理办法》(国家安全生产监督管理总局令第 44 号)。

《安全生产培训管理办法》分为八章五十二条，各章内容为：第一章总则，第二章安全培训机构，第三章安全培训，第四章安全培训的考核，第五章安全培训的发证，第六章监督管理，第七章法律责任，第八章附则。制定本办法的目的，是根据《中华人民共和国安全生产法》（以下简称《安全生产法》）和有关法律、行政法规的规定，为了加强安全生产培训管理，规范安全生产培训秩序，保证安全生产培训质量，促进安全生产培训工作健康发展。本办法自 2012 年 3 月 1 日起施行。2004 年 12 月 28 日原国家安全生产监督管理局（国家煤矿安全监察局）公布的《安全生产培训管理办法》同时废止。

(1) 对相关原则性问题的有关规定

在第一章总则中，对相关原则性问题作了规定。

《安全生产培训管理办法》规定：安全培训机构、生产经营单位从事安全生产培训（以下简称安全培训）活动以及安全生产监督管理部门、煤矿安全监察机构、地方人民政府负责煤矿安全培训的部门对安全培训工作实施监督管理，适用本办法。

本办法所称安全培训是指以提高安全监管监察人员、生产经营单位从业人员和从事安全生产工作的相关人员的安全素质为目的的教育培训活动。

生产经营单位从业人员是指生产经营单位主要负责人、安全生产管理人员、特种作业人员及其他从业人员；从事安全生产工作的相关人员是指从事安全教育培训工作的教师、危险化学品登记机构的登记人员和承担安全评价、咨询、检测、检验的人员及注册安全工程师、安全生产应急救援人员等。

安全培训工作实行统一规划、归口管理、分级实施、分类指导、教考分离的原则。

国家安全监管总局指导全国安全培训工作，依法对全国的安全培训工作实施监督管理。

国家煤矿安全监察局（以下简称国家煤矿安监局）指导全国煤矿安全培训工作，依法对全国煤矿安全培训工作实施监督管理。

国家安全生产应急救援指挥中心指导全国安全生产应急救援培训工作。

县级以上地方各级人民政府安全生产监督管理部门依法对本行政区域内的安全培训工作实施监督管理。

省、自治区、直辖市人民政府负责煤矿安全培训的部门、省级煤矿安全监察机构（以下统称省级煤矿安全培训监管机构）按照各自工作职责，依法对所辖区域煤矿安全培训工作实施监督管理。

(2) 对安全培训机构的有关规定

在第二章安全培训机构中，对相关事项作了规定。

安全培训机构从事安全培训活动，必须取得相应的资质证书。资质证书分三个等级。一级资质证书，由国家安全监管总局审批、颁发；二级、三级资质证书，由省、自治区、直辖市人民政府安全生产监督管理部门（以下简称省级安全生产监督管理部门）审批、颁发。设立煤矿安全监察机构的省、自治区、直辖市，由省级煤矿安全监察机构负责所辖区域内从事煤矿安全培训活动的培训机构二级、三级资质证书的审批、颁发。

取得一级资质证书的安全培训机构，可以承担省级以上安全生产监督管理部门、煤矿安全监察机构的安全生产监管人员、煤矿安全监察人员，中央企业的总公司、总厂或者集团公司的主要负责人和安全生产管理人员，以及安全培训机构教师的培训工作。

取得二级资质证书的安全培训机构，可以承担设区的市、县级人民政府安全生产监督管理部门（以下简称市级、县级安全生产监督管理部门）的安全生产监管人员，省属生产经营单位和中央企业的分公司、子公司及其所属单位主要负责人和安全生产管理人员，危险物品的生产、经营、储存单位和矿山企业的主要负责人，危险化学品登记机构的登记人员，承担安全评价、咨询、检测、检验工作的人员，以及注册安全工程师和三级安全培训机构教师的培训工作。

取得三级资质证书的安全培训机构，可以承担除中央企业、省属生产经营单位的主要负责人、安全生产管理人员以及危险物品的生产、经营、储存单位和矿山企业的主要负责人以外的生产经营单位从业人员的培训工作。

上一级安全培训机构可以承担下一级安全培训机构的培训工作。

（3）对安全培训的有关规定

在第三章安全培训中，对相关事项作了规定。

安全培训应当按照规定的安全培训大纲进行。安全监管监察人员，危险物品的生产、经营、储存单位与非煤矿山企业的主要负责人、安全生产管理人员和特种作业人员及从事安全生产工作的相关人员的安全培训大纲，由国家安全监管总局组织制定。

煤矿企业的主要负责人、安全生产管理人员和特种作业人员的培训大纲由国家煤矿安监局组织制定。

除危险物品的生产、经营、储存单位和矿山企业以外其他生产经营单位的主要负责人、安全生产管理人员及其他从业人员的安全培训大纲，由省级安全生产监督管理部门、省级煤矿安全培训监管机构组织制定。

生产经营单位应当建立安全培训管理制度，保障从业人员安全培训所需经费，对从业人员进行与其所从事岗位相应的安全教育培训；从业人员调整工作岗位或者采用新工艺、新技术、新设备、新材料的，应当对其进行专门的安全教育和培训。未经安全教育和培训合格的从业人员，不得上岗作业。从业人员安全培训情况，生产经营单位应当建档备查。

下列从业人员应当由取得相应资质的安全培训机构进行培训：

1）依照有关法律、法规应当取得安全资格证的生产经营单位主要负责人。

2）安全生产管理人员。

3）特种作业人员。

4）井工矿山企业的生产、技术、通风、机电、运输、地测、调度等职能部门的负责人。

前款规定以外的从业人员的安全培训，由生产经营单位组织培训，或者委托安全培训机构进行培训。

生产经营单位从业人员的培训内容和培训时间，应当符合《生产经营单位安全培训规定》和有关标准的规定。

国家鼓励生产经营单位实行师傅带徒弟制度。

矿山新招的井下作业人员和危险物品生产经营单位新招的危险工艺操作岗位人员，除按照规定进行安全培训外，还应当在有经验的职工带领下实习满 2 个月后，方可独立上岗作业。

国家鼓励生产经营单位招录职业院校毕业生。职业院校毕业生从事与所学专业相关的作业，可以免予参加初次培训，实际操作培训除外。

安全培训机构应当建立安全培训工作制度和人员培训档案，落实安全培训计划。安全培训相关情况，应当记录备查。

安全培训机构从事安全培训工作的收费，应当符合法律、法规的规定。法律、法规没有规定的，应当按照行业自律标准或者指导性标准收费。

国家鼓励安全培训机构和生产经营单位利用现代信息技术开展安全培训，包括远程培训。

（4）对安全培训考核的有关规定

在第四章安全培训的考核中，对相关事项作了规定。

安全监管监察人员、从事安全生产工作的相关人员、依照有关法律法规应当取得安全资格证的生产经营单位主要负责人和安全生产管理人员、特种作业人员的安全培训的考核，应当坚持教考分离、统一标准、统一题库、分级负责的原则，分步推行有远程视频监视的计算机考试。

安全监管监察人员，危险物品的生产、经营、储存单位及非煤矿山企业主要负责人、安全生产管理人员和特种作业人员，以及从事安全生产工作的相关人员的考核标准，由国家安全监管总局统一制定。

除危险物品的生产、经营、储存单位和矿山企业以外其他生产经营单位主要负责人、安全生产管理人员及其他从业人员的考核标准，由省级安全生产监督管理部门制定。

除主要负责人、安全生产管理人员、特种作业人员以外的生产经营单位的其他从业人员的考核，由生产经营单位按照省级安全生产监督管理部门公布的考核标准，自行组织考核。

安全生产监督管理部门、煤矿安全培训监管机构和生产经营单位应当制定安全培训的考核制度，建立考核管理档案备查。

(5) 对安全培训发证的有关规定

在第五章安全培训的发证中，对相关事项作了规定。

接受安全培训人员经考核合格的，由考核部门在考核结束后10个工作日内颁发相应的证书。

危险物品的生产、经营、储存单位和矿山企业主要负责人、安全生产管理人员经考核合格后，颁发安全资格证；特种作业人员经考核合格后，颁发中华人民共和国特种作业操作证（以下简称特种作业操作证）；危险化学品登记机构的登记人员经考核合格后，颁发上岗证；其他人员经培训合格后，颁发培训合格证。

安全生产监管执法证、煤矿安全监察执法证、安全资格证、特种作业操作证和上岗证的式样，由国家安全监管总局统一规定。培训合格证的式样，由负责培训考核的部门规定。

特种作业人员的考核发证按照《特种作业人员安全技术培训考核管理规定》执行。

特种作业操作证和省级安全生产监督管理部门、省级煤矿安全培训监管机构颁发的主要负责人、安全生产管理人员的安全资格证，在全国范围内有效。

(6) 对监督管理的有关规定

在第六章监督管理中，对相关事项作了规定。

安全生产监督管理部门、煤矿安全培训监管机构应当依照法律、法规和本办法的规定，加强对安全培训工作的监督管理，对生产经营单位、安全培训机构违反有关法律、法规和本办法的行为，依法作出处理。

1）安全生产监督管理部门和煤矿安全培训监管机构应当对安全培训机构开展安全培训活动的情况进行监督检查，检查内容如下：

①按照资质许可范围开展培训的情况。

②建立培训管理制度和专兼职教师配备的情况。

③执行培训大纲、建立培训档案和培训保障的情况。

④培训收费的情况。

⑤法律法规规定的其他内容。

2）安全生产监督管理部门、煤矿安全培训监管机构应当对生产经营单位的安全培训情况进行监督检查，检查内容如下：

①安全培训制度、年度培训计划、安全培训管理档案的制订和实施的情况。

②安全培训经费投入和使用的情况。

③主要负责人、安全生产管理人员和特种作业人员安全培训和持证上岗的情况。

④应用新工艺、新技术、新材料、新设备以及转岗前对从业人员安全培训的情况。

⑤其他从业人员安全培训的情况。

⑥法律法规规定的其他内容。

任何单位或者个人对生产经营单位、安全培训机构违反有关法律、法规和本办法的行为，均有权向安全生产监督管理部门、煤矿安全监察机构、煤矿安全培训监管机构报告或者举报。接到举报的部门或者机构应当为举报人保密，并按照有关规定对举报进行核查和处理。

(7) 对法律责任的有关规定

在第七章法律责任中，对相关事项作了规定。

生产经营单位主要负责人、安全生产管理人员、特种作业人员以欺骗、贿赂等不正当手段取得安全资格证或者特种作业操作证的，除撤销其相关资格证外，处 3 千元以下的罚款，并自撤销其相关资格证之日起 3 年内不得再次申请该资格证。

生产经营单位有下列情形之一的，责令改正，处 3 万元以下的罚款：

1）相关人员未按照本办法第二十一条第一款规定由相应资质安全培训机构培训的。

2）从业人员安全培训的时间少于《生产经营单位安全培训规定》或者有关标准规定的。

3）矿山新招的井下作业人员和危险物品生产经营单位新招的危险工艺操作岗位人员，未经实习期满独立上岗作业的。

4）相关人员未按照本办法第二十二条规定重新参加安全培训的。

生产经营单位存在违反有关法律、法规中安全生产教育培训的其他行为的，依照相关法律、法规的规定予以处罚。

5.《生产经营单位安全培训规定》相关要点

2006 年 1 月 17 日，国家安全监管总局公布《生产经营单位安全培训规定》（国家安全生产监督管理总局令第 3 号），自 2006 年 3 月

1日起施行。

《生产经营单位安全培训规定》分为七章三十五条，各章内容为：第一章总则，第二章主要负责人、安全生产管理人员的安全培训，第三章其他从业人员的安全培训，第四章安全培训的组织实施，第五章监督管理，第六章罚则，第七章附则。制定本规定的目的，是根据安全生产法和有关法律、行政法规，为加强和规范生产经营单位安全培训工作，提高从业人员安全素质，防范伤亡事故，减轻职业危害。工矿商贸生产经营单位（以下简称生产经营单位）从业人员的安全培训，适用本规定。

(1) 对原则性问题的有关规定

在第一章总则中，对相关原则性问题作了规定。

生产经营单位负责本单位从业人员安全培训工作。生产经营单位应当按照安全生产法和有关法律、行政法规和本规定，建立健全安全培训工作制度。

生产经营单位应当进行安全培训的从业人员包括主要负责人、安全生产管理人员、特种作业人员和其他从业人员。

生产经营单位从业人员应当接受安全培训，熟悉有关安全生产规章制度和安全操作规程，具备必要的安全生产知识，掌握本岗位的安全操作技能，增强预防事故、控制职业危害和应急处理的能力。未经安全生产培训合格的从业人员，不得上岗作业。

国家安全监管总局指导全国安全培训工作，依法对全国的安全培训工作实施监督管理。

国家煤矿安监局指导监督检查全国煤矿安全培训工作。

各级安全生产监督管理部门和煤矿安全监察机构（以下简称安全生产监管监察部门）按照各自的职责，依法对生产经营单位的安全培训工作实施监督管理。

(2) 对主要负责人、安全生产管理人员安全培训的有关规定

在第二章主要负责人、安全生产管理人员的安全培训中，对相关事项作了规定。

生产经营单位主要负责人和安全生产管理人员应当接受安全培训，具备与所从事的生产经营活动相适应的安全生产知识和管理能力。

煤矿、非煤矿山、危险化学品、烟花爆竹等生产经营单位主要负责人和安全生产管理人员，必须接受专门的安全培训，经安全生产监管监察部门对其安全生产知识和管理能力考核合格，取得安全资格证书后，方可任职。

1）生产经营单位主要负责人安全培训应当包括下列内容：

①国家安全生产方针、政策和有关安全生产的法律、法规、规章及标准。

②安全生产管理基本知识、安全生产技术、安全生产专业知识。

③重大危险源管理、重大事故防范、应急管理和救援组织以及事故调查处理的有关规定。

④职业危害及其预防措施。

⑤国内外先进的安全生产管理经验。

⑥典型事故和应急救援案例分析。

⑦其他需要培训的内容。

2）生产经营单位安全生产管理人员安全培训应当包括下列内容：

①国家安全生产方针、政策和有关安全生产的法律、法规、规章及标准。

②安全生产管理、安全生产技术、职业卫生等知识。

③伤亡事故统计、报告及职业危害的调查处理方法。

④应急管理、应急预案编制以及应急处置的内容和要求。

⑤国内外先进的安全生产管理经验。

⑥典型事故和应急救援案例分析。

⑦其他需要培训的内容。

生产经营单位主要负责人和安全生产管理人员初次安全培训时间不得少于 32 学时。每年再培训时间不得少于 12 学时。

煤矿、非煤矿山、危险化学品、烟花爆竹等生产经营单位主要负责人和安全生产管理人员安全资格培训时间不得少于 48 学时；每年再培训时间不得少于 16 学时。

生产经营单位主要负责人和安全生产管理人员的安全培训必须依照安全生产监管监察部门制定的安全培训大纲实施。

非煤矿山、危险化学品、烟花爆竹等生产经营单位主要负责人和安全生产管理人员的安全培训大纲及考核标准由国家安全生产监督管理总局统一制定。

煤矿、非煤矿山、危险化学品、烟花爆竹等生产经营单位主要负责人和安全生产管理人员，经安全资格培训考核合格，由安全生产监管监察部门发给安全资格证书。

其他生产经营单位主要负责人和安全生产管理人员经安全生产监管监察部门认定的具备相应资质的培训机构培训合格后，由培训机构发给相应的培训合格证书。

(3) 对其他从业人员安全培训的有关规定

在第三章其他从业人员的安全培训中，对相关事项作了规定。

煤矿、非煤矿山、危险化学品、烟花爆竹等生产经营单位必须对新上岗的临时工、合同工、劳务工、轮换工、协议工等进行强制性安全培训，保证其具备本岗位安全操作、自救互救以及应急处置所需的知识和技能后，方能安排上岗作业。

加工、制造业等生产单位的其他从业人员，在上岗前必须经过厂（矿）、车间（工段、区、队）、班组三级安全培训教育。

生产经营单位可以根据工作性质对其他从业人员进行安全培训，保证其具备本岗位安全操作、应急处置等知识和技能。

生产经营单位新上岗的从业人员，岗前培训时间不得少于 24 学时。煤矿、非煤矿山、危险化学品、烟花爆竹等生产经营单位新上岗的从业人员安全培训时间不得少于 72 学时，每年接受再培训的时间不得少于 20 学时。

1）厂（矿）级岗前安全培训内容应当包括下列内容：

①本单位安全生产情况及安全生产基本知识。

②本单位安全生产规章制度和劳动纪律。

③从业人员安全生产权利和义务。

④有关事故案例等。

煤矿、非煤矿山、危险化学品、烟花爆竹等生产经营单位厂（矿）级安全培训除包括上述内容外，应当增加事故应急救援、事故应急预案演练及防范措施等内容。

2）车间（工段、区、队）级岗前安全培训内容应当包括下列内容：

①工作环境及危险因素。

②所从事工种可能遭受的职业伤害和伤亡事故。

③所从事工种的安全职责、操作技能及强制性标准。

④自救互救、急救方法、疏散和现场紧急情况的处理。

⑤安全设备设施、个人防护用品的使用和维护。

⑥本车间（工段、区、队）安全生产状况及规章制度。

⑦预防事故和职业危害的措施及应注意的安全事项。

⑧有关事故案例。

⑨其他需要培训的内容。

3）班组级岗前安全培训内容应当包括下列内容：

①岗位安全操作规程。

②岗位之间工作衔接配合的安全与职业卫生事项。

③有关事故案例。

④其他需要培训的内容。

从业人员在本生产经营单位内调整工作岗位或离岗一年以上重新上岗时，应当重新接受车间（工段、区、队）和班组级的安全培训。

生产经营单位实施新工艺、新技术或者使用新设备、新材料时，应当对有关从业人员重新进行有针对性的安全培训。

生产经营单位的特种作业人员，必须按照国家有关法律、法规的规定接受专门的安全培训，经考核合格，取得特种作业操作资格证书后，方可上岗作业。

(4) 对安全培训组织实施的有关规定

在第四章安全培训的组织实施中，对相关事项作了规定。

生产经营单位除主要负责人、安全生产管理人员、特种作业人员以外的从业人员的安全培训工作，由生产经营单位组织实施。

具备安全培训条件的生产经营单位，应当以自主培训为主；可以委托具有相应资质的安全培训机构，对从业人员进行安全培训。不具备安全培训条件的生产经营单位，应当委托具有相应资质的安全培训机构，对从业人员进行安全培训。

生产经营单位应当将安全培训工作纳入本单位年度工作计划。保证本单位安全培训工作所需资金。

生产经营单位应建立健全从业人员安全培训档案，详细、准确记录培训考核情况。

生产经营单位安排从业人员进行安全培训期间，应当支付工资和必要的费用。

(5) 对监督管理的有关规定

在第五章监督管理中，对相关事项作了规定。

安全生产监管监察部门依法对生产经营单位安全培训情况进行监督检查，督促生产经营单位按照国家有关法律法规和本规定开展安全培训工作。

县级以上地方人民政府负责煤矿安全生产监督管理的部门对煤矿井下作业人员的安全培训情况进行监督检查。煤矿安全监察机构对煤矿特种作业人员安全培训及其持证上岗的情况进行监督检查。

各级安全生产监管监察部门对生产经营单位安全培训及其持证上岗的情况进行监督检查，主要包括以下内容：

1）安全培训制度、计划的制订及其实施的情况。

2）煤矿、非煤矿山、危险化学品、烟花爆竹等生产经营单位主要负责人和安全生产管理人员安全资格证持证上岗的情况；其他生产经营单位主要负责人和安全生产管理人员培训的情况。

3）特种作业人员操作资格证持证上岗的情况。

4）建立安全培训档案的情况。

5）其他需要检查的内容。

(6) 对罚则的有关规定

在第六章罚则中，对相关事项作了规定。

1）生产经营单位有下列行为之一的，由安全生产监管监察部门责令其限期改正，并处 2 万元以下的罚款：

①未将安全培训工作纳入本单位工作计划并保证安全培训工作所需资金的。

②未建立健全从业人员安全培训档案的。

③从业人员进行安全培训期间未支付工资并承担安全培训费用的。

2）生产经营单位有下列行为之一的，由安全生产监管监察部门责令其限期改正；逾期未改正的，责令停产停业整顿，并处 2 万元以下的罚款：

①煤矿、非煤矿山、危险化学品、烟花爆竹等生产经营单位主要负责人和安全管理人员未按本规定经考核合格的。

②非煤矿山、危险化学品、烟花爆竹等生产经营单位未按照本规定对其他从业人员进行安全培训的。

③非煤矿山、危险化学品、烟花爆竹等生产经营单位未如实告知从业人员有关安全生产事项的。

④生产经营单位特种作业人员未按照规定经专门的安全培训机

构培训并取得特种作业人员操作资格证书，上岗作业的。

县级以上地方人民政府负责煤矿安全生产监督管理的部门发现煤矿未按照本规定对井下作业人员进行安全培训的，责令限期改正，处 10 万元以上 50 万元以下的罚款；逾期未改正的，责令停产停业整顿。

煤矿安全监察机构发现煤矿特种作业人员无证上岗作业的，责令限期改正，处 10 万元以上 50 万元以下的罚款；逾期未改正的，责令停产停业整顿。

3）生产经营单位有下列行为之一的，由安全生产监管监察部门给予警告，吊销安全资格证书，并处 3 万元以下的罚款：

①编造安全培训记录、档案的。

②骗取安全资格证书的。

6.《特种作业人员安全技术培训考核管理规定》相关要点

2010 年 5 月 24 日，国家安全监管总局公布《特种作业人员安全技术培训考核管理规定》（国家安全生产监督管理总局令第 30 号），自 2010 年 7 月 1 日起施行。1999 年 7 月 12 日原国家经济贸易委员会发布的《特种作业人员安全技术培训考核管理办法》同时废止。

《特种作业人员安全技术培训考核管理规定》分为七章四十六条，各章内容为：第一章总则，第二章培训，第三章考核发证，第四章复审，第五章监督管理，第六章罚则，第七章附则。制定本规定的目的，是根据《安全生产法》《中华人民共和国行政许可法》（以下简称《行政许可法》）等有关法律、行政法规，为了规范特种作业人员的安全技术培训考核工作，提高特种作业人员的安全技术水平，防止和减少伤亡事故。本规定适用于生产经营单位特种作业人员的安全技术培训、考核、发证、复审及其监督管理工作。

本规定所称特种作业，是指容易发生事故，对操作者本人、他人的安全健康及设备、设施的安全可能造成重大危害的作业。特种作业的范围由特种作业目录规定。本规定所称特种作业人员，是指直接从事特种作业的从业人员。

(1) 对特种作业人员条件的有关规定

特种作业人员应当符合下列条件：

1）年满18周岁，且不超过国家法定退休年龄。

2）经社区或者县级以上医疗机构体检健康合格，并无妨碍从事相应特种作业的器质性心脏病、癫痫病、美尼尔氏症、眩晕症、癔病、震颤麻痹症、精神病、痴呆症以及其他疾病和生理缺陷。

3）具有初中及以上文化程度。

4）具备必要的安全技术知识与技能。

5）相应特种作业规定的其他条件。

危险化学品特种作业人员除符合规定的条件外，应当具备高中或者相当于高中及以上文化程度。

特种作业人员必须经专门的安全技术培训并考核合格，取得特种作业操作证后，方可上岗作业。

国家安全监管总局指导、监督全国特种作业人员的安全技术培训、考核、发证、复审工作：省、自治区、直辖市人民政府安全生产监督管理部门负责本行政区域特种作业人员的安全技术培训、考核、发证、复审工作。

国家煤矿安监局指导、监督全国煤矿特种作业人员（含煤矿矿井使用的特种设备作业人员）的安全技术培训、考核、发证、复审工作；省、自治区、直辖市人民政府负责煤矿特种作业人员考核发证工作的部门或者指定的机构负责本行政区域煤矿特种作业人员的安全技术培训、考核、发证、复审工作。

省、自治区、直辖市人民政府安全生产监督管理部门和负责煤矿特种作业人员考核发证工作的部门或者指定的机构（以下统称考核发证机关）可以委托设区的市人民政府安全生产监督管理部门和负责煤矿特种作业人员考核发证工作的部门或者指定的机构实施特种作业人员的安全技术培训、考核、发证、复审工作。

（2）对培训的有关规定

特种作业人员应当接受与其所从事的特种作业相应的安全技术理论培训和实际操作培训。已经取得职业高中、技工学校及中专以上学历的毕业生从事与其所学专业相应的特种作业，持学历证明经考核发证机关同意，可以免予相关专业的培训。跨省、自治区、直辖市从业的特种作业人员，可以在户籍所在地或者从业所在地参加培训。

（3）对考核发证的有关规定

特种作业人员的考核包括考试和审核两部分。考试由考核发证机关或其委托的单位负责；审核由考核发证机关负责。

参加特种作业操作资格考试的人员，应当填写考试申请表，由申请人或者申请人的用人单位持学历证明或者培训机构出具的培训证明向申请人户籍所在地或者从业所在地的考核发证机关或其委托的单位提出申请。考核发证机关或其委托的单位收到申请后，应当在 60 日内组织考试。

特种作业操作资格考试包括安全技术理论考试和实际操作考试两部分。考试不及格的，允许补考 1 次。经补考仍不及格的，重新参加相应的安全技术培训。考核发证机关或其委托承担特种作业操作资格考试的单位，应当在考试结束后 10 个工作日内公布考试成绩。

符合本规定条件要求并经考试合格的特种作业人员，应当向其户籍所在地或者从业所在地的考核发证机关申请办理特种作业操作证，并提交身份证复印件、学历证书复印件、体检证明、考试合格证明等材料。对已经受理的申请，考核发证机关应当在 20 个工作日内完成审核工作。符合条件的，颁发特种作业操作证；不符合条件的，应当说明理由。

特种作业操作证有效期为 6 年，在全国范围内有效。特种作业操作证由安全监管总局统一式样、标准及编号。

(4) 对复审的有关规定

特种作业操作证每 3 年复审 1 次。特种作业人员在特种作业操作证有效期内，连续从事本工种 10 年以上，严格遵守有关安全生产法律法规的，经原考核发证机关或者从业所在地考核发证机关同意，特种作业操作证的复审时间可以延长至每 6 年 1 次。

1）特种作业操作证需要复审的，应当在期满前 60 日内，由申请人或者申请人的用人单位向原考核发证机关或者从业所在地考核发证机关提出申请，并提交下列材料：

①社区或者县级以上医疗机构出具的健康证明。

②从事特种作业的情况。

③安全培训考试合格记录。

特种作业操作证有效期届满需要延期换证的，应当按照上述的规定申请延期复审。

特种作业操作证申请复审或者延期复审前，特种作业人员应当参加必要的安全培训并考试合格。安全培训时间不少于 8 个学时，主要培训法律、法规、标准、事故案例和有关新工艺、新技术、新装备等知识。申请复审的，考核发证机关应当在收到申请之日起 20 个工作日内完成复审工作。复审合格的，由考核发证机关签章、登记，予以确认；不合格的，说明理由。申请延期复审的，经复审合格后，由考核发证机关重新颁发特种作业操作证。

2）特种作业人员有下列情形之一的，复审或者延期复审不予通过：

①健康体检不合格的。

②违章操作造成严重后果或者有 2 次以上违章行为，并经查证确实的。

③有安全生产违法行为，并给予行政处罚的。

④拒绝、阻碍安全生产监管监察部门监督检查的。

⑤未按规定参加安全培训，或者考试不合格的。

⑥具有不符合本规定情形的。

(5) 对监督管理的有关规定

1）有下列情形之一的，考核发证机关应当撤销特种作业操作证：

①超过特种作业操作证有效期未延期复审的。

②特种作业人员的身体条件已不适合继续从事特种作业的。

③对发生生产安全事故负有责任的。

④特种作业操作证记载虚假信息的。

⑤以欺骗、贿赂等不正当手段取得特种作业操作证的。

2）有下列情形之一的，考核发证机关应当注销特种作业操作证：

①特种作业人员死亡的。

②特种作业人员提出注销申请的。

③特种作业操作证被依法撤销的。

离开特种作业岗位 6 个月以上的特种作业人员，应当重新进行实际操作考试，经确认合格后方可上岗作业。

《特种作业人员安全技术培训考核管理规定》规定：生产经营单位不得印制、伪造、倒卖特种作业操作证，或者使用非法印制、伪造、倒卖的特种作业操作证。特种作业人员不得伪造、涂改、转借、转让、冒用特种作业操作证或者使用伪造的特种作业操作证。

(6) 对罚则的有关规定

生产经营单位使用未取得特种作业操作证的特种作业人员上岗作业的，责令限期改正；逾期未改正的，责令停产停业整顿，可以并处 2 万元以下的罚款。

生产经营单位非法印制、伪造、倒卖特种作业操作证，或者使用非法印制、伪造、倒卖的特种作业操作证的，给予警告，并处 1 万元以上 3 万元以下的罚款；构成犯罪的，依法追究刑事责任。

特种作业人员伪造、涂改特种作业操作证或者使用伪造的特种作业操作证的，给予警告，并处1千元以上5千元以下的罚款。特种作业人员转借、转让、冒用特种作业操作证的，给予警告，并处2千元以上1万元以下的罚款。

附件：特种作业目录

1）电工作业：高压电工作业、低压电工作业、防爆电气作业。

2）焊接与热切割作业：熔化焊接与热切割作业、压力焊作业、钎焊作业。

3）高处作业：登高架设作业（指在高处从事脚手架、跨越架架设或拆除的作业）、高处安装、维护、拆除作业。

4）制冷与空调作业：制冷与空调设备运行操作作业、制冷与空调设备安装修理作业。

5）煤矿安全作业：煤矿井下电气作业、煤矿井下爆破作业、煤矿安全监测监控作业、煤矿瓦斯检查作业、煤矿安全检查作业、煤矿提升机操作作业、煤矿采煤机（掘进机）操作作业、煤矿瓦斯抽采作业、煤矿防突作业、煤矿探放水作业。

6）金属非金属矿山安全作业：金属非金属矿井通风作业、尾矿作业、金属非金属矿山安全检查作业、金属非金属矿山提升机操作作业、金属非金属矿山支柱作业、金属非金属矿山井下电气作业、金属非金属矿山排水作业、金属非金属矿山爆破作业。

7）石油天然气安全作业：司钻作业（指石油、天然气开采过程中操作钻机起升钻具的作业）。

8）冶金（有色）生产安全作业：煤气作业（指冶金、有色企业内从事煤气生产、储存、输送、使用、维护检修的作业）。

9）危险化学品安全作业：光气及光气化工艺作业、氯碱电解工艺作业、氯化工艺作业、硝化工艺作业、合成氨工艺作业、裂解（裂化）工艺作业、氟化工艺作业、加氢工艺作业、重氮化工艺作业、氧化工艺作业、过氧化工艺作业、胺基化工艺作业、磺化工艺作业、聚合工艺作业、烷基化工艺作业、化工自动化控制仪表作业。

10）烟花爆竹安全作业：烟火药制造作业、黑火药制造作业、引火线制造作业、烟花爆竹产品涉药作业、烟花爆竹储存作业。

11）国家安全监管总局认定的其他作业。

7.《特种作业人员安全技术培训考核管理规定》有关问题解答

2010 年 5 月 24 日，国家安全监管总局发布了《特种作业人员安全技术培训考核管理规定》（以下简称《规定》）并附特种作业目录，于 2010 年 7 月 1 日实施。为更好地了解该规定的相关内容，国家安全监管总局人事司主要负责人就有关问题进行了解答。

(1)《规定》是在什么背景下出台的

特种作业是指容易发生人员伤亡事故，对操作者本人、他人及周围设施的安全可能造成重大危害的作业。特种作业人员是指直接从事特种作业的从业人员。据国内外有关资料统计，由于特种作业人员违规违章操作造成的生产安全事故，占生产经营单位事故总量的比例约 80%。因此，加强特种作业人员安全技术培训考核，对保障安全生产十分重要。

我国的相关法律法规，如《中华人民共和国矿山安全法》《中华人民共和国劳动法》《安全生产法》以及《矿山安全法实施条例》等，都对特种作业人员的培训考核提出了明确要求。《安全生产法》第二十三条明确规定："生产经营单位的特种作业人员必须按照国家有关规定经专门的安全作业培训，取得特种作业操作资格证书，方可上岗作业。特种作业人员的范围由国务院负责安全生产监督管理的部门会同国务院有关部门确定。"为贯彻执行《安全生产法》的相关规定，落实特种作业人员持证上岗制度，国家安全监管总局自 2005 年起，历时 5 年，在深入调研、认真论证、广泛征求意见的基础上，制定并发布了《规定》。

(2) 目前我国特种作业人员安全技术培训考核工作存在哪些问题?《规定》的出台有哪些重要意义

1999 年，原国家经贸委发布了《特种作业人员安全技术培训考核管理办法》（国家经贸委主任令第 13 号，以下简称 13 号令），对特种作业人员的定义、范围、人员条件和培训、考核、管理作了明确规定。近年来，国家安全监管总局相继颁布实施了《关于特种作业人员安全技术培训考核的意见》（安监管人字〔2002〕124 号）等一系列规范性文件，对特种作业人员的安全技术培训考核作了进一步规范，也起到了很好的作用。据初步统计，目前全国特种作业人员持证上岗人数已超过 1 200 万人，其中煤矿约 260 万人。

随着我国安全生产监管监察体制机制的不断完善，特种作业人员安全培训考核工作出现了许多新情况、新问题。一是特种作业人员的安全培训考核不符合《行政许可法》要求。2003 年国家颁布实施了《行政许可法》，对实施行政许可的机关、时限、程序等提出了明确要求。而 13 号令中的一些条款，已明显不符合《行政许可法》的规定。二是特种作业类别不规范、工种不明确。之前执行的有关法规中，矿山企业的特种作业人员种类、数量偏多（矿山企业特种作业人员占从业人员的比例约 57.4%，个别小矿山甚至达到 70%以上），失去了特种作业的意义。国家对危险化学品生产、经营企业没有明确特种作业人员范围，部分地方自行设置了一些工种，导致特种作业人员培训考核管理混乱。另外，烟花爆竹、冶金等行业企业的一些危险作业未纳入特种作业。三是特种作业人员的安全培训考核管理比较混乱。在特种作业人员的管理上，有关行政部门存在职能交叉，造成不依法培训、重复培训、多头发证，给企业带来负担的同时，也给特种作业人员的监管带来困难。

制定《规定》的重要目的，就是有效解决上述问题。从这个意义来讲，《规定》涉及面十分广泛，是一部综合性的部门规章。《规定》的出台有利于明确对特种作业人员的监管职责，有利于进一步规范和加强对特种作业人员的安全技术培训、考核、发证和管理工作，必将为提高特种作业人员安全技术能力，防止和减少伤亡事故，促进安全生产起到积极作用。

(3)《规定》对特种作业范围作了哪些重大调整

《规定》本着成熟一个、确定一个的原则，在13号令的基础上，对有关特种作业类别、工种进行了重大补充和调整，主要明确工矿商贸生产经营单位特种作业类别、工种，规范安全监管监察部门职责范围内的特种作业人员培训、考核及发证工作。调整后的特种作业范围共11个作业类别、51个工种。这些特种作业具备以下特点：一是独立性，必须有独立的岗位，由专人操作的作业，操作人员必须具备一定的安全生产知识和技能；二是危险性，必须是危险性较大的作业，如果操作不当，容易对操作者本人、他人或物造成伤害，甚至发生重大伤亡事故；三是特殊性，从事特种作业的人员不能很多，总体上讲，每个类别的特种作业人员一般不超过该行业或领域全体从业人员的30%。

《规定》保留了电工作业、焊接与热切割作业、高处作业、制冷与空调作业等4种作业。重新调整和划分了矿山作业，将矿山特种作业划分为煤矿和金属非金属矿山安全作业2种作业类别，分别列了10个和8个工种；将危险物品作业规范为危险化学品安全作业，增列了光气及光气化工艺作业等16个工种。增加了石油天然气安全、冶金（有色）生产安全和烟花爆竹安全等3个作业类别，分别增列了1个、1个和5个工种。

另外，《规定》删除了5种作业。即依照《特种设备安全监察条例》（国务院令第549号）删除了起重机械（含电梯）、锅炉（含水质化验）、压力容器和企业内机动车驾驶等4种作业。同时，由于《矿山救护队资质认定管理规定》（国家安全生产监督管理总局令第2号）对矿山救护队员培训作出了明确规定，经广泛征求意见，矿山救护队员不再按照特种作业人员管理。

(4)《规定》对加强特种作业人员的管理是如何规定的

首先，为了避免与有关行政管理部门在特种作业人员管理上的职能交叉，《规定》第二条规定："有关法律、行政法规和国务院对有关特种作业人员管理另有规定的，从其规定。”

其次，由于基层对特种作业人员考核发证由省级安全生产监管部门和负责煤矿特种作业考核发证工作的部门或者指定的机构负责持有不同意见，为进一步明确特种作业人员的考核发证职责，《规定》第七条规定：“国家安全监管总局指导、监督全国特种作业人员的安全技术培训、考核、发证、复审工作；省、自治区、直辖市人民政府安全生产监督管理部门负责本行政区域特种作业人员的安全技术培训、考核、发证、复审工作。

国家煤矿安监局指导、监督全国煤矿特种作业人员（含煤矿矿井使用的特种设备作业人员）的安全技术培训、考核、发证、复审工作；省、自治区、直辖市人民政府负责煤矿特种作业人员考核发证工作的部门或者指定的机构负责本行政区域煤矿特种作业人员的安全技术培训、考核、发证、复审工作。

省、自治区、直辖市人民政府安全生产监督管理部门和负责煤矿特种作业人员考核发证工作的部门或者指定的机构可以委托设区的市人民政府安全生产监督管理部门和负责煤矿特种作业人员考核发证工作的部门或者指定的机构实施特种作业人员的安全技术培训、考核、发证、复审工作。”

(5)《规定》对特种作业人员的基本条件作了哪些特别规定

目前，特种作业人员中存在着大量的农民工，提高学历要求，会影响一大批人的就业，不利于社会的稳定。为此，《规定》对特种作业人员的学历要求仍规定为初中及以上文化程度。但是，考虑到危险化学品企业对从业人员素质要求较高，《规定》对从事危险化学品生产的特种作业人员学历要求作出了特别规定，即：危险化学品特种作业人员，应当具备高中或者相当于高中及以上文化程度。

另外，为进一步增强对特种作业人员体检健康要求的可操作性，《规定》对影响特种作业人员安全操作的有关疾病作出了禁忌规定，即：特种作业人员必须经社区或者县级以上医疗机构体检合格，并无妨碍从事相应特种作业的器质性心脏病、癫痫病、美尼尔氏症、眩晕症、震颤麻痹症、精神病、痴呆症以及其他影响肢体活动的神经系统疾病和生理缺陷。

(6)《规定》对特种作业人员培训、考核、发证有哪些新的规定

新的规定主要体现在3方面。

一是免于培训的规定。为使职业教育与特种作业人员培训有效衔接，避免重复培训，根据目前各地的实际情况，《规定》第九条规定："已经取得职业高中、技工学校、中等专业学校及中专以上学历的毕业生从事与其所学专业相应的特种作业，持学历证明，经考核发证机关同意可以免于相关专业的培训。"

二是考核发证程序的规定。为进一步明确特种作业人员考核发证程序，《规定》将考核划分为考试和审核。考试由考核发证机关或者其委托的有条件的机构进行，审核由考核发证机关进行。同时，根据《行政许可法》的规定，《规定》对考核发证的程序、时限等作出了严格规定。

三是跨地区考核的规定。为便于生产经营单位特种作业人员参加考试，《规定》对申请考试的地点作出重大调整，允许申请人向户籍所在地或者从业所在地提出申请，方便了特种作业人员跨地区从业。

(7) 对于特种作业人员的复审，《规定》都有哪些要求

目前特种作业人员操作证的有效期为6年，每2年复审一次。为方便和加强复审工作，《规定》从以下几方面进行了补充完善：一是对复审时间作了调整，延长为3年进行一次；二是规定特种作业人员在特种作业操作证有效期内，连续从事本工种10年以上，严格遵守有关安全生产的法律法规的，在特种作业操作证的有效期满时，经原考核发证机关或者从业所在地考核发证机关同意，不再复审，特种作业操作证的有效期延长3年；三是明确特种作业申请复审或者延期复审前，应当参加必要的安全培训并考试合格，安全培训时间不少于8个学时，主要培训法律法规标准、事故案例和有关新工艺、新技术、新装备等知识；四是明确特种作业人员健康体检不合格，或者违章操作造成严重后果或者有2次以上违章行为，并经查证确实，或者有安全生产违法行为，并给予行政处罚，或者拒绝、阻碍安全生产监管监察部门监督检查，或者未按规定参加安全培训，或者考试不合格等情形的，不予复审通过；五是明确特种作业人员复审或者延期复审不通过的，经重新安全培训考核合格后，办理复审或者延期复审手续。

《规定》发布后，下一步将启动相关特种作业人员安全技术培训大纲和考核标准的制定和修订工作，进一步规范和细化对特种作业人员的安全技术培训、考核的内容和标准。

8.《特种设备作业人员监督管理办法》相关要点

2011年5月3日，国家质量监督检验检疫总局（以下简称国家质检总局）公布《关于修改〈特种设备作业人员监督管理办法〉的决定》（国家质量监督检验检疫总局令第140号），自2011年7月1日起施行。

《特种设备作业人员监督管理办法》于2005年1月制定并实施，2011年5月修订并实施。本办法分为五章四十一条，各章内容为：第一章总则，第二章考试和审核发证程序，第三章证书使用及监督管理，第四章罚则，第五章附则。制定本办法的目的，是根据《行政许可法》《特种设备安全监察条例》和《国务院对确需保留的行政审批项目设定行政许可的决定》，为了加强特种设备作业人员监督管理工作，规范作业人员考核发证程序，保障特种设备安全运行。

(1) 总则中有关的原则性规定

在第一章总则中，对有关原则性事项作了规定。

锅炉、压力容器（含气瓶）、压力管道、电梯、起重机械、客运索道、大型游乐设施、场（厂）内专用机动车辆等特种设备的作业人员及其相关管理人员统称特种设备作业人员。从事特种设备作业的人员应当按照本办法的规定，经考核合格取得特种设备作业人员证，方可从事相应的作业或者管理工作。

国家质检总局负责全国特种设备作业人员的监督管理，县以上质量技术监督部门负责本辖区内的特种设备作业人员的监督管理。

申请特种设备作业人员证的人员，应当首先向省级质量技术监督部门指定的特种设备作业人员考试机构（以下简称考试机构）报名参加考试。对特种设备作业人员数量较少不需要在各省、自治区、直辖市设立考试机构的，由国家质检总局指定考试机构。

特种设备生产、使用单位（以下统称用人单位）应当聘（雇）用取得特种设备作业人员证的人员从事相关管理和作业工作，并对作业人员进行严格管理。特种设备作业人员应当持证上岗，按章操作，发现隐患及时处置或者报告。

(2) 对考试和审核发证程序相关规定

在第二章考试和审核发证程序中，对相关事项作了规定。

特种设备作业人员考核发证工作由县以上质量技术监督部门分级负责。省级质量技术监督部门决定具体的发证分级范围，负责对考核发证工作的日常监督管理。申请人经指定的考试机构考试合格的，持考试合格凭证向考试场所所在地的发证部门申请办理特种设备作业人员证。

特种设备作业人员考试机构应当具备相应的场所、设备、师资、监考人员以及健全的考试管理制度等必备条件和能力，经发证部门批准，方可承担考试工作。发证部门应当对考试机构进行监督，发现问题及时处理。

特种设备作业人员考试和审核发证程序包括：考试报名、考试、领证申请、受理、审核、发证。

发证部门和考试机构应当在办公处所公布本办法、考试和审核发证程序、考试作业人员种类、报考具体条件、收费依据和标准、考试机构名称及地点、考试计划等事项。其中，考试报名时间、考试科目、考试地点、考试时间等具体考试计划事项，应当在举行考试之日 2 个月前公布。有条件的应当在有关网站、新闻媒体上公布。

申请特种设备作业人员证的人员应当符合下列条件：

1）年龄在 18 周岁以上。

2）身体健康并满足申请从事的作业种类对身体的特殊要求。

3）有与申请作业种类相适应的文化程度。

4）具有相应的安全技术知识与技能。

5）符合安全技术规范规定的其他要求。

作业人员的具体条件应当按照相关安全技术规范的规定执行。

用人单位应当对作业人员进行安全教育和培训，保证特种设备作业人员具备必要的特种设备安全作业知识、作业技能和及时进行知识更新。作业人员未能参加用人单位培训的，可以选择专业培训机构进行培训。作业人员培训的内容按照国家质检总局制定的相关作业人员培训考核大纲等安全技术规范执行。

符合条件的申请人员应当向考试机构提交有关证明材料，报名参加考试。

考试机构应当制定和认真落实特种设备作业人员的考试组织工作的各项规章制度，严格按照公开、公正、公平的原则，组织实施特种设备作业人员的考试，确保考试工作质量。

考试结束后，考试机构应当在 20 个工作日内将考试结果告知申请人，并公布考试成绩。

考试合格的人员，凭考试结果通知单和其他相关证明材料，向发证部门申请办理特种设备作业人员证。

发证部门应当在 5 个工作日内对报送材料进行审查，或者告知申请人补正申请材料，并作出是否受理的决定。能够当场审查的，应当当场办理。

对同意受理的申请，发证部门应当在 20 个工作日内完成审核批准手续。准予发证的，在 10 个工作日内向申请人颁发特种设备作业人员证；不予发证的，应当书面说明理由。

特种设备作业人员考核发证工作遵循便民、公开、高效的原则。为方便申请人办理考核发证事项，发证部门可以将受理和发放证书的地点设在考试报名地点，并在报名考试时委托考试机构对申请人是否符合报考条件进行审查，考试合格后发证部门可以直接办理受理手续和审核、发证事项。

(3) 对证书使用及监督管理的相关规定

在第三章证书使用及监督管理中，对相关事项作了规定。

持有特种设备作业人员证的人员，必须经用人单位的法定代表人（负责人）或者其授权人雇（聘）用后，方可在许可的项目范围内作业。

1）用人单位应当加强对特种设备作业现场和作业人员的管理，履行下列义务：

①制定特种设备操作规程和有关安全管理制度。

②聘用持证作业人员，并建立特种设备作业人员管理档案。

③对作业人员进行安全教育和培训。

④确保持证上岗和按章操作。

⑤提供必要的安全作业条件。

⑥其他规定的义务。

用人单位可以指定一名本单位管理人员作为特种设备安全管理负责人，具体负责前款规定的相关工作。

2）特种设备作业人员应当遵守以下规定：

①作业时随身携带证件，并自觉接受用人单位的安全管理和质量技术监督部门的监督检查。

②积极参加特种设备安全教育和安全技术培训。

③严格执行特种设备操作规程和有关安全规章制度。

④拒绝违章指挥。

⑤发现事故隐患或者不安全因素应当立即向现场管理人员和单

位有关负责人报告。

⑥其他有关规定。

特种设备作业人员证每 4 年复审一次。持证人员应当在复审期届满 3 个月前，向发证部门提出复审申请。对持证人员在 4 年内符合有关安全技术规范规定的不间断作业要求和安全、节能教育培训要求，且无违章操作或者管理等不良记录、未造成事故的，发证部门应当按照有关安全技术规范的规定准予复审合格，并在证书正本上加盖发证部门复审合格章。复审不合格、逾期未复审的，其特种设备作业人员证予以注销。

3）有下列情形之一的，应当撤销特种设备作业人员证：

①持证作业人员以考试作弊或者以其他欺骗方式取得特种设备作业人员证的。

②持证作业人员违反特种设备的操作规程和有关的安全规章制度操作，情节严重的。

③持证作业人员在作业过程中发现事故隐患或者其他不安全因素未立即报告，情节严重的。

④考试机构或者发证部门工作人员滥用职权、玩忽职守、违反法定程序或者超越发证范围考核发证的。

⑤依法可以撤销的其他情形。

特种设备作业人员证遗失或者损毁的，持证人应当及时报告发证部门，并在当地媒体予以公告。查证属实的，由发证部门补办证书。

任何单位和个人不得非法印制、伪造、涂改、倒卖、出租或者出借特种设备作业人员证。

各级质量技术监督部门应当对特种设备作业活动进行监督检查，查处违法作业行为。

发证部门应当加强对考试机构的监督管理，及时纠正违规行为，必要时应当派人现场监督考试的有关活动。

发证部门要建立特种设备作业人员监督管理档案，记录考核发证、复审和监督检查的情况。发证、复审及监督检查情况要定期向社会公布。

(4) 对有关罚则的规定

在第四章罚则中，对相关事项作了规定。

申请人隐瞒有关情况或者提供虚假材料申请特种设备作业人员证的，不予受理或者不予批准发证，并在1年内不得再次申请特种设备作业人员证。

有下列情形之一的，责令用人单位改正，并处1千元以上3万元以下罚款：

1）违章指挥特种设备作业的。

2）作业人员违反特种设备的操作规程和有关的安全规章制度操作，或者在作业过程中发现事故隐患或者其他不安全因素未立即向现场管理人员和单位有关负责人报告，用人单位未给予批评教育或者处分的。

非法印制、伪造、涂改、倒卖、出租、出借特种设备作业人员证，或者使用非法印制、伪造、涂改、倒卖、出租、出借特种设备作业人员证的，处1千元以下罚款；构成犯罪的，依法追究刑事责任。

特种设备作业人员未取得特种设备作业人员证上岗作业，或者用人单位未对特种设备作业人员进行安全教育和培训的，按照《特种设备安全监察条例》第八十六条的规定对用人单位予以处罚。

9.《高技能人才队伍建设中长期规划（2010—2020年）》相关要点

2011年4月29日，中共中央组织部、人力资源和社会保障部下发《关于印发〈高技能人才队伍建设中长期规划（2010—2020年）〉的通知》（中组发〔2011〕11号）。制定《高技能人才队伍建设中长期规划（2010—2020年）》的目的，是根据《国家中长期人才发展规划纲要（2010—2020 年）》的总体要求，为了更好实施人才强国战略，适应走新型工业化道路和产业结构优化升级的要求，培养造就一大批具有精湛技艺的高技能人才。

（1）规划背景

高技能人才是指具有高超技艺和精湛技能，能够进行创造性劳动，并对社会作出贡献的人，主要包括技能劳动者中取得高级技工、技师和高级技师职业资格的人员。高技能人才是我国人才队伍的重要组成部分，是各行各业产业大军的优秀代表，是技术工人队伍的核心骨干，在加快转变经济发展方式、促进产业结构优化升级、提高企业竞争力、推动技术创新和科技成果转化等方面具有重要作用。

当前和今后一个时期，我国处于全面建设小康社会的关键时期。人才资源是经济社会发展的第一资源。走新型工业化道路，加快产业优化升级，全面提升我国企业核心竞争力，迫切需要大力加强高技能人才队伍建设。

1）加快转变经济发展方式和调整优化经济结构，对加强高技能人才素质培养提出新要求。加快转变经济发展方式，关键是实现我国经济由主要依靠增加物质资源消耗向主要依靠科技进步、劳动者素质提高、管理创新转变，对加快培养高素质高技能人才提出了新要求。重点产业调整振兴计划的实施和新兴战略性产业的发展，急需一大批掌握精湛技能和高超技艺的高技能人才作支撑。随着产业升级和技术进步，特别是信息化、自动化技术的发展，具备高超技能、良好理论和技术知识素养、一专多能的高技能人才将成为高技能人才队伍的需求主体。

2）经济社会发展对技能人员的需求日益强劲。一是走新型工业化道路，加快传统产业的升级改造，迫切需要提升技能劳动者队伍素质。二是加快发展以现代服务业为代表的第三产业，迫切需要一大批掌握现代服务技能的人员。三是发展低碳经济和绿色产业，迫切需要培养一批相关领域的技能人员。据预测，2015 年和 2020 年技能劳动者需求将分别比2009年增加近1 900万人和3 290万人（不含存量缺口930万人），其中，高技能人才需求将分别增加约540万人和990万人（不含存量缺口440万人）。

3）缓解就业结构性矛盾对提高劳动者技能水平提出了更高要求。当前和今后一个时期，我国就业形势依然十分严峻，劳动力供大于求的总量矛盾将长期存在，劳动者技能与岗位需求不匹配造成的就业结构性矛盾更加突出。因此，必须大力加强劳动者就业技能培训，不断提升职业素质和技能水平，逐步缓解就业结构性矛盾。

(2) 指导思想和发展目标

1）指导思想。以邓小平理论和“三个代表”重要思想为指导，深入贯彻落实科学发展观，更好实施人才强国战略，坚持党管人才原则，坚持“提升能力、以用为本、高端引领、整体推动”，充分发挥政府指导调控作用和市场在高技能人才资源开发和配置中的基础性作用，以健全面向全体劳动者的职业培训制度为基础，以实施国家高技能人才振兴计划为龙头，以提升职业素质和职业技能为核心，以用好用活高技能人才为根本，进一步健全和完善以培养、评价、使用、激励为重点的高技能人才工作体系，营造尊重劳动、崇尚技能、鼓励创造的良好氛围，形成有利于高技能人才成长和发挥作用的制度环境和社会氛围，推动技能劳动者队伍的发展壮大和整体素质的提高。

2）基本原则

①市场调节与政府推动相结合。坚持以市场为基础，切实发挥市场在资源配置方面的基础作用和市场主体的能动作用，同时发挥政府的引导和支持作用，构建政府与市场功能互补的高技能人才开发机制。

②产业政策与高技能人才开发政策相互协调。适应国家产业发展政策和方向，制定高技能人才开发战略，根据产业结构调整和产业发展的客观要求实施积极的高技能人才开发政策，着力解决高技

能人才短缺的结构性矛盾，建立产业发展带动高技能人才队伍建设，高技能人才队伍建设支持产业发展的良性运行机制。

③高端带动与整体推动有机结合。注重发挥高技能人才在经济社会发展和技能劳动者队伍建设中的引领示范作用，通过高技能人才工作政策、体制、机制上的突破，畅通整个技能劳动者队伍的发展通道。加快建立健全面向全体劳动者的职业培训制度，大力发展多形式、多层次的职业培训，通过技能劳动者队伍规模的不断扩大和素质的不断提升，为高技能人才的产生奠定良好的基础。

④机制建设与能力建设并重。着力完善高技能人才开发的工作机制和技能成才的激励机制，改善高技能人才队伍建设的法制和政策环境，强化与高技能人才开发有关的培训资源开发和培训机构能力建设。

3）发展目标。紧紧围绕国家产业发展目标，加快培养造就一支门类齐全、结构合理、技艺精湛、素质优良的高技能人才队伍，并带动中、初级技能劳动者队伍梯次发展，逐步形成与经济社会发展相适应的高、中、初级技能劳动者比例结构基本合理的格局。

(3) 主要任务

为了实现高技能人才队伍建设的发展目标，从现在起到 2020 年，我国高技能人才队伍建设的主要任务如下：

1）健全企业行业为主体、职业院校为基础的高技能人才培养培训体系。组织、引导各类行业和企业结合生产和技术发展需求，大力开展职工技能提升培训和新知识、新材料、新技术、新工艺培训，积极探索引导职工在实践中学习和成才的有效途径。推动职业院校紧密结合市场需求和企业需要，通过深入开展校企合作，深化教学改革，进一步提高技能人才培养的针对性和适用性。

2）完善公平公正、运行规范、管理科学的高技能人才评价体系。坚持公开、公平、公正原则，以职业能力和工作业绩为导向，结合生产和服务岗位要求，通过完善社会化职业技能鉴定、推进企业技能人才评价、规范对职业院校学生的职业资格认证以及开展专项职业能力考核，进一步完善符合技能人才特点的多元评价机制。进一步健全职业技能鉴定管理和质量监督制度，规范鉴定程序，构建和完善体现科学发展观和技能人才成长规律的人才评价体系。

3）构建有效激励、切实保障、合理流动的高技能人才使用机制。以充分发挥高技能人才的积极性、创造性为目标，引导和鼓励企（事）业单位完善高技能人才培训、考核、使用与待遇相结合的激励机制，完善高技能人才合理流动和社会保障的各项政策，建立有利于激发高技能人才岗位责任感和创新创造活力，实现高技能人才资源利用效率最大化、可持续发展的高技能人才使用机制。

4）营造尊重劳动、崇尚技能、鼓励创新的有利于高技能人才成长的社会氛围。坚持以科学人才观为指导，以尊重劳动、尊重知识、尊重人才、尊重创造为方针，通过开展形式多样的职业技能竞赛活动和高技能人才评选表彰活动，选拔和树立一批优秀高技能人才典型，使“劳动光荣、技能成长”的观念深入人心，在全社会营造有利于高技能人才成长的良好社会氛围。

5）形成多方参与、密切配合、共同推动高技能人才工作的新格局。建立健全党委政府统一领导，组织部门牵头抓总，人力资源社会保障部门统筹协调，有关部门和行业组织各司其职、密切配合，社会力量广泛参与的工作新格局，形成工作合力，共同推进高技能人才工作。

(4) 重点举措

以实施国家高技能人才振兴计划为龙头，以加强高级技师培训为重点，通过大力加强高技能人才培训基地建设和技能大师工作室建设，进一步完善和落实重大政策，创新体制机制，推动高技能人才总量稳步增长，素质大幅度提高，使用效能明显增强。重点采取以下政策措施：

1）以实施国家高技能人才振兴计划为龙头，加大高技能人才培训力度。适应发展现代产业体系、加快产业调整和振兴的需要，以高级技师为重点，大力开展高技能人才培训，加快高技能人才培养和素质提升。重点加大房屋和土木工程建筑业、交通运输设备制造业、通用设备制造业等行业（领域）高技能人才培训力度。到2020年，全国新培养技师350万人，高级技师100万人，使高技能人才总量达到3 900万人。国家重点推动加强上述行业（领域）50万名高级技师培训。

2）以实施青年技能就业培训工程和企业职工技能提升培训工程为重点，建立健全面向全体劳动者的职业培训制度。坚持城乡统筹、就业导向、技能为本、终身培训的原则，以提高劳动者就业能力和工作能力为核心，进一步加强各类就业技能培训、岗位技能提升培训和创业培训，建立健全覆盖城乡全体劳动者、并能适应其职业生涯不同阶段需要的职业培训制度，力争使新进入人力资源市场的劳动者都有机会接受相应的职业培训，使企业技能岗位的职工得到至少一次技能提升培训，使每个有培训愿望的创业者参加一次创业培训，引导更多劳动者走素质就业、技能成才道路。

实施企业职工技能提升培训工程。引导、支持各类企业特别是大型企业（集团），建立现代企业职工培训制度，针对岗位需求和职工特点，开展多层次、多样化培训，通过脱产、半脱产培训、岗位练兵、岗位培训、班组长培训、技能比赛等形式，提升企业新录用农民工和在岗职工的岗位技能；结合技术创新、技术改造和项目引进，开展新技术、新工艺、新材料等相关知识和技能培训；建立技师研修制度和名师带徒制度，促进高技能人才成长。职工经单位同意参加脱产半脱产培训，应享受在岗人员同等工资福利待遇。企业新录用符合职业培训补贴条件的劳动者，由企业依托所属培训机构或政府认定培训机构开展岗前培训的，按规定给予企业一定的培训费补贴。企业职工在岗技能提升培训所需经费从职工教育经费中列支。

3）以制度创新为重点，健全高技能人才评价选拔制度。进一步突破年龄、资历、身份和比例限制，积极探索和完善符合高技能人才成长规律的多元评价机制，逐步完善社会化职业技能鉴定、企业高技能人才评价、院校职业资格认证和专项职业能力考核办法。进一步发挥职业技能竞赛在发现和选拔优秀高技能人才中的作用，结合企业需求和院校实际，统筹组织和实施各类职业技能竞赛，完善职业技能竞赛组织程序、参赛条件、竞赛职业（工种）的选择、竞赛内容、竞赛后的激励方式等，引导和带动广大企业职工和院校学生积极参加岗位练兵和技能竞赛活动，不断提高技能水平，为更多优秀高技能人才脱颖而出搭建平台。获得国际、国家级和省部级职业技能竞赛优秀名次的人员，可以按照规定晋升职业技能等级。

4）以建设技能大师工作室为重点，充分发挥高技能人才作用。鼓励企业以岗位为基础，建立高技能人才多层次发展通道，并给予相应待遇，引导高技能人才立足本职，钻研技能，提高技能水平，实现职业发展。进一步推行技师、高级技师聘任制度，发挥高技能人才在技能岗位的关键作用。鼓励企业根据自身发展需要，建立高技能人才带头人制度，并给予必要的经费和人员等支持。鼓励各级政府、行业企业充分发挥生产、服务一线优秀高技能人才在带徒传技、技能攻关、技艺传承等方面的重要作用，依托其所在单位建设一批技能大师工作室。

5）以完善流动配置机制为重点，促进高技能人才合理流动。以市场配置人才资源为基础，发挥政府宏观调控职能，引导高技能人才规范有序流动。在建立统一规范、更加开放的人才资源市场基础上，发展专业性、行业性高技能人才市场，大力发展人才服务业，完善市场服务功能，畅通高技能人才流动渠道。逐步建立城乡统一的户口登记制度，调整户口迁移政策，使之有利于引进包括农民工在内的高技能人才。建立高技能人才供求信息和工资指导价位信息定期发布制度，引导高技能人才遵循市场规律合理流动。

6）以完善制度和落实政策为重点，健全高技能人才激励表彰机制。进一步完善以政府奖励为导向，企业奖励为主体，辅以必要的社会奖励的高技能人才奖励体系，不断提升高技能人才经济待遇和社会地位。对为国家和社会发展作出杰出贡献的高技能人才给予崇高荣誉并实行重奖。进一步完善中华技能大奖和全国技术能手评选表彰制度以及高技能人才享受政府特殊津贴相关政策，对优秀高技能人才给予表彰和奖励。鼓励地方政府对为本地区作出突出贡献的高技能人才给予奖励，并参照高层次人才有关政策确定相应待遇。重视提高高技能人才的政治待遇，在高技能人才中发展党员、评选劳模、推崇人大代表候选人和政协委员。

鼓励行业企业开展优秀高技能人才同业交流、联合攻关、培训深造、出访考察活动。鼓励、引导企业建立和完善职工培训与招录、考核、使用及待遇相挂钩的机制，制定知识、技术、管理、技能等生产要素按贡献参与分配的办法，使职工获得与其职业技能等级和业绩贡献相适应的工资和待遇。探索高技能人才协议工资制和项目工资制等多种分配形式。加大对技能创新成果的评价认定和推广应用力度。根据市场需求和生产经营状况，制定高技能人才鼓励办法，使其在聘任、工资、带薪学习、培训、出国进修、休假、体检等方面享受与工程技术人才同等待遇。支持用人单位按规定为包括高技能人才在内的各类人才建立补充养老和补充医疗保险。

7）以强化技术支持为重点，夯实高技能人才工作基础。加快推进职业技能培训有关立法，完善培训鉴定配套规章制度，将高技能人才工作纳入法制轨道。制定出台《职业技能培训和鉴定条例》《职业资格设置管理条例》等法规，修订《职业技能鉴定规定》，制定出台《技工院校管理办法》等规章。

8）切实加大投入，为高技能人才队伍建设提供经费保障。牢固树立人才投资优先保证理念，健全政府、用人单位、社会和个人多渠道的高技能人才投入机制。各级政府进一步加大高技能人才工作经费投入，确保高技能人才发展重大项目实施，并对高技能人才师资培训、评选、表彰、教材开发等工作给予必要的经费支持。在推进产业调整和振兴计划、国家中长期科技发展规划和重大工程项目的组织实施中，加强高技能人才培养，使高技能人才培养与项目建设同步。

(5) 组织实施

1）加强对规划实施工作的组织领导。各地区、各行业要以本规划为基础，制订加快高技能人才队伍建设的工作计划，将高技能人才队伍建设纳入地方、行业人才发展规划和经济社会发展规划，形成上下贯通、左右衔接的全国高技能人才发展规划实施体系。

2）建立规划实施目标责任制度。各地区、各行业要强化目标责任制度，结合本地区、本行业实际，提出分阶段、分步骤实施的方案，明确责任单位、责任部门和责任人。要将高技能人才培养目标任务完成情况作为对单位绩效评估、干部政绩（业绩）考核、相关经费划拨的重要依据，切实推动各项目标任务落到实处。

3）加强对规划实施的监控和评估。建立高技能人才规划实施情况监测指标体系和报告制度，加强对规划实施情况的监测评估和跟踪检查。各地区、各行业每年年底前向人力资源社会保障部上报规划实施进展情况，重点反映目标任务完成情况、重点工程项目实施情况、重大政策措施及成效、存在突出问题和对策建议。

4）强化舆论宣传。充分利用广播、电视、报纸、网络等新闻媒体和多种形式的宣传活动，大力宣传各级党委、政府加强人才工作特别是高技能人才工作的重大战略思想和方针政策，大力宣传实施本规划的重大意义和规划的目标任务、重大工程和举措，大力宣传规划实施中的典型经验、做法和成效，大力宣传高技能人才典型人物和事迹，形成全社会关注和支持高技能人才工作的良好局面，为促进高技能人才成才成长营造良好环境。

10.《关于加强农民工安全生产培训工作的意见》相关要点

2006年10月27日，国家安全监管总局、国家煤矿安监局、教育部、劳动和社会保障部、建设部、农业部、中华全国总工会联合印发《关于加强农民工安全生产培训工作的意见》（安监总培训〔2006〕228号）。该意见指出：为贯彻落实《国务院关于解决农民工问题的若干意见》（国发〔2006〕5号），切实提高农民工特别是煤矿、非煤矿山、危险化学品、烟花爆竹、建筑等高危行业农民工自我安全保护的意识和能力，有效保障农民工生命财产安全，促进全国安全生产形势稳定好转。现就加强农民工安全生产培训工作提出如下意见：

（1）充分认识加强农民工安全生产培训工作的必要性和紧迫性

农民工是我国工业化、城镇化进程中涌现出的一支新型劳动大军，是推动我国社会经济发展的重要力量，为我国农村发展、城市繁荣和现代化建设作出了重要贡献。但是，由于多种原因，造成当前农民工整体文化素质较低，安全意识淡漠，缺乏必要的安全知识和自我防范能力，给安全生产带来很大压力。据统计，近几年发生的生产安全伤亡事故，90%以上是由于人的不安全行为造成的，80%以上发生在农民工比较集中的小企业；每年职业伤害、职业病新发病例和死亡人员中，半数以上是农民工。因此，加强农民工安全生产培训，已经成为当前解决农民工问题、保护农民工根本利益和促进安全生产形势稳定好转的一项紧迫任务。各地区、各有关部门和各单位一定要从落实科学发展观和构建社会主义和谐社会的高度，充分认识加强农民工安全生产培训工作的重要意义，加强组织领导，采取有力措施，切实抓出实效。

（2）明确指导思想、工作目标和基本原则

1）指导思想。以邓小平理论和“三个代表”重要思想为指导，全面贯彻落实科学发展观和构建社会主义和谐社会的战略思想，坚持“安全发展”指导原则和“安全第一，预防为主，综合治理”方针，认真落实《国务院关于解决农民工问题的若干意见》，以全面提高农民工安全素质为目标，以预防和减少各类伤亡事故、保护农民工职业安全健康权益为目的，落实责任，规范管理，提高质量，加大农民工特别是高危行业农民工的安全生产培训力度，为促进全国安全生产形势的稳定好转提供可靠保障。

2）工作目标。到2010年，农民工安全生产培训制度体系更加完善；有关部门协调配合、企业自主负责的农民工安全生产培训机制初步形成；农民工安全生产培训机构、师资、教材建设进一步加强，培训质量显著提高；广大农民工自我安全保护的意识和能力明显增强。

3）基本原则。坚持以人为本，依法培训；统一规划，分级（或分工）实施；政府监管，企业落实；全员培训，突出重点；按需施教，注重实效。

(3) 按照职责分工，落实培训责任

1）各级安全监管监察部门要把农民工安全生产培训工作纳入安全生产和安全生产培训的总体规划中，明确目标，制定措施，加强监督检查，重点做好煤矿、非煤矿山、危险化学品、烟花爆竹等高危行业农民工的安全生产培训工作。

2）各级教育部门要全面落实农村九年制义务教育，在义务教育中开展安全知识教育；要大力发展职业教育，在职业教育相关专业中增加安全生产方面的内容，鼓励有条件的职业院校增设安全相关专业，扩大招生规模。在农民工特别是高危行业农民工集中的地方，确定一批职业院校开展农民工的安全生产培训和职业技能培训。在职业院校、成人学校开展的农村劳动力转移培训中，增加安全生产知识的内容。

3）各级劳动保障部门要加强对农民工培训工作的指导，把安全生产常识作为重要培训内容，编入职业技能培训大纲和培训教材、教案中，会同行业主管部门将高危行业农民工安全生产培训列入农民工技能提升培训计划。加强劳动保障监察，督促用人单位落实职业资格证书制度。

4）各级建设部门要在建筑施工安全管理、安全质量标准化工地建设、劳动合同规范、建筑工人教育培训等工作中，把农民工安全生产培训作为重要内容，统筹考虑，同步落实，协调推进。

5）各级农业部门要把农民工安全生产培训作为提高农民工综合素质、促进安全致富的重要措施，在实施阳光工程、蓝色证书工程、开展农村劳动力转移培训中，增加安全生产相关知识。

6）各级工会组织要结合贯彻《中华人民共和国工会法》等有关法律法规，监督、协助用人单位做好农民工安全生产教育培训工作，特别是督促企业落实厂（矿）、车间、班组三级安全生产教育培训；结合“安康杯”竞赛，在农民工中广泛开展群众性的安全文化活动，普及安全生产基本知识。企业是安全生产培训的责任主体。要加强对职工特别是农民工安全生产培训的组织管理，按照《安全生产法》及《生产经营单位安全生产培训规定》（安全监管总局令第 3 号）等有关法律法规和规章，建立健全安全生产培训制度，把农民工安全生产培训工作纳入企业年度工作计划，积极组织或选送农民工参加有关培训，并保证本企业安全生产培训所需资金。

（4）完善法规制度，推进依法培训

1）加强培训法规建设。各地有关部门要按照《国务院关于解决农民工问题的若干意见》要求，根据《安全生产法》等法律法规，结合本地区实际，抓紧制定和完善农民工特别是高危行业农民工安全生产培训的相关规章制度，进一步加强和规范本地区农民工安全生产培训工作。

2）制定培训大纲和考核标准。安全监管总局要抓紧制定煤矿、非煤矿山、危险化学品、烟花爆竹等高危行业农民工安全生产培训大纲和考核标准；建设部要结合实际，制定建筑行业农民工安全生产培训大纲和考核标准。

3）建立培训考核制度。各省级安全监管监察部门、建设部门要按照考核标准，根据行业特点、岗位要求和农民工文化水平，建立考试题库。各企业和培训机构要对参加培训的农民工进行严格考核，对考核合格者，颁发安全生产培训合格证书。对获得安全生产培训合格证书的农民工，企业应优先聘用；对高危企业农民工，未经培训或培训考核不合格的，不得上岗作业。

4）建立培训档案制度。各企业要建立经本企业、培训机构和农民工签名的培训档案，真实记录培训、考核等情况。各地有关部门要及时对农民工安全生产培训情况进行登记，并将农民工安全生产培训情况纳入本地区农民工信息统计范围。

(5）严格培训要求，确保培训效果

1）明确培训内容。农民工安全生产培训的主要内容包括：安全生产法律法规；安全生产基本常识；安全生产操作规程；从业人员安全生产的权利和义务；事故案例分析；工作环境及危险因素分析；危险源和隐患辨识；个人防险、避灾、自救方法；事故现场紧急疏散和应急处置；安全设施和个人劳动防护用品的使用和维护；职业病防治等。

2）确保培训时间。煤矿、非煤矿山、危险化学品、烟花爆竹等高危行业的农民工首次岗前安全生产培训时间不得少于72学时，建筑行业的农民工首次岗前安全生产培训时间不得少于32学时，每年接受再培训时间不得少于20学时；其他行业农民工首次岗前安全生产培训时间不得少于24学时，每年接受再培训的时间不得少于8学时。对初中以下文化程度的农民工，培训前应根据工作需要进行文化课补习。

3）落实培训载体。具备培训条件的企业，对农民工的安全生产培训以企业为主体进行。不具备培训条件的企业特别是中小型企业，要及时组织农民工到附近有条件、具备资质的培训机构或职业院校进行培训。各级安全监管监察部门和行业管理部门要积极为农民工安全生产培训创造条件，对不具备培训条件的企业，可统一组织进行培训。

4）丰富培训形式。各企业和培训机构要结合企业生产实际，统筹安排，采取集中培训、半工半培、送教上门等形式开展教学。要针对农民工的文化水平和特点，抓好日常安全教育，开设农民工安全生产培训宣传栏，编制通俗易懂、便于消化的文字和音像资料，利用多媒体、电视、漫画等图文并茂的直观方法进行教育培训，坚持文化补习与安全生产培训相结合、针对性教育与系统知识讲解相结合、形象化培训与老工人“传、帮、带”相结合。

该意见还对加强基础建设，强化培训保障；拓宽经费渠道，加大培训投入等事项提出要求。

11.《关于进一步加强农民工安全生产工作的指导意见》相关要点

2009 年 2 月 11 日，国家安全监管总局印发《关于进一步加强农民工安全生产工作的指导意见》（安监总培训〔2009〕19 号）。《指导意见》指出：为进一步做好农民工安全生产工作，有效保障农民工生命财产安全，促进全国安全生产形势持续稳定好转，结合工作实际，现就进一步加强农民工安全生产工作提出如下指导意见：

（1）指导思想、工作目标和主要任务

1）指导思想。全面贯彻落实党的十七大和十七届三中全会精神，以邓小平理论、“三个代表”重要思想为指导，深入贯彻落实科学发展观，坚持安全发展指导原则，按照全面建设社会主义小康社会的要求，认真贯彻落实党中央、国务院关于解决农民工问题的有关方针政策，坚持“安全第一、预防为主、综合治理”的方针，着力完善农民工安全生产、教育培训等相关法规、标准，强化监督管理，加大执法力度，严厉查处生产安全事故，稳妥解决涉及安全生产方面的农民工问题，保障农民工职业安全健康权益，促进安全生产形势持续稳定好转。

2）工作目标。通过不懈努力，使农民工安全生产、教育培训等相关法规、标准更加健全；工矿商贸生产经营单位安全生产主体责任进一步落实，安全生产条件不断改善，职业病危害因素的影响大幅降低，伤亡事故得到有效遏制；从业人员特别是高危行业企业农民工安全培训覆盖面进一步扩大，自我安全保护的意识和能力明显增强；高危行业农民工签订劳动合同和参加工伤保险的比率明显提高，保护农民工职业安全健康权益的长效机制逐步形成。

3）主要任务。加强生产经营单位全员安全培训，严格执行生产经营单位特别是煤矿、非煤矿山、危险化学品、烟花爆竹等高危行业企业强制性岗前安全培训制度，农民工未经培训不得上岗；强化职业安全健康工作，完善安全生产和劳动保护规程及标准，加大安全生产监督执法力度，督促生产经营单位切实承担起安全生产、职业健康主体责任；配合有关部门完善工伤保险政策和标准，推进农民工参加工伤保险；加大事故查处力度，严肃追究事故责任，维护农民工的生命安全和职业健康权益。

(2) 加强以农民工为重点的全员安全培训

1）完善高危行业安全培训的相关规章制度。完成危险化学品、烟花爆竹生产经营单位主要负责人和安全管理人员安全培训大纲和考核标准的修订工作。制定《特种作业人员安全技术培训考核管理办法》，规范特种作业人员考核管理。按照成熟一个、下发一个的原则，确定特种作业范围，明确安全监管监察部门培训考核发证的特种作业人员范围。

2）整合优化安全培训资源。鼓励有条件的企业办好技工学校或职业培训学校，变招工为招生，加强从业人员安全技能培训。严格安全培训机构的复审检查，淘汰不符合条件的培训机构。支持小煤矿、小矿山、小化工集中的地区设立联合培训基地，强化农民工培训。积极倡导各地有关部门组建讲师团，对缺乏自主培训能力的民营小企业，开展送教上门活动，解决农民工培训难问题。组织制作从业人员特别是农民工安全培训相关政策解读专题影像教材；指导编写危险化学品、烟花爆竹等行业通俗易懂的农民工安全知识读本；组织开发《煤矿新工人（含农民工）安全知识应知应会手册和多媒体光盘》。

3）加强农民工安全培训的管理。支持有条件的培训机构把农民工安全培训与现有的农村劳动力转移培训和农民工就业、职业技能等培训结合进行，统一考核，分别发证，减轻企业和农民工负担。加快建立全国安全培训信息管理系统，提升农民工安全培训管理水平和工作效率。继续实行安全培训信息统计年报制度，加强农民工安全培训信息的统计工作，提高统计工作效率和质量。

4）强化农民工安全培训的监督检查。制定《安全生产培训监督检查办法》，修订《煤矿安全培训监督检查办法（试行）》，把农民工安全培训纳入安全生产执法检查计划，发现未经培训上岗或培训不符合要求的，责令限期整改；逾期不改的，责令企业停产整顿直至依法关闭。将高危企业安全培训情况与企业安全生产许可证年审制度结合起来，发现未依法对包括农民工在内的相关人员进行培训的，一律不得审核和颁证。2009 年上半年，集中开展一次高危行业企业农民工安全培训专项监察。

5）积极开展多种形式的安全宣传教育活动。加大宣传教育力度，引导企业抓好职工日常安全教育，开展岗位练兵和技能比武等活动，采取网络、多媒体、电视等方式开展农民工安全培训。继续配合全国总工会、共青团中央等有关部门，结合“安全生产月”“安康杯”知识竞赛等活动，深入开展安全生产宣传教育，向全社会特别是农民工普及安全生产知识。

6）推广安全教育培训典型经验。在 2008 年调研和对培训机构复审检查的基础上，选树农民工安全培训示范单位和企业，召开现场会，总结推广经验。继续通过报刊、网络等媒体，深入推广上海、浙江、江苏海安、深圳、大连和山西长治等地方政府，以及开滦集团、阳泉煤业集团和中国铝业广西分公司等企业在农民工安全培训方面的好经验好做法，以点带面，推动农民工安全培训工作。

(3) 进一步强化作业场所职业安全健康工作

1) 加强职业安全健康监管体系建设。依据《安全生产法》等有关法律法规，完善安全生产和劳动保护规程和标准，尤其是农民工就业的安全生产保障制度。督促各地加强职业安全健康监管机构和队伍建设，保障农民工就业环境和安全生产条件。

2) 进一步加强安全生产标准建设。强化工矿商贸企业特别是高危行业企业的安全质量标准化工作，推动企业加大安全投入，加快新技术、新工艺、新设备的使用和落后设备的淘汰，提高本质安全度，减少农民工工伤事故的发生。

3) 落实农民工职业安全健康责任。加强与卫生行政部门、人力资源社会保障部门的合作，大力开展农民工、用人单位安全生产和职业病防治宣传教育活动，推动用人单位建立健全职业安全健康责任制，落实职业安全健康主体责任。用人单位要向新招用的农民工告知安全生产、职业危害事项，发放合格的劳动保护用品，对从事可能产生职业危害的作业人员定期进行健康检查。

4) 加大职业安全健康监督执法力度。积极探索职业安全健康联合执法机制，严肃查处职业危害事故，督促企业严格执行国家安全生产和劳动保护规程及标准，按规定配备安全生产和职业病防护设施，从源头上控制职业病危害因素，切实维护包括农民工在内的从业人员健康和安全权益。

该指导意见还对积极配合有关部门推进农民工参加工伤保险、加大事故查处力度、维护农民工合法权益等事项提出要求。

12.《关于深入开展企业安全生产标准化岗位达标工作的指导意见》相关要点

2011 年 5 月 30 日，国家安全监管总局、中华全国总工会、共青团中央联合印发《关于深入开展企业安全生产标准化岗位达标工作的指导意见》（安监总管四〔2011〕82 号）。该指导意见指出：为更加有效地推进企业安全生产标准化建设工作，指导各地企业深入开展岗位达标，强化安全生产基层基础工作。根据《国务院安委会关于深入开展企业安全生产标准化建设的指导意见》（安委〔2011〕4 号）的要求，现就企业安全生产标准化岗位达标工作，提出意见。

（1）岗位达标的重要性

1）岗位达标是企业安全生产标准化的基本条件。岗位是企业安全管理的基本单元，在安全生产标准化建设过程中，应当通过考核、评定或鉴定等方式，对每个岗位作业人员的知识、技能、素质、操作、管理及其作业条件、现场环境等进行全面评价，确认是否达到岗位标准。只有每个岗位，尤其是基层操作岗位，将国家有关安全生产法律法规、标准规范和企业安全管理制度落到实处，实现岗位达标，才能真正实现企业达标。

2）岗位达标是企业开展安全生产标准化建设工作的重要基础。目前工矿商贸行业中大部分企业为中小型企业，这些企业安全管理基础薄弱、事故隐患多，在开展安全生产标准化建设工作时，面临人才短缺、投入不足等实际困难，在逐步完善作业条件、改良安全设施和提高安全生产管理水平的同时，应从开展岗位达标入手，加强安全生产基础建设，重点解决岗位操作问题和作业现场管理问题，为实现企业达标奠定基础。

3）岗位达标是企业防范事故的有效途径。据统计，企业生产安全事故多数是由“三违”（违章指挥、违规作业、违反劳动纪律）造成的。有效遏制较大以上事故、减少事故总量，必须落实各岗位的安全生产责任制，提高岗位人员的安全意识和操作技能，规范作业行为，实现岗位达标，减少和杜绝“三违”现象，全面提升现场安全管理水平，进而防范各类事故的发生。

（2）岗位达标的目标

企业开展岗位达标工作，以基层操作岗位达标为核心，不断提高职工安全意识和操作技能，使职工做到“三不伤害”（不伤害自己、不伤害别人、不被别人伤害）；规范现场安全管理，实现岗位操作标准化，保障企业达标。

(3) 实现岗位达标的途径

1）制定岗位标准，明确岗位达标要求。企业要结合各岗位的性质和特点，依据国家有关法律法规、标准规范制定各个岗位的岗位标准。岗位标准是该岗位人员作业的综合规范和要求，其内容必须具体全面、切实可行。

岗位标准主要要求。

①岗位职责描述。

②岗位人员基本要求：年龄、学历、上岗资格证书、职业禁忌证等。

③岗位知识和技能要求：熟悉或掌握本岗位的危险有害因素（危险源）及其预防控制措施、安全操作规程、岗位关键点和主要工艺参数的控制、自救互救及应急处置措施等。

④行为安全要求：严格按操作规程进行作业，执行作业审批、交接班等规章制度，禁止各种不安全行为及与作业无关行为，对关键操作进行安全确认，不具备安全作业条件时拒绝作业等。

⑤装备护品要求：生产设备及其安全设施、工具的配置、使用、检查和维护，个体防护用品的配备和使用，应急设备器材的配备、使用和维护等。

⑥作业现场安全要求：作业现场清洁有序，作业环境中粉尘、有毒物质、噪声等浓度（强度）符合国家或行业标准要求，工具物品定置摆放，安全通道畅通，各类标识和安全标志醒目等。

⑦岗位管理要求：明确工作任务，强化岗位培训，开展隐患排查，加强安全检查，分析事故风险，铭记防范措施并严格落实到位。

⑧其他要求：结合本企业、专业及岗位的特点，提出的其他岗位安全生产要求。

企业要定期评审、修订和完善岗位标准，确保岗位标准持续符合安全生产的实际要求。在国家法律法规和标准规范、企业的生产工艺和设备设施、岗位职责等发生变化时，及时对岗位标准进行修订、完善。

2）建立评定制度，确定达标评定程序。企业要建立岗位达标评定工作制度，对照岗位标准确定量化的评定指标，明确评定工作的方式、程序、评定结果处理等内容。企业岗位达标评定可以采用达标考试、岗位自评、班组互评、上级对下级评定、成立评定小组统一评定等方式进行。安全生产标准化评审单位在现场评审时，要按有关规定将岗位达标作为安全生产标准化的重要内容进行考评，对重要岗位和关键岗位的达标情况进行抽查。

3）切实加强班组建设。将班组安全管理作为岗位达标的重要内容，从规范班前会、开展经常性的安全教育等班组安全活动入手，将各项安全管理措施落实到班组，将安全防范技能落实到每一个班组成员，强基固本，真正把生产经营筑牢在安全基础上。

4）丰富达标形式，推动岗位达标创新。企业可采取开展班组建设活动、危险预知训练、岗位大练兵、岗位技术比武、全员持证上岗、师傅传帮带等切合实际、形式多样的活动，营造“全员参与岗位达标，人人实现岗位安全”的活动氛围，不断提升职工的安全素质，推动岗位达标工作。

（4）岗位达标的保障措施

1）落实企业责任，规范岗位达标。企业是岗位达标的主体，要切实加强对岗位达标工作的领导，紧密结合生产经营实际，突出重点岗位和关键环节，组织制定本企业推进岗位达标工作的方案，并建立有关岗位达标工作制度，定期组织开展岗位达标工作检查，做到“岗位有职责、作业有程序、操作有标准、过程有记录、绩效有考核、改进有保障”，提高达标质量，确保岗位达标工作持续、有效地开展。

2）加大宣教力度，提升岗位技能。各企业要增强岗位教育培训尤其是基层岗位教育培训的针对性，使职工具备危险预知能力、应急处置能力、安全操作技能等，自觉抵制“三违”行为。企业要充分利用班前班后会、安全讲座、安全知识竞赛和安全日活动等各种方式，开展经常性、职工喜闻乐见的安全教育培训，不断强化和提升职工安全素质。

3）制定奖罚措施，促进岗位达标。各企业要建立并完善企业岗位达标工作的激励和约束机制，制定具体的奖罚措施，将岗位达标与职工薪酬福利、职位晋升、评先评优等挂钩；对规定期限内不达标的，采取重新培训、调岗、待岗等措施。

4）加大安全投入，创造达标条件。各企业要加大安全投入，为开展岗位达标工作提供人、财、物等方面的条件，确保作业环境、安全设施、人员防护等方面符合国家有关法律法规和标准规范的要求，为岗位达标以及现场标准化创造条件。

5）树立典型示范，引领岗位达标。各企业要在岗位达标工作中，积极总结经验，学习借鉴其他企业岗位达标工作的经验和做法，在企业内树立岗位达标的典型，鼓励职工互帮互学，开创你追我赶、争创岗位达标的局面，进一步推动和促进岗位达标。

6）加强工作指导，推动岗位达标。各级安全监管部门要把岗位达标作为安全生产标准化建设的一项重要内容，加强本意见的宣贯工作，抓好企业负责人的业务培训；加强指导和组织协调，强化对企业岗位达标工作的监督检查，指导督促企业落实岗位达标的要求；适时总结和推广岗位达标工作中的成功经验和做法，为企业之间相互交流学习提供渠道和平台；充分利用电视、广播、报纸等新闻媒体，加强岗位达标的宣传，营造良好的舆论氛围。

各级工会组织要充分发挥引导职能，组织技能比赛、技术比武、师徒帮教、岗位练兵等活动，推广选树“金牌工人”“首席职工”“创新能手”“创新示范岗”的经验，结合创建“工人先锋号”“安康杯”竞赛等活动，不断提高员工安全意识和安全技能；要发挥安全生产监督检查职能，加强对岗位达标的检查，推动岗位达标。

各级团组织要深入推进青年文明号、青年岗位能手、青工技能振兴计划，开展“争创青年安全生产示范岗”活动，激励引导广大青年职工强化安全生产意识，提高安全生产技能，促进岗位达标。

各省级安全监管部门、工会和共青团组织要加强领导，创新工作思路和工作方式，认真贯彻落实本意见要求。国家安全监管总局、中华全国总工会和共青团中央将适时联合组织开展贯彻落实本意见情况的检查，总结经验，表彰先进，推动工作。

企业培养遵章守纪优秀员工相关政策评述

人们的思想支配行动，确立安全理念，才会有遵守规章、防止违章的安全行为。因此，加强安全教育培训，提高职工的安全意识和能力，是企业培养遵章守纪优秀员工基本要求，也是实现安全生产不容忽视的重要环节，因此必须认识安全教育培训的重要作用，把它摆到应有的位置，切实抓紧抓好。

（1）引导职工认清安全生产的重要性与紧迫性

引导职工认清安全生产的重要性与紧迫性，确立“安全第一、预防为主”的理念，这是安全教育培训的一项基本任务。在目前市场竞争日益激烈，企业内部考核日益严格的情况下，职工的安全思想观念也呈现出多样性。有的职工的安全理念出现了偏差，或者单纯地重视经济收入，轻视安全；或者因循守旧，思想观念跟不上科学技术的飞跃发展；或者对严格的安全监督管理不理解，产生误解和抵触情绪；或者相信迷信，不相信科学，预防事故不是靠扎实地开展工作，而是图侥幸，凭运气等。要破除这些有悖于安全生产要求的思想偏差，就必须抓好安全教育培训，引导企业职工深刻理解“安全第一、预防为主”的方针，认清抓好安全生产是关系职工生命安全和企业财产安全、关系企业的生存与发展、关系社会稳定的大事。预防事故，实现安全生产，依靠的是全体职工同心同德的奋发进取，扎扎实实地开展安全管理工作。图侥幸、凭运气不仅于事无补，而且十分有害。每个职工都要认清，安全生产，人人有责，不仅自己要遵守安全规章，而且要大力支持安全管理工作，为营造良好的安全氛围增砖添瓦。

(2) 引导职工学习和掌握安全操作规程

安全教育培训的另一项基本任务，就是引导职工学习和掌握安全生产法律法规、方针政策、规章制度和安全工作规程。国家制定的安全生产法律法规、方针政策、规章制度和安全操作规程，揭示了安全生产的客观规律，是企业开展安全管理工作的基本依据，是每个职工的行动指南。通过教育培训，帮助职工了解这些规定的基本内容，熟记与自己有直接关系的条文条款，并以说服和规劝的方式，帮助职工扫除各种思想障碍，加深消化理解，化为具体行动。

学习和借鉴预防事故的成功经验，吸取发生事故的沉痛教训，这也是安全教育培训的一项基本任务。安全教育培训不能搞闭关自守，也应是开放式的，要帮助职工吸纳国内外安全管理的成功经验，找出本单位存在的薄弱环节和差距，奋发努力，迎头赶上；了解外单位发生事故的原因和应吸取的教训，防止此类事故重复发生。

(3) 加强安全教育培训与企业安全文化建设相结合

目前，许多企业都在开展安全文化建设。企业安全文化作为现代化企业生产力的重要保障，是企业文明和素质的重要标志。在企业安全文化建设中，离不开宣传教育和人员培训。宣传教育和人员培训是安全文化建设的重要内容，也是促进安全文化建设的重要手段，有助于改变员工的精神和道德风貌，有助于改进和加强企业的安全管理。企业安全文化主要有导向、约束、凝聚和激励等功能。

1）导向功能。导向功能是通过共同的目标统一，明确企业安全管理的努力方向，使每个员工都以“安全第一”的价值观为自己的行为指南，努力使自己的一言一行、一举一动符合企业的安全价值观，调动广大员工为实现企业安全目标的积极性，引导员工的安全行为。有的企业开展安全指标和安全目标管理，通过细化分解，将企业的每个安全层面和环节有机地融为一体，实现每个岗位有目标和责任，人人肩上有指标和压力，营造出了安全和谐的生产、经营和发展环境。同时激励职工向国际一流企业的安全管理标准看齐，使“我要安全”成为职工自觉的行动追求。

2）约束功能。约束功能是指通过企业安全文化制度、伦理道德发挥作用，约束全体员工的安全行为，使每一个员工都能深刻认识安全规章制度的必要性，自觉地增强安全意识，履行安全责任，提高整体的安全水平。例如，定置管理在机械制造企业的安全工作中具有重要意义，而实施这种管理主要是科学合理摆放，形成习惯。在这方面，天津减速机厂生产现场的定置管理堪称楷模，工件摆放按工序井井有条，形成流水线，给人以文明整洁、通道宽畅、省工省时且又安全的印象。定置管理由人实施，表现为人的安全素质的外化，而形成现场和操作环境则是物的本质安全的体现。

3）凝聚功能。凝聚功能是指把企业全体员工紧紧联系在一起显示共同的安全目标、意识和追求。同心协力、奋勇拼搏、开拓前进的一种观念、行为和文化氛围。使个人对企业产生信赖感、可靠感、依靠感和归宿感。企业安全文化还有极大凝聚力和向心力的功能。如彩虹集团一名工人说：“以前是规章制度要求我们怎么样，现在是我们要这样做。这个理念被我们每个员工所认同。”

4）激励功能。激励功能是指文化本身所具有，主要是以灌输理念为着力点，形成浓厚的安全氛围。激励员工认清“安全来自长期警惕，事故源于瞬间麻痹”，懂得“宁绕百丈远，不冒一步险”，真正懂得发生事故对个人、家庭、单位和国家的伤害，大力培育“珍惜生命，心系安全”的理念，从而使安全管理的层次得到提升。如国内许多企业开展以“珍惜生命、我要安全”为主题的今日安全员、安全宣誓、安全祝福、平安晚会、安全展览、安全合理化建议、安全论坛等形式多样的群众性安全文化活动，增强员工的安全责任和安全意识，使员工逐步从“要我安全”到“我要安全”，并进一步升华到“我会安全”的境界。

二、企业遵章守纪优秀员工事迹与做法

企业在生产经营中需要大批遵章守纪优秀员工，大批遵章守纪优秀员工也是企业赖以生存、发展的基础。在人员流动、双向选择的情况下，如何能够吸引人才、留住人才，培养出大批遵章守纪优秀员工，是企业面临的重要课题。从大量企业实践经验来看，培养优秀员工，需要把企业理念的培育、渗透作为培养优秀员工的先导，使员工时时处处感受到浓厚的氛围，并按照从制度中规范、从规范中养成的原则，对员工进行文明行为养成教育，从规范员工文明行为到规范员工岗位作业行为，努力提高全体员工的现代文明素质。此外，还需要把加强业务技能培训作为提高员工技能素质的载体；需要把开展劳动竞赛、技能大赛作为提高员工岗位技能的载体，引导职工学技术、钻业务，提高员工的学习力和技术创新力；需要把培养、评选、宣传先进典型作为员工思想教育的载体，激励员工奋发向上、力争上游的积极性。

（一）企业遵章守纪优秀班组长事迹与做法

1. 安庆石化公司丙烯腈四班班长龚荣庭成为学习楷模的事迹

龚荣庭是中国石化集团安庆石化化工作业部丙烯腈装置四班班长，提到他，在化工作业部没有谁不竖大拇指。工作 21 年来，他以对技术不懈的追求，班组管理取得的突出成绩，赢得了领导的肯定和职工的钦佩，成为安庆石化职工学习的楷模、班组管理的一面旗帜。

（1）学技术，练就一身过硬功

进厂 21 年来，龚荣庭一直在丙烯腈生产操作技术的海洋里辛勤跋涉。从工作初始至今，无论在什么时候、什么地方，他几乎都会随身携带一个笔记本，看到难以解决的问题，他就记在本子上，虚心向技术人员请教，向书本学，直到把疑难问题弄清楚。日积月累，他的笔记本堆成厚厚的一摞。如今，这些笔记已成为青年工人的“教科书”。经过多年的勤学苦练，龚荣庭成为了丙烯腈工艺操作的行家里手和装置上的活流程，先后获得公司先进班组长、公司劳动模范、青年突击手、中国石化集团公司青年岗位能手、集团公司技术能手和集团公司劳动模范等多项荣誉称号。2007 年年初，经过严格的考核评定，龚荣庭被评为丙烯腈装置的技能大师。

龚荣庭学以致用，将掌握的技能应用于实践，结出了丰硕的成果。以前，丙烯腈装置每次开工“四效”部分都要经过很长一段时间才能稳定下来，不仅延迟了产品合格的时间，而且容易造成后续生产波动，对外排污水合格率产生不利影响。经反复摸索、推理、论证，龚荣庭提出一种新的操作方式，一举将装置每次开工到出合格产品的时间缩短了 3 个多小时。多年来，每次装置出现不稳，只要龚荣庭一到现场，问题就会迎刃而解。丙烯腈装置 5 万 t 改 8 万 t 扩能改造后，装置操作弹性小，在很长一段时间内，产品质量一直不稳定，尤其成品塔侧线中丙烯醛含量最不易控制。龚荣庭经过一段时间的思考和对比，大胆提出新的方案：将成品塔塔釜温度控制在 59.5～61℃，根据再沸器贫水出口温度来调节，一举解决了难题。

有了过硬的技术，就能及时发现、准确判断和正确处理日常生产中的各种突发事故。2005 年 12 月 5 日，龚荣庭上夜班，考虑到夜间是事故多发时段，他主动增加巡检频次。在巡检中，他发现合成区域原料氨压控阀调节失灵，根据经验，他立即判断出该阀模头仪表风出现故障。在向值班人员汇报的同时，他果断组织人员切出该阀走副线，后经仪表钳工撤阀检查，果然是该阀仪表风中断。由于处理及时，避免了一次非计划停车事故的发生。

（2）抓安全，勇当装置保护神

“只要龚荣庭当班，生产就不会有问题。”化工作业部的领导经常这么说。凭借深厚的技术功底和丰富的操作经验，龚荣庭曾多次发现并消除生产隐患，成为装置安稳生产的“保护神”。

丙烯腈生产装置危险性极高，其主要设备大部分为压力容器、压力管道；其原料、中间产物、产品、副产品理化性质复杂，具有易燃、易爆、剧毒等特点。安全生产显得尤为重要，更是班组一切工作的重中之重。为了搞好班组的安全生产工作，龚荣庭在自己认真遵守各项安全规章制度的同时，将注意力放在班组安全管理上。结合装置实际，他组织班组人员开展了“安全生产大家谈”“四比三争”“争当安全之星”等多项活动，比谁发现隐患最多、比谁提的合理化建议最多、比谁的安全技能进步最快、比谁参加各项安全活动最积极，引导班组成员争当安全之星、青年安全卫士和安全技术标兵，努力强化班员的安全意识，提高他们的安全技能，并通过狠抓规范操作，杜绝“低、老、坏”和习惯性违章，追求安全工作优中求精，为丙烯腈装置筑牢安全墙，强化安全网。中石化集团开展“我要安全”主题活动以来，龚荣庭带领班组人员实现了由“要我安全”到“我要安全”的安全目标转变，积极组织班组成员开展“找差距、反三违、除隐患”为主题的安全活动。在他的带领下，大家对照安全生产规程找自己的毛病、找他人的不足、找装置生产的隐患，坚持时刻反思，紧绷安全生产这根弦。班组人员都自觉遵守各项安全规章制度，每人心中都默默下定决心，绝不放过 1 个漏点，绝不发生 1 次违章作业和生产事故，职工的安全意识有了普遍提高，“我要安全”成为职工的自觉要求。

为提高班组人员安全生产责任意识，2006 年，龚荣庭在班组提出开展“班组安全员人人当”活动的倡议，得到了职工的一致响应。“班组安全员人人当”活动，就是让每一位职工当一个轮班的“安全员”，充分调动大家的主观能动性，直接参与班组日常管理，行使安全管理的权利，这一新的职工自我管理形式，有效提高了职工参与班组安全管理的积极性。“安全员”们十分珍惜班组赋予自己的权利，在当安全员期间，认真履行安全员职责，正确使用安全员权利，不仅对班组职工进行安全监督，而且对外来施工人员进行有效安全监督，严格考核，大胆管理，促进了班组安全管理工作。“班组安全员人人当”活动开展 5 年以来，丙烯腈四班先后有 4 人获得了“青年安全卫士”荣誉称号，并多次发现氢氰酸泄漏、丙烯泄漏、浓硫酸泄漏等重大生产隐患，受到公司劳动竞赛委员会通令嘉奖。

正是因为龚荣庭始终将安全放在第一位，丙烯腈四班的安全意识、安全技能和工作积极性才有了质的飞跃。在他们当班的日日夜夜，从未发生过大的安全事故，难怪大家都说把丙烯腈装置交给四班心里放心。

(3) 管班组，带出的团队称一流

多年的磨炼，使龚荣庭在操作技能取得进步的同时，管理能力也得到很强的锻炼。2003 年，他不仅通过了技师考核，还被化工作业部任命为丙烯腈装置班班长。面对一支人员主要由各装置换岗来的职工组成的新班组，龚荣庭不畏困难，将自己学技术、钻业务的那股拼劲和钻劲再次用到班组管理上来，一步一个脚印，使班组的面貌在短时间内焕然一新。

作为“兵头将尾”，龚荣庭在对待班组人员的管理上把人性化放在第一位，与班组成员做朋友，职工工作和生活上有困难，他热心帮忙。日常工作中的大事小事，他事事干在别人前面，以自己的实际行动影响他人，将班组凝聚成一个团结有力的集体。在班组管理工作中，他努力在规范化、制度化上下工夫，根据实际情况，先后制定了劳动纪律、工艺纪律、奖金考评等一系列班组内部规程，工作任务指标分摊到岗位，量化到人。建立了以班长、工会小组长“两长”和政治宣传员、安全员、质量员“三员”为主的全员参与的班组民管小组。班组的各项大小工作，都经过商讨、表决等民主程序来确定，做到有章可循、奖罚分明，确保所有工作更加明晰、规范，责任更加具体，检查考核具有操作性。在一次奖金考评会上，班组某员工未按要求对装置大循环 pH 计进行监控，经民管小组讨论，按考核细则对这位员工进行考核。

在龚荣庭的带领下，几年来，丙烯腈四班围绕狠抓“三基”工作，自我加压，苦练内功，通过摸索，班组总结推行出“1+1管理”的班组管理模式。所谓“1+1管理”，就是从技术技能和现实表现2个方面对班组职工进行日常考核与管理。在实施“1+1管理”过程中，通过坚持闭环管理、纵横对标、不断优化、发现问题4不放过4项基本原则，保证了“1+1管理”的效果。班组出现了员工由以前的“安排干”到现在“抢着干”的可喜局面，班组干什么事情都顺了、员工的心气更高了、团队意识也更浓了。短短4年不到的时间，原本一个底子差的班组，现在已经跻身安庆石化一流班组行列，连续几年在化工作业部开展的安全月、质量月竞赛中夺魁，多次被评为分公司先进班组。班组“1+1管理”经验还被集团公司评选为管理现代化创新成果并荣获三等奖。作为“安庆石化首批三基工作示范单位”，丙烯腈四班的先进管理经验在公司被推广，成为名副其实的品牌班组。

“技术是一片浩瀚的海洋，要想在这片海洋里不断前进，只有依靠自己的勤劳之舟，才能到达成功的彼岸。”龚荣庭经常这样告诫自己，告诫年轻的职工。他以自己的勤奋和不懈的追求，走出了一条成功之路。（赵天奇、冯进进）

2. 中国导弹研究院班长鲁宏勋成为“蓝领教授”的事迹

鲁宏勋是中国空空导弹研究院十一车间数控程序编程调试员、（数控）铣工高级技师。他作为一名工人，积极了解和掌握机加行业先进技术，很好地掌握了计算机辅助编程，并具有机加英语阅读能力，能采用多种新工艺、新方法，娴熟操作多种数控机床，在平凡的工作岗位上取得了显著成绩。他所率领的“鲁宏勋班”，是中国导弹研究院唯一一个以个人名字命名的班组，被誉为“航空鲁班、技能英才”。

(1) 潜心钻研技术，努力掌握绝招

鲁宏勋今年39岁，是一名数控铣工，自参加工作以来，积极努力、刻苦钻研，善于开动脑筋想办法。在参加工作初期，他就在师傅们的指导下研究出了5 mm以下、长径比为30∶1的深孔钻头及加工工艺方法，因而获得了创新成果三等奖。

鲁宏勋在数控铣工的工作岗位上，自学外文资料及相关的计算机技术，成为研究院第一个较全面掌握数控机床操作、编程的人员。某工程C阶段过程中，他虽然技术级别最低，却承担了大多数复杂零件的加工，在万向支架外框的加工中，他改进了外商提供的工装，将外商提供的十一道加工工序缩短为一次装夹完成，提高加工效率三倍，并使质量一致性得到很大提高；在天线的加工中，他自行设计并加工了一次能安装12件零件的工装，使得天线的加工效率提高了四倍多，并编写了类似三轴联动加工的原程序；由于在某工程中的突出表现，他被航空航天部记国家重点工程建设一等功一次。

在以后的工作中，鲁宏勋先后设计了多套工装夹具、改进了多项工艺和加工方案，提高了产品的加工质量和生产效率，有效地保障了科研生产任务的完成。例如：重点型号零部件壳体、外环组合、壳体组合、舵面骨架、安装支架、波导等的工夹具设计，使之逐步适应批量生产的需要，生产质量趋于稳定；某产品阀盖、阀针座、电机座、上盖、轴套等工装及加工方案的改进，采用网状装夹，一次装夹几十个零件，大大提高了加工效率、提高了设备的利用率；提出了重点型号壳体、壳体组合、舵面骨架、外环壳体、天线支架、中壳体等多项工艺的改进，以及天线各零件的加工方案的改进，有效地保障和提高了这些零部件的加工质量。

在国产化生产中，鲁宏勋则根据生产要求，先后设计和加工了30余种自制工装、编制了大量的加工程序，使加工的质量和效率得到较大提高；在他担任数控铣工期间，能熟练地操作车间内的所有数控铣床（七台六种控制系统），编写了8万余字的数控技术总结，年年完成工时居个人完成工时榜首，最多的一年曾完成 8 千余小时，超过正常定额的 4 倍；现在他已能全面负责这些设备的编程、调试与管理。为此，鲁宏勋曾八次荣获院先进工作者、九次荣获院十大先进标兵称号，还曾荣获过院模范青年、洛阳市先进工作者、航空工业总公司国产化研制三等功、航空优秀青年等荣誉称号。

1993 年，鲁宏勋因出色的工作表现及高超的技术水平被破格提拔为青年技师，同年转为部级技师，1999 年又以全优的成绩被聘为高级技师，并获得劳动部颁发的高级技师证书。他深知现代技术工人已经不是传统意义上的工人了，现代技术工人突出一个技术，因此他积极了解和掌握机加行业的先进技术，较好地掌握了计算机技术这一高科技手段，并具有一定的机加英语阅读能力，这些技术的掌握为他能驾驭好现代化的数控机床奠定了良好的基础。

(2) 积极开展学习创新活动，班组能力不断提高

鲁宏勋班组是一个学习能力强，创新能力强的优秀团队，现有职工 29 人，其中 7 名高级技师、8 名技师，11 名高级工，平均年龄 35 岁。该班组以优异的成绩，先后获得“金牌班组”“职工技能模范班组”“全国职工职业道德建设先进班组”“全国五一劳动奖状”“全国工人先锋号”等荣誉称号。

鲁宏勋班组的学习观是：知识改变命运，岗位成就事业。多年来，鲁宏勋班紧紧围绕重点型号任务，制定了班组学习制度，坚持开展了一系列针对性学习活动，如“今日我主讲”“我是机长”“高师带高徒”等，旨在总结传授加工经验、锻炼班组员工管理能力、培养复合型技能人才和促进年轻组员快速成长。并通过各种形式的学习培训，使班组加快了国内外新技术的掌握步伐，加速了新工艺新技术的应用。

在全员参与的“今日我主讲”活动中，班组成员利用每周六下午两个小时的时间，由本组每个成员轮流主讲先进的加工技术、加工经验或工作心得，将过去的被动学习改成主动学习。大家学习的目的非常明确，就是结合岗位职责学、为了创新创效学、为了完成任务学；学习的重点突出，就是学习数控理论、编程技术和操作技能。通过学习已经有一部分人由简单的操作型向知识型、复合型技能工人转变，大家的学习能力已经逐渐转化为保质、保量、保节点完成生产任务的能力。

通过组织教育学习，不仅提高了全员参与学习的意识和机会，也提高了班组成员的理论水平，扩展了大家的知识面，在班组内形成了良好的学习氛围。班组成员分析问题和解决问题的能力也明显增强，能够真正适应岗位需要。

(3) 班长带头学习攻关，激发班组创新活力

鲁宏勋班是一个在“创争”活动中走在前列、作出表率的班组。这个班组在鲁宏勋的带领下，人人自学钻研数控新技术、把每一个加工难题都作为学习的机会，“集体研讨、相互学习、善于总结、举一反三”使他们班组业务技能不断提高，个个技术过硬，人人都有拿手绝活。

鲁宏勋非常注重对青年人的传、帮、带工作，积极主动向青年人传授技艺，并带头进行科研生产攻关。别人带徒弟，总是让他们在干活中掌握技能，总是会有所保留。而鲁宏勋带徒弟总是让他们学技术而不会让他们苦干，另外他总是把自己的技能倾囊而授。正是由于他的带动和激励，鲁宏勋班才能在屡次的数控比赛中获得骄人的成绩。

目前的鲁宏勋班人人热衷于学习新技术，班组形成了“自觉搞好技术交流，传授经验不保留”的班组学习积极氛围。班组成员的整体技术素养得到了飞速提升，涌现出一大批在国家级、省部级重大技术比赛中摘金夺银的技术能手，使得他们班成为名副其实的“全国技能水平最高的班组”。

鲁宏勋班有一套完整的“三个贴近”“三个适应”和“三个延伸”的人才培养目标，使得班组在学习计划上突出了衔接性、稳定性和严密性。“三个贴近”即：贴近本职、贴近专业、贴近工作；“三个适应”即：与高新技术的发展相适应，与专业理论相适应，与承担的任务相适应；“三个延伸”即：向完成“高、精、尖”任务和生产工作延伸，向相关知识延伸，向未来精密机械加工发展延伸。

鲁宏勋班有一个“坚持以人为本、打造高素质团队”加强班组建设的思路，要求全班职工不仅要成为“完成任务、技术创新”的能手，而且在思想素质、文明素养、质量保证等方面都要走在前列。为此，该班组分别从“完成任务，技术创新，思想素质，学习能力，质量保证”等五方面制定了达标细则，建立严格的考核制度，促使全班职工人人为实现“五好”班组建设目标而奋斗。

鲁宏勋班的班组管理理念是：建立以综合平衡计分卡为导向的班组管理创新计划，逐步实现班组工作内容指标化。在班组建设制度中，对本班组的愿景、理念、精神、格言、学习观、文明守则等分别作了明确规定，另外对班组质量分析制度、班组质量责任制、班组考核规章制度也有详细要求。

面对新形势，鲁宏勋班以创建学习型班组为载体，不断深化创建内容，创新活动方式，增强创建效果，努力把班组打造成国内一流的高技能团队。（赵征、李寿武、金雯）

3. 青岛供电公司继电保护班班长夏晓宾的“四精”工作法

夏晓宾今年 51 岁，是山东电力集团公司青岛供电公司继电保护班班长，从事继电保护现场工作有 32 年，担任班长十余年。30 多年来，他一直坚守在继电保护岗位，扎根一线班组，立足本职，爱岗敬业，勤奋工作，务实创新，干一行爱一行，专一行精一行，靠过硬的技术、丰富的经验、精细的管理和奉献精神、凝聚力，带出了一支优秀的团队。他本人先后荣获“山东省首席技师”“国家电网公司优秀专家人才”“青岛市劳动模范”等荣誉称号。2011 年被评为国家电网公司特等劳动模范。

夏晓宾所在的修验工区继电保护班，是青岛供电公司最大的班组，现有工作人员 36 人，35 岁以下青工 18 人，占 50%；拥有大专学历及以上人员 22 人，占 61%。继电保护班设有继电保护、直流和远动三个专业，担负着青岛供电公司所辖 121 座变电站的继电保护设备、直流设备和自动化设备的检修、维护和改造工作。

(1) 扎根基层的“草根专家”，智能变电站改造安装能手

参加工作时，夏晓宾只有初中文化水平，但他勤于学习，通过自己的不懈努力自学成才。工作中，他勇于探索，善于总结，从一名普通工人逐渐成长为继电保护专业的技术能手。由于工作中他勤于思考，勇于创新，在不断的实践摸索中进行了许多技术革新，并对一些新引进的“洋设备”进行了改造，成为山东电力集团公司乃至国家电网公司继电保护领域的专家人才，大家都亲切地称他为“草根专家”。他在担任继电保护班班长期间，青岛电网从未因检修或施工质量原因发生过保护装置误动、拒动事故，为青岛电网的安全稳定运行作出了突出贡献，被誉为“电网保护神”。他带领职工攻坚克难，圆满地完成中国首座智能变电站改造安装的艰巨任务，被誉为中国智能变电站安装第一人。

2010 年 3 月，青岛午山站智能化改造正式启动。午山站是一个创造性的全新型的变电站，它是国家电网公司首批智能电网建设试点项目，起点高、任务紧，实施得好坏对后续项目的开展影响很大，从国家电网公司、山东电力集团公司到青岛供电公司都给予高度关注。该站的智能化改造项目与以往任何一项变电站改造工程都大不相同，没有参照样板，生产设备的厂家也没有安装调试的经验，这对夏晓宾和班组成员是一个极大的挑战。在整个安装调试过程中，夏晓宾和同事们一丝不苟，精益求精，反复研究每一个设备，认真把握每一个细节，整个改造工作他们加班加点，吃住在现场，克服和解决了一个又一个让外国专家都感到头痛的问题，多次赢得外国专家的高度赞誉。

经过夏晓宾团队 3 个多月的拼搏，午山智能变电站终于提前完成安装。2010 年 11 月，青岛供电公司 220 kV 午山变电站智能化改造项目通过国家电网公司验收，成为国内首座 220 kV 智能化变电站。不仅夏晓宾所在的班组出色完成了中国第一座 220 kV 智能变电站的改造安装任务，而且通过此次智能化改造项目，夏晓宾本人再次一举成名，成了名副其实的中国 220 kV 智能变电站改造安装第一人。

(2) 坚持八字管理理念，形成“四精”特色工作法

夏晓宾始终以保证电网安全、促进企业发展为己任，踏实工作，精于管理，尽职尽责，勇于担当，逐步成长为政治强、业务精、懂技术、会管理和具有现代意识的基层管理者。作为班组长，他特别注意技术传、帮、带和技术培训，带动全班人员提高技术水平，带出了一个安全文明高效、培养凝聚人才、开拓进取创新、团结学习和谐的优秀团队。在夏晓宾的带领下，继电保护班先后被授予“全国青年安全生产示范岗”“全国安康杯竞赛先进班组”“山东省劳动竞赛先进班组”等荣誉称号。

夏晓宾长期工作在继电保护岗位上，认真负责、用心工作，始终坚持“高、精、勤、准、严、细、实、快”八字管理理念，并将这一理念融入班组日常管理中。他在总结经验和不断创新的基础上，创立了“技术精湛、管理精细、工作精心、质量精良”的“四精”工作法，形成了青岛供电公司继电保护班鲜明的管理风格和特色。

“四精”工作法的内容主要是：

1）“技术（技能）精湛”。班长带头钻研技术或苦练技能，成为专业技术或技能能手，并带动全体班员提高技术技能水平，爱岗敬业，具备完成工作任务的良好技术技能水平。

2）“管理精细”。班组制度实，资料全，考核准，人心齐；“制度考核二准”“工作安排三细”“安全管理四严”，做到精细化。

3）“工作精心”。可概括为“两实”“三快”“四勤”。“两实”指工作实、作风实。“三快”指对上级要求落实快，对反映问题解决快，对突发事故反应快。“四勤”指勤勘察、勤分析、勤检查、勤沟通。

4）“质量精良”。工作高标准、高效率，工程质量、工作质量精益求精，创出一流。

“四精”工作法是夏晓宾多年班组管理经验的结晶，符合工作实际，管理精细，可操作性强，具有鲜明特色，符合先进性要求，实现了工作内容指标化、工作要求标准化、工作步骤程序化、工作考核数据化和工作管理系统化。目前，“四精”工作法已经在青岛供电公司全面推广，并在山东电力集团公司系统内引起较大反响。

（3）以精湛的技术破解难题，以爱岗敬业忠诚企业

夏晓宾是一名共产党员，个人品质优秀，具有可贵的职业道德操守和较高的业务素质。他学历不高，但善于钻研。他刻苦钻研新技术、新工艺，以精湛的技术破解电网建设、运行中的难题，成为继电保护专业的“大拿”。他不是天才，但勤奋好学。只有初中文化水平的他，凭借苦学苦练，成为技术带头人。他职务不高，但爱岗奉献。他立足工作岗位，不怕苦、不怕累，起早贪黑，摸爬滚打，以高度的责任感和事业心，坚守着一方电力供应安全，是共产党员“创先争优”活动的先进标杆。

继电保护校验工作是一项常规工作，保护班常年进行，班里的继电保护试验仪器都是一件一件单独存放的，但每次工作前都需要把这些仪器连接起来才能使用，费时费力。夏晓宾发现国内有了专用的试验仪器，但上百万的资金让人望尘莫及，于是他效仿这种仪器，发明了专门进行继电保护校验的“试验车、试验盒”，将工作相关仪器进行了整合，拿过来就能用，不仅节约了时间，节约了人力，还节约了上百万的资金，使工作效率翻了一倍。

夏晓宾在工作中意识到，用计算机存储变电站图样是一项势在必行的工作，便主动向领导提出，由他来完成这项工作。他带领两名徒弟边培训指导，边摸索绘制，一个站一个站地硬啃，就这么干了一年多，将他当时负责的50多座变电站的近万张图样全部绘进了计算机，在山东电力系统第一个实现了图样的计算机化管理。如今，青岛供电公司所辖125座变电站的图样全部实现了计算机管理，继电保护设备、电网安全自动装置、低压和直流设备台账，全部录入SAP系统，为公司ERP系统成功上线作出了贡献。夏晓宾还参与了青岛供电公司两票管理流程和缺陷处理流程的制定与完善，组织开展了大规模的PMS系统台账录入工作，并将PMS系统和ERP系统的设备台账一一对应，同步维护，为两大系统的同步建设奠定了坚实的基础。

夏晓宾在完成繁重本职工作的同时，还撰写了《继电保护及自动装置的故障检修》《变电所二次回路的操作过电压》等多篇论文和技术分析报告。他根据近几年变电站设备更新、改造的情况，把使用新设备、新工艺对继电保护正常的校验、维护步骤产生的影响进行整理，编写了多种新的、符合当前工作需要的继电保护设备作业指导书，使现场各项继电保护工作有了系统的理论文本，对加强继电保护技术管理工作起到了重要作用。

4. 珲春发电厂炉控班班长孙国镇营造“快乐生活”的做法

孙国镇是大唐珲春发电厂维护分场炉控班班长，他不善言语，却迎难而上不断进取，始终怀着爱企如爱家的深深情结，在自己平凡的岗位上书写着他的责任，奉献着他的智慧，走在哪里就在哪里竖起一面旗帜。他积极参与科技进步和技术改造，攻克了多个技术难题，取得了多项技术创新成果，为企业增盈创效作出了突出的贡献。

（1）技术攻关，破解难题和瓶颈

孙国镇在工作中，加强设备缺陷跟踪分析工作，建立长效机制，积累重要设备基础数据，及时总结分析，提前预控，为控制重点设备可靠性、提高机组安全稳定性提供超前控制及检修依据，及时组织人员分析并提出解决方法，从而不断降低设备缺陷率。2011年共发生缺陷 101 项，较上年下降 50 项，解决的主要设备缺陷有磨煤机热风调整门执行器损坏、少油点火点不着、磨煤机热风闸板门故障、磨煤机推力轴承温度及齿轮箱油池油温指示失灵等 18 项；重大设备隐患有磨区控制电缆靠近热源，容易烧损，经过反复论证，仔细研究，更换新的耐高温电缆以及改变电缆走向，使磨煤机热控设备稳定性大大提高，进而也大幅减少了工人的维护量，按照以往设备损坏的频率计算，一年可为企业降低维护成本 20 万元；解决了因煤质问题引起断煤，导致经常投油，点火枪使用频繁，点火系统经常出现故障的问题；解决了一、二级减温执行器卡涩问题；利用磨煤机大修机会配合运行、锅炉班组，对磨煤机加载力控制曲线进行优化工作；还有引风机振动仪表频繁损坏、空预器失速保护装置损坏等 10 项，避免了机组非计划停运，取得了良好的经济效益、安全效益。

(2) 精益生产，挖掘潜能增效益

孙国镇从技术管理、能源节约、成本控制、班组培训等处入手，精打细算、严抓细管，全力做好降本增效工作。带领炉控班重新核对完善炉侧 MCS、CCS 逻辑图样；修编检修规程的解释规程；健全 14 项设备清册和技术档案；对 18 份检修作业指导书进行了修编、精简，使其适用、有效、可操作性强；修编热工保护定值表；结合创建学习型班组的工作，组织技术骨干对班组人员进行培训共计 48 次，结合实际工作及其月度、周培训考试，取得良好培训效果；分批次地对新来人员进行现场设备检修工艺培训，关心、关注员工的成长，为员工提供发展机会，完善员工成长平台，参加燃烧优化、生产一体化等厂家技术讲座，参加电科院计量考证等，推行精细化管理，积极挖掘内部潜力，取得了显著成效。

2011 年保护装置投入率 100%，主要仪表抽检合格率 100%，安全性评价问题整改完成 100%，技术监控问题整改完成 100%，“两措”完成率 100%，没有发生一类障碍、二类障碍及异常，汽包水位保护等热工保护正确动作 12 次，为“反违章、降非停、灭事故”立下了汗马功劳。

（3）班组管理，芝麻开花节节高

班组管理是自我管理与有效沟通的重要形式，孙国镇在班组管理中着力营造快乐生活、快乐工作、快乐创造的氛围。

营造有利于员工快乐生活的氛围。换位思考，想员工所想，切实为员工解决工作、生活中的实际问题，建设良好的工作环境、生活环境。添置了午休用的床、值班用的被、午餐用的微波炉等，给员工稳定的、宽松的、舒适的工作环境，以便于员工更快乐、更高效地完成工作，使广大员工的责任心发挥到极致，让每一个员工都做最好的自己，对自己负责、对企业负责。

营造有利于员工快乐工作的氛围。注重人性化管理，尊重员工、关心员工；尺有所短，寸有所长，用人所长；科学管理时间，雷厉风行，提高工作效率；一个好汉三个帮，注重良好的人际关系；承认员工的价值，激发员工工作热情，《快乐工作》一书中有这样一句："在工作中不失去热情，你会生活得更快乐。"

营造有利于员工快乐创造的氛围。广泛、深入、持久地开展合理化建议活动，集智聚力，创新创造，动态对标，在创造中体验人生的快乐。持续改进，多出效益，创造性地完成工作并为企业创造更多财富，使职工素质有了飞跃，进而带动了班组各项工作更上一层楼。

工作上孙国镇不敢有丝毫的分心，可是，他卧病在床的老父亲却已病入膏肓。自古忠孝难两全，作为炉控班的班长，事事不能离身，他只能雇用保姆照顾老父亲。本想在国庆节期间能有空在家陪陪生病父亲多尽一下子女孝道，但老父亲却在这之前不幸与世长辞，让他这个做儿子的心中不免留下了太多的不忍和遗憾。多年来，孙国镇把自己对企业的爱全部融入到自己的日常工作中，默默无闻地为电力生产事业奉献着自己的智慧和力量。

5. 马脊梁煤矿综采一队班长王雷雨倡导终身学习的做法

王雷雨是山西大同煤矿集团公司马脊梁煤矿综采一队班长，曾荣获“三晋技术能手”“全国煤炭工业模范班组长”等荣誉称号。多年来，王雷雨凭着对煤矿事业的执著追求，从一名普通机电检修工成长为全矿首席技师，经他修理过的井下机电设备不计其数，为煤矿创造了巨大经济效益。

(1)“只有终身学习，才能更好地为矿山服务”

王雷雨是一名矿工，他虽然只有职业高中文化程度，却能轻松驾驭煤矿井下各类先进的机电“洋玩意儿”。多年来，他把自己的全部精力投入到煤矿机电知识学习中，熟练掌握了多种现代化采煤机组装备，成为高素质的技术工人、当代知识型矿工的领跑者。

王雷雨认为，“只有终身学习，不断充实自己，才能够得心应手地处理工作中遇到的新问题，更好地为矿山服务。”王雷雨是这样说的，也是这样做的。随着矿井生产建设的不断发展，1997 年，马脊梁煤矿综采一队装备了同行业中一流的采煤机组和设备，这些机组和设备电器插件属于高科技产品，涉及计算机软件和可编程逻辑控制器问题。为了跨过这道难关，王雷雨自费购买了一台计算机和大量相关资料，对进口变频器应用程序进行潜心研究。在学习和研究过程中，难题接踵而来，由于进口变频器上的显示内容都是英文，对于仅学过一些基础英语的王雷雨来讲，又成为一只影响工作进程的“拦路虎”。为了克服这一难题，他找来英语书籍学习专业术语；凭着“蚂蚁啃骨头”的精神，王雷雨终于掌握了这台“洋设备”的性能。

通过这件事情，王雷雨触动非常大，他开始利用业余时间复习高中课程，准备参加成人高考。2004 年，他以优异成绩被山西煤炭干部管理学院电气自动化系矿山机电专业录取，开始了系统的大学函授学习。王雷雨说，作为一名技术工人，不仅要成为工作岗位上的业务骨干，更应成为具有较高专业文化知识的高素质人才。

(2)“只要设备有问题，就会有王雷雨忙碌的身影”

“只要井下设备一有问题，就有王雷雨熟悉而忙碌的身影！他是我们井下机组的‘保健医’。”工友们纷纷夸赞。

2007年8月的一天夜班，井下工作面的采煤机电控部分出现故障，导致整个工作面被迫停产。当班电工一筹莫展，急得满身是汗。上完二班回家休息不到三个小时的王雷雨接到电话后，迅速穿好衣服，带着工具仪器急速赶到井下现场进行故障排查。凭借着丰富的经验和娴熟的技术，王雷雨很快就将机器故障处理完毕，工作面又恢复了正常生产。大家为他算了这样一笔账：采煤机电控部分总价值近60万元，机器故障要每小时耽误生产原煤700多t。故障得到及时排除，不仅保证了正常生产，而且还为企业节省修复费用18万元。

矿上为了盘活企业人力资源，发掘专业技术人才潜力，从生产一线和生产辅助单位选拔出专业技术带头人，组建了一支“机电攻关小组”，王雷雨被任命为组长。攻关小组每天根据各生产队、辅助队汇报上来的设备运转情况，制订出检修计划，并严格按图表检修，改变了过去检修“不看图表看手表”的状况。“机电攻关小组”成立以来，井下生产设备故障发生率明显降低，采煤设备使用寿命明显提高，还在全矿员工中掀起了“钻研技术，争当技术员工”活动的高潮。

王雷雨说：“说不累那是假的，但每次看到机器故障被排除，又能正常运行时，累点儿也就不算啥了！”朴实的话语传达着朴素的情感，传达出王雷雨对事业的无比热爱和执著追求。

王雷雨不仅是一名出色的井下电工，更是一位潜心科技攻关、技术革新的行家里手。他所在的综采一队使用的采煤机TD33型开关是从英国引进的，一旦出现故障，就成了一匹难以驯服的“野马”。从1997年这种开关在该队开始使用至2005年，王雷雨对该开关多次进行了技术改造，先后对其出现的各类故障进行维修十多次，为该矿节约外委修理费用达 90 多万元。在他的精心维护和保养下，这台寿命为 5 年的 TD33 型开关，为矿井服务达 7 年之久。王雷雨还针对某些设备在生产维护过程中存在的弊端，先后对皮带运输机、刮板运输机等运输系统成功进行了技术革新，实现了工作面与盘区皮带的闭锁联控，使整个运输系统实现了“一处发生故障，系统全部停止运转”的功能，有效地避免了堆煤事故的发生。

(3)“师傅就像‘暖水瓶’，和他接触心里热乎乎的”

由于王雷雨技术精湛，他的名气也越来越大。这些年，周边煤矿甚至朔州、忻州等较远地区的煤矿出现重大机电设备故障时，也会请他过去帮忙或打电话向他咨询，王雷雨总是欣然接受，从不推托。

王雷雨深知一个人的力量是有限的，只有把更多年轻电工培养成检修骨干，才能壮大机电检修力量，确保井下生产平稳安全。从 2006 年至今，马脊梁煤矿与太原理工大学、山东理工大学和大同大学合作设立了函授点，先后开办了采矿工程、矿山机电等专业的大专班、本科班，学校聘请王雷雨为客座讲师。担任了讲师的王雷雨将自己的工作日记、心得体会和维修记录整理成教材，把自己所掌握的技术和多年积累的宝贵经验，毫无保留地传授给学员。在工作中，遇到理解能力较差的检修工，他总是不厌其烦地讲解设备保养和维修技术，而且经常用“科学理论改变心境，创造成绩改变处境”“今天的培训不是重复昨天的故事，而是昨天知识的提升”等格言鼓励徒弟们。

王雷雨的徒弟梁来喜说，师傅就像“暖水瓶”，和他接触总让人心里感到热乎乎的，检修工们有怨气也可以把火发在他身上。多年来，在王雷雨的言传身教和悉心指导下，一大批工作扎实、技术过硬的技术骨干脱颖而出，有的徒弟还成长为优秀专业技术人才，为企业安全生产建设发挥了重要作用。

无私奉献的人生信仰、勤于钻研的敬业精神和精湛娴熟的机电检修技术，构成了描述王雷雨的关键词。十几年来，他在平凡的工作岗位上，默默地奉献着自己的青春和才华，成为全矿员工学习的一面旗帜。（李德忠、武昌山）

6. 航天四院全国劳动模范庞勇带出技术高超班组的做法

庞勇是一个不起眼的普普通通的小人物，既无令人称羡的高学历，也无让人倾慕的高职位，20年的工作经历简简单单，一直在和机床做伴，与钢铁为伍。但就是如此普通的一个人，在如此平凡的岗位上，凭借一股子永不服输的钻劲和探索创新精神，多年来挥洒汗水，执著耕耘，从一个默默无闻的技校毕业生成长为一个能熟练操作不同型号车加工设备、攻克多项型号加工技术难题、创下连续加工百余台产品无一质量超差奇迹的技能工人，成为航天科技四院技能人才队伍中的杰出代表和航天型号金属产品车加工的领军人物。

庞勇在释放智慧、贡献航天事业的征途上，也在实现着自身的价值、谱写着自己的华彩人生——先后被授予“全国学习型员工先进个人”“全国五一劳动奖章获得者”“全国劳动模范”等殊荣。在2010年陕西省首批首席技师评选中，他以高超的技能水平，良好的职业道德，丰富的实践经验和突出的贡献，成为陕西省首批40名首席技师之一。由他领衔的航天科技四院7414厂二车间大车组，因在航天型号产品和民用产品生产加工中的不俗战绩，2005年被中国国防邮电工会和航天科技集团公司联合命名为“庞勇班组”，班组先后获国防邮电工会“创新示范班组”“工人先锋号”、国资委“中央企业学习型红旗班组”、全总“工人先锋号”等荣誉，成为航天科技集团公司为数不多的几个品牌班组之一。

（1）苦学钻研，使操作技能和理论水平得到迅速提高

庞勇1988年从西安航天第一技术学校钳工专业毕业，然后直接被分配到航天科技四院7414厂二车间大车组当了一名车工。一年后，学徒期满的庞勇自感有了“资本”——车工其实并不复杂，凭自己的聪明劲，该掌握的也都掌握的差不多了，从此便可大展拳脚了。

但事情并不是如此简单。就在这时，庞勇操作的设备承担了与 2 m 阴极辊配套的阳极槽的加工任务。看到当时有几个装夹产品的螺杆是弯曲的，凭着自己所掌握的知识和感觉，他认为这样装夹不可靠，并理直气壮地找车间领导“理论”，拒绝加工生产。在车间技术主任从力学的角度对他进行认真分析解释后，他才抱着将信将疑的态度开始加工。恰如技术主任分析的那样，螺杆在工作中承受的是拉力，弯曲并没有对产品装夹造成多大影响。这件事使庞勇第一次真正感觉到，机械加工其实并不那么简单。

这件事如同一盆冷水，将庞勇浇了个透心凉，也彻底将他从狂妄中浇醒，让他知道了天有多高地有多厚——不管是理论知识的学习，还是操作技能的掌握，自己所知只是皮毛而已，这离真正担当起工作还差得很远很远！于是庞勇暗下决心：我就不信自己不行，一定要在岗位上“混”出点“名堂”。他买来《车工工艺》《刀具与切削》《工装夹具》等书籍，一有时间就细心阅读，恶补专业理论知识的欠缺；工作中，除了自己的师傅，别的师傅也成了他的老师，随时随地都能够看到他向老师傅请教的情景。而且只要有空，他便会到别的设备旁搭手帮忙、留心观察；谁的活干得漂亮、质量达到了内控指标，采用了什么加工方法；谁的活质量出问题了，问题出在什么地方和部位，造成问题的原因是什么……这些他都一一牢记，并应用于自己的工作实践中。几年的“卧薪尝胆”和苦学钻研，使庞勇的操作技能和理论水平得到了迅速提高，他很快就成为车间同龄人队伍中的一匹“黑马”。

恰在此时，处于研制阶段的某重点型号产品，由于许多状态还没有稳定下来，产品到了车工加工工序便经常出现超差现象，很难满足工艺技术要求。当时大车组的几名技师都感到非常棘手。作为一个初生“牛犊”，庞勇主动请缨接下了该产品的加工任务。

该产品属于薄壁锥形件，极易变形。按照工艺要求，工装是直接卡在产品上的，这样装卡时力度就很难掌握，产品同轴度也得不到保证，加工中极易出现跳动现象，影响产品质量。刚开始时，为了保证装卡到位，庞勇往往要反复试装十几次，通过摸索，他终于掌握了装卡规律，确保了产品中心架装上后跳动在 0.02mm 以内。装卡问题解决后，接踵而来的是加工问题。由于该产品前接头紧靠空刀槽处有一个台阶，而且台阶宽度已经超过了刀宽，如果从外往里挑螺纹，极易碰到台阶，影响将来的密封效果，螺纹也容易超差。在这种情况下，庞勇反其道而行之，采取从里往外车的办法，让车床反转，使刀杆只受拉力而不受压力，既避免了让刀现象，又不碰台阶，彻底解决了螺纹超差问题。按照这一方法，当年庞勇加工的多台产品，件件都实现了创优。到目前为止，由他摸索总结出的这种加工方法，依然被继续应用在该型号产品的加工当中。

接着，庞勇在承担某型号产品壳体加工时，遇到了重要尺寸水压后变形超差的问题。问题到底出在了哪里呢？带着这一问题，庞勇广泛收集了车间大量的检验记录和总检记录，反复对比水压前后的检测结果，进行大量分析计算，摸索出产品的变形规律，提出一套“加工公差加变形量小于设计公差”的质量控制措施，并通过 5 台壳体的摸索试验，终于使产品水压后的尺寸精度控制在设计公差指标范围以内。由庞勇首创的这套发动机壳体水压变形控制法，在该型号后续多个批次生产中收到明显效果，产品水压后合格率由过去的不足 60%，迅速提高到 100%，而且优质品率达到了 98%。现在，该方法还被推广应用于其他型号产品的加工中，并已固化到工艺文件里。

(2) 没事找事，创造出改变产品加工新方法

创新，是一个企业永葆青春的动力源泉。随着工厂型号任务的增加和设计质量要求的提高，再继续使用传统的加工手段和方法，已很难满足形势任务的要求。尤其是作为生产车间的龙头生产班组，尽快将新设备充分利用起来，实现产品加工质量和能力的提升，一直是庞勇的一个梦想，更是他的一个心结。

在庞勇的记忆里，某重点型号系列发动机喷管，自研制到2006年间，一直采用传统设备加工，每次加工一件产品，仅车工工序就需要占用4台设备，准备6套工装，生产周期长不说，而且一些关键尺寸全靠操作人员手工控制，不确定因素很多，质量根本得不到有效保证，每次产品交付总是带有这样那样的质量问题，从未实现过全优交付。对此，庞勇看在眼里，急在心上，多次找相关工艺技术人员和质量人员，建议改变加工方法，进行数字化加工攻关和试验。

由于该产品自研制开始就是用普通设备加工，加之加工工艺也已快定型，出于谨慎起见，刚开始庞勇的建议并没有得到支持，甚至还招来一些人的嘲讽，认为庞勇是吃饱了撑的，没事找事。但庞勇始终不为此退缩，继续坚持自己的想法，据理力争。也是机缘巧合，就在庞勇到处呼吁、与工艺技术等人员为改变产品加工方法、要求进行数字化加工攻关试验“死磨硬泡”之际，某重点型号发动机喷管加工任务到了车间。此时加工该产品的几台专用设备任务排得满满当当，分身乏术，而“船开不等岸边人”，产品交付节点不能过多地拖延。在这种情况下，工艺技术人员与设计、质量及相关人员和职能部门广泛协商沟通后，最终同意了庞勇利用数控设备攻关试验的建议。为增大攻关试验成功系数，庞勇与相关工艺技术、质量等人员，认真研究、反复论证，进行了充分的前期准备。

为了获取翔实的加工试验数据，庞勇按照事先制定出的详细的加工试验方案一点一点地摸索，找出装夹哪儿不可靠，工艺路线有什么不妥；然后一步一步地尝试，先外形、再内形，第一步减少2套工装，直至最后彻底放弃工装。在加工试验过程中，他还根据实际，自制了一个无芯减震盘，以吸收化解产品在加工过程中产生的震动，确保加工过程和加工后产品尺寸的一致性。经过庞勇的不懈努力，该产品数控加工攻关试验终于获得成功，将生产加工中所谓的不可能变成了可能，实现了该产品加工工艺技术质的飞跃。现在，该产品在一台设备上就可完成全部车加工工序，质量控制也实现了全程序一次性保证，再无需过去加工时七八个样板目视检测进行质量控制了。统计数字显示，采用数控加工后，该产品生产效率较过去至少提高50%，交付质量也达到了创历史纪录的全优。

(3) 发挥领头作用，带出技术高超的班组

"一枝独秀不是春，百花齐放春满园。"即便自己浑身是铁，又能打出几个钉来？庞勇深明此理。

自2004年执掌班组"帅印"以来，庞勇一方面更加严格要求自己，在工作中发挥好领头羊作用；另一方面依托小组国家特级技师、高级技师和技师相对较多、加工技术比较雄厚的优势，在继续开展"一对一"结对子和传、帮、带的同时，还开展了不同人员在组内设备上轮换操作的活动，使每一位组员都有机会学习操作组内其他设备，加工不同型号、不同特点和难度的产品，从而得到更加全面的锻炼和提高。

在班组里，庞勇大兴尊师爱徒之风，并制定出相应的激励政策，使老师傅传授技艺倾其所有、不掖不藏，年轻职工学习本领真心实意、争先恐后。最初，班组成员中有人感到苦和严，但是以后连续几年进行技能考核淘汰时，庞勇班组却无一人被淘汰，这些组员们也尝到了学习本领、提高技能的甘甜。

庞勇在人才培养上始终坚持不放弃任何一个人的态度，即便对那些谁见谁烦、领导见了都要绕着走的所谓"刺头"人物，庞勇也决不放弃，用自己的行动影响他们、改变他们。其中有一个职工不仅成为小组骨干，还享受到了车间的骨干津贴，成为抢着干工作、积极求上进的好职工。

在此基础上，庞勇还鼓励组员参加各类业务培训与学习，并从班组经费中拿出专款，购买相关书籍，建立起小组学习室，为组员学习充电创造条件。同时请专业技术和工艺人员，从思想、理论、技能等多个方面对组员进行培训，改变组员固有的传统观念、加工习惯，使其适应新设备、新标准、新方法、新要求，在实践上则循序渐进，让组员从接触适应、再到粗加工、最后到精加工完全胜任岗位工作。不拘一格的人才培养形式，使班组人员的业务技能和综合素质都有了大幅度的提高，目前全组大部分人员的技能都已达到了技师的水平。用一位车间领导的话说，在庞勇班组，石头也能变成玉，废铁也能变成钢。这就是对庞勇班组的最好评价。

(4) 永不满足，成为班组工作不断迈上新高度的动力

永不满足，追求卓越的理念现已渗透到庞勇班组工作的方方面面，也成为班组工作不断迈上新高度的内在动力。

“三人行，必有我师”。为人如此，班组工作亦然。作为航天科技集团几个品牌班组之一，庞勇班组并没有陶醉于已有成绩，他们不仅与集团内外的许多行业品牌班组或结对子、或学习交流，而且还与厂内普通生产班组开展结对子活动。在结对交流中，发现问题和不足，博学他人之长、丰富完善自身，同时也将本班组先进的管理经验和好的做法介绍传予他人，使大家在学习中同成长，共进步。这种开放包容的文化理念，现已延伸到了每个组员的工作当中。

把别人失败的教训变为自己走向成功的财富，是庞勇在班组中一直所倡导的。为此，班组经常开展产品质量分析会，还通过对车间和小组以往发生的大量质量案例进行梳理分析，从产品加工的全过程入手，将质量问题的发生时段分为生产准备、加工过程及事后总结三个阶段，在每个阶段提出不同的控制方法，并通过完善、固化，最终形成全体组员共同的质量理念和规范——“三个三”准则。一是加工前“三不动刀”准则，即图样、工艺未吃透不动刀，技术状态不明确不动刀，心中没数、准备不足不动刀；二是加工中“三个确认”准则，即先试切确认，再眼、耳并用确认，最终余量换人、换尺、换测量方法确认；三是加工后“三步总结”准则，即成功一个初步总结，成功多个归纳总结，最后班组总结推广。“三个三”准则实施后，组员中存在的“能用就行”“差不多”的思想基本得到杜绝，质量状况明显改善，班组承担的“神五”至“神七”逃逸发动机全部实现零缺陷交付，大型扩张段实现全优交付，某型号壳体多批次生产优质品率达98%，大型薄壁裙超差数量大幅度下降。

为养成大家节约生产、修旧利废的工作习惯，在全厂80多个生产班组中，庞勇班组首创“消耗定额制”，以致出现了班组生产任务不断增加，而单位任务量的刀具、物料消耗却不断下降的奇特现象。同时班组在工作过程中，还充分发挥每个组员的聪明才智，对余量较大的原材料进行套切下料，用加工一件产品的原料加工出两件产品，仅此一项，2006—2009年几年间，就为工厂节约120余万元。

在庞勇班组，大到项目攻关，小到产品装夹方法的改变，创新活动无处不有。通过创新，多个型号产品在庞勇班组实现了由传统设备加工向数字化加工的转变；通过创新，产品加工的许多历史性“痼疾顽症”被一一攻克；通过创新，产品加工质量不断刷新纪录，生产周期一缩再缩。

庞勇经常说，班组是大家的班组，只有每个组员心情愉快了，家庭和睦了，大家的心思和精力才能用到工作上来，班组才能好起来。所以，在庞勇班组，哪个组员病了，组里定会去家里或医院看望探视；哪个组员要结婚啦，组里的同事跑前忙后帮着张罗；哪位组员父母去世，组里帮着料理后事；哪个组员与妻子发生矛盾，组长就亲自登门劝解；哪个组员家庭经济有困难，班组职工想方设法帮着克服……凡是和组员工作生活有关系的，班组都会急职工所急，想职工所想，并努力帮助解决，以解除职工的后顾之忧。这一切的一切，使班组成员在工作中始终感受到一种兄弟般的亲情和家的温馨。

7. 通辽发电总厂女班长包金英吃苦耐劳、任劳任怨的事迹

包金英是通辽发电总厂生产分场为数不多的女班长，16年来，她以过硬的检修技术、丰富的专业知识，认真负责的工作态度、吃苦耐劳的顽强精神，赢得了领导和同事的信任和称赞。2008 年被蒙东能源公司评为巾帼岗位明星，2009 年、2010 年连续两年被评为厂级劳动模范，2010—2011 年度被评为中电投集团公司劳动模范。

(1) 从零开始脚踏实地，巾帼不让须眉

1995 年，包金英毕业于大连电力学校热工自动化专业，由于勤学苦干，刻苦钻研业务，很快在本专业中崭露头角。2008 年被任命为热工分场调节班技术员，重点负责新投产的 5 号机组。技术管理需要一点一滴从头做起。她从零开始，对现场设备进行逐一摸底，编写规程及设备台账统计，编制了班组技术规范所需的各种资料，很快就成长为一名合格的班组技术员。2009 年，包金英被班组推举为调节班班长，她针对影响机组稳定运行的隐患，提出合理化改造建议，其中有两项改造项目获得了该厂科技成果二等奖。

包金英始终坚信，男同志能完成的工作女同志也同样可以完成。2011 年 11 月，5 号锅炉因过热器爆管造成 20 多只炉壁温元件损坏，此时正是该厂冲刺全年目标的关键时期，如果缺陷不能及时处理，将直接影响机组启动，甚至对全年任务目标的完成构成威胁。时间紧、任务重，损坏的 20 多只元件全部在锅炉大包箱内部，包金英带领班组人员进入大包管排内查看，管排内空间狭小，灰尘夹杂着保温棉碎屑向作业人员袭来，一阵阵炙热滚烫让人呼吸困难。他们在管排内爬来爬去，逐一核实元件的安装位置，重新穿引，安装固定，经过几昼夜加班加点，如期完成任务。看着大家满身灰尘、身体疲惫的样子，包金英打心里难受，她深情地说："大家辛苦了。"一位调皮的员工说：你女的都能爬进去了，我们男人怎么能不进去。大家捧着手中的盒饭都笑了。

(2) 以人情化的管理，凝聚全班组的合力

调节班是一个 20 多人的大班组，女职工占一半，作为班长，包金英总是以身作则，关心全班组职工。班员家里有事请假，她主动顶替，遇到组员有思想问题，她常把大家聚到一起，让大家畅所欲言，互相开导疏通，直到解决思想问题。正是这种人情化的管理，全班职工都能做到互相理解和帮助，亲如一家。在一号机组 A 级检修中，班组检修任务重，全班人员每天都在加班加点地工作，她细心地发现一位平日爱说爱笑的老大姐情绪低落。通过谈心得知，老大姐 70 多岁的母亲正在做阑尾手术，她立即安排大姐回家探望，并告诉老大姐："放心回去吧，有困难大家一起扛，工作上大家多加几个班就抢出来。"大姐感动得热泪盈眶，从此工作热情更高了。包金英在工作中始终随时掌握职工思想动态，对情绪不佳职工、懒散人员重点监管、合理安排；对违章蛮干、不听指挥人员做到晓之以理、动之以情，凝聚班组合力；遇到职工有精神不振、情绪低落时，通过谈心交流，帮助解除思想负担，安排适当的工作。

参加工作 16 年来，包金英始终坚持务实创新、严谨细致的工作态度，兢兢业业，任劳任怨，深受领导和同事们的好评。面对各种荣誉，包金英淡定地说："我只是 2 000 多名通电职工的一个缩影，我爱我的工作，我要尽心尽力、尽职尽责地干好每一天。"（李军）

8. 邯宝焦化厂煤精车间班长李丽平化解生产难题的事迹

李丽平是邯宝焦化厂煤精车间硫铵作业区大班长。在这之前，李丽平年轻的时候，曾是国家仪仗队中的一员，受到过多位国家领导人的检阅，也迎接过其他国家的元首。如此不平凡的经历和多年艰苦的磨炼，使他养成了一种敢打敢拼，敢与任何困难作斗争的作风。脱下一身戎装，来到邯钢后，李丽平的这种作风始终没有改变。他带领工友不畏困难，努力工作，解决了一个又一个生产难题，使现场面貌发生了巨大改变。

（1）从不懈怠，认真解决问题，降低阻力节能创效

李丽平和他的班组，工作在硫铵作业区，负责硫铵生产。这一工作岗位看似没有什么技术含量，但在实际生产中，这个岗位如果有一个小问题没解决，就可能影响到全局，导致全厂生产受到影响。为此，李丽平从不懈怠任何一个问题，一旦出现异常，立即组织人员找原因，想措施，非要把它解决掉不可。

2008年有一段时间，硫铵系统阻力较高，饱和器阻力高达4 500 Pa，不但造成煤气输送困难，而且带来煤气母液夹带，对焦炉喷洒也造成了很大影响。更重要的是，在当时严峻的市场形势下，随着阻力上升，用电消耗也大幅增加，从而增加了生产成本，降低了产品的市场竞争力。对此，李丽平认真分析原因，发现饱和器本身存在较大缺陷，由于液体喷洒不到位，造成器内结硝挂料现象严重，是造成阻力升高的一个重要因素。他认真研究了饱和器的喷洒构造后，提出了要在原来的喷头上增加喷洒孔，进而增加喷头的喷洒空间，同时在饱和器后室上方再增加一个喷头，彻底清除饱和器后室死角处的结晶。经过这一改造，饱和器阻力有了明显下降。

为了进一步节能降耗，李丽平还调整了加酸方式。以前，加酸洗水为每48 h对饱和器进行一次加酸操作，24 h才能进行一次洗水。由于加酸洗水时间较长，饱和器内的积料得不到及时冲洗，不但造成饱和器内阻力升高，而且还会造成鼓风机电流增大，能耗升高。经过一段时间的摸索和实践，他决定调整这种加酸洗水方式，将饱和器的加酸操作改为24 h一次。这样，每台饱和器12 h就能进行一次洗水，频率缩小了一半，使饱和器内的积料得到了充分清洗，有效降低了饱和器的阻力。

李丽平通过一系列措施，使饱和器的阻力由原来的4 500 Pa，降到了1 500 Pa，使风机用电量大为减少，仅电费一项每月就可节约11万元。再加上硫铵产量增加和硫酸消耗降低等，每月他推行的一系列措施，可降本增效40万元。

(2) 组织职工清理现场卫生，带头苦干面貌大变

由于硫铵岗位所接触的酸、氨等介质大都具有很强的腐蚀性，很容易造成泄漏，加上硫铵颗粒在室内飘落后，极易在地面上凝结，从而使工作环境不佳，使硫铵岗位成为该厂几个重点难治理的岗位之一。

李丽平上任后，军人的气度展露无遗。他说：“治理再难，还有比在仪仗队时的训练难吗？那时我们每天端着8斤重的礼宾枪纹丝不动站立三四个小时，走正步百米不差分毫……拿出那样的劲头来工作，没有做不好的。”

长时间积累在地上的硫铵，硬得像水泥。为将每个楼层的堆积物全部清理干净，李丽平带领全班人员，拿着自制的工具，一点点往下铲，有时一连干上四五个小时，连中午都没有休息过。一次，正赶上两名职工同时在家休息，他一个人顶上去，一会儿跑到四楼加酸，一会儿到一楼清塔盘，还要组织职工清理现场卫生。他说：“在部队，双腿都没有抽过筋，那天干完活儿回家，双腿抽筋，躺在沙发上，实在不想动了。”该班组职工梁运平说：“大班长带头冲在一线，我们大家能不往前冲吗？只要大家团结一起干，就没有干不好的事情。”

为形成清扫卫生的长效机制，李丽平还制定了有效的清扫办法，把所属区域划分为公共部分和承包部分。对公共部分，大家定期一起清扫，按照出勤情况和工作量予以一定奖励；对承包部分，划分到四个小组，每一个小组都明确了承担项目、清扫部位、清扫标准、清扫周期、具体负责人，并按季度实行轮换，基本做到了公平合理，工作量均衡，避免了小组间矛盾的产生。他还把检查作为督导各项任务是否落实的一项重要手段，每天按照清扫标准详细检查，并记录台账，月底按清扫达标情况予以考核。

工作带头，制度有力。如今，硫铵作业区的环境面貌发生了巨大改变，逐渐由原来的死角，变成了现在的新亮点。人们感慨地说：“正是有了李丽平，才使现场管理发生了如此大的改变。”李丽平则说，他的工作才刚刚开始，今后还要更加努力，带领全班职工优化指标，降低消耗，让时代风采在岗位上熠熠闪光。

9. 大连石化三车间蒸馏装置班长刘智爱岗敬业的事迹

刘智是大连石化第三联合车间二蒸馏装置一班班长，在班长这个岗位上，他干了30多年。1971年，刘智从农村青年点招工回城，被分到石油七厂（大连石化公司前身）西蒸馏车间一班，从那时候开始，他在这个岗位上一干就是30多年；而且自1975年当上班长后，在这个“兵头将尾”的岗位上一直干到今天。

30多年来，刘智身边的同龄人和他带过的徒弟相继离开了倒班岗位，有的走上了科处级领导岗位，有的成了公司级领导，而他却依然从容淡定地操持他的老本行，成为公司迄今岁数最大的倒班工人，也是资历最老的班长。这么多年了，从没有人听过他发牢骚，也没见他和谁攀比过。曾有人这样跟刘智开玩笑：都说蒸馏车间是公司干部的摇篮，怎么你却总也升不上去呢？刘智不紧不慢地回答：人的能力有大小，咱就那么大能耐，这辈子当工人、当班长挺适合我。

(1)“刘智干活就像打仗夺山头!”

人们说：“刘智干活就像打仗夺山头!”熟悉刘智的人知道，他爱自己的岗位，爱车间的设备，那可是从骨子里往外爱。30多年来，他差不多有一半时间是在装置中度过的。人们开玩笑地说：“刘智在家坐着，脸都朝着车间的方向。”

从入厂那天算起，二蒸馏装置的每一次改造刘智都参加了，是见证了装置年加工量从50万t、100万t、250万t到今天450万t成长历程的“老人儿”。如果上级让明天早晨拿下“山头”，等第二天早晨大家来到“出发阵地”，他已经从“山上”下来了。他干活不但“冲”，而且也有“心计”。每一次检修和装置改造，刘智都把它作为一次“实战课”，认真记录每一次开停工过程。有一次装置停检，他为了弄清炼塔结构主动加班加点，连续几天几夜没有回家。他就是靠这种敬业精神和一股子韧劲，在生产一线积累了宝贵的经验，练就了一身过硬本领。一到停工检修的时候，动火前将装置处理干净这份工作，车间一定要交给刘智干，因为这项工作关系到装置安全，一点也马虎不得。

刘智所带的一班也是一个技术过硬、团结合作的团队，车间但凡有节能降耗、提高产量等优化操作的工作，都尽可能安排到一班来干。一是一班技术水平高，能够充分理解车间方案的内容，达到实施的最佳效果。二是刘智的经验能给出很多好的建议，使方案更加完善。2003 年装置首次加工进口原油，刘智率领一班克服了回流罐液面高、电脱盐脱水等诸多困难，圆满完成了试练任务，为装置加工进口原油积累了宝贵经验。近年来，在大庆原油日益减少的情况下，为装置继续生存下去作出了突出贡献。在 2005 年的停工检修中，车间根据他的提议，对常压一线工艺流程进行了改造，大大降低了白土的消耗量，一年节约原辅料 500 多 t，降低成本 150 多万元。

(2)“有刘智在班上，在家睡觉都放心!”

30 多年来，至今没人见过刘智在上夜班时打瞌睡的样子。刘智就像一个不知疲倦的陀螺，操作室内的板凳很难坐热乎，几乎总是在装置里转。用大家的话讲，他把该干的、不该干的全都干了，就连装置道边的垃圾箱，没事时他也去擦几下。刘智带过的徒弟、现生产新区安全员盛大伟说，上夜班看到白天某处地面刚抹上的水泥还没干，刘智肯定会主动浇水保护；胶带扔在那里没人盘，只要让刘智撞见了，肯定会伸手盘好。刘智的行动像无声的号角，感染了全班员工，大家以他为榜样，都像他那样做。

石化生产是一个连续状态，出现波动是难免的。这时候最能显示出刘智不可替代的作用。在一次开工过程中，减压塔要进行抽真空，但是都进行了两个多小时，真空度还是没有达到要求，所有的人都很着急，可就是找不到原因。这时候刘智想出的一个点子被采纳了。过了 20 分钟，真空度记录仪上的曲线终于开始“抬头”了，大家都松了一口气。这就是实力，不用任何语言，每个人的心里都竖起了大拇指。还有一次是一个夜班，外电网突然出现问题，装置全部停电。炼油行业的人都知道，生产装置最怕出现停电事故，如果处理不当，带来的后果不堪设想。危机面前，刘智沉着应对，在车间领导和管理人员从家赶来之前，现场已经处理完毕，没有发生任何问题。这么多年来，他所在的班没有发生一起安全事故，装置馏出口合格率一直处于公司的领先水平。车间领导感慨地说："有刘智在班上，在家睡觉都放心！"其实这也是车间每个人的心里话。

只要刚进厂的青工来到装置车间，领导一般都会把他们放到一班来实习，因为刘智管理严，看谁不好好干活，瞪起眼来真"不含糊"，能镇住茬。有刘智这样的"大拿"手把手地传授技艺，领导放心。同样时间段，与在其他班组学习的青工比起来，在一班学习过的人，对装置流程的熟悉程度和操作技能的掌握程度都是出类拔萃的。

(3)"这样的人打着灯笼也难找！"

刘智带过的好多徒弟都当上了领导，如今他们见到刘智，依然师傅长师傅短毕恭毕敬地叫着。对于这样有利的人事资源，刘智却不知利用，从来没有因为换工作、换工种的事找过谁。刘智也不是没有转换角色的机会，前几年车间考虑他年龄大了，给他找了个看仓库的活，不用倒班，也清闲一些，这对许多人来说是求之不得的事儿，可没承想刘智干了半天就跑回来了。车间领导对他的举动一点也不感到奇怪，他们太了解刘智的脾气了。再有两年刘智就到点退休了，可是从他身上一点看不出"歇一歇、喘口气"的迹象，干活还是那么猛、那么冲。有人不解，说你刘智是不是"一根筋"呀？每当听了这话，刘智只是嘿嘿一笑，也不搭腔。

大家都这么称赞他："这样的人打着灯笼也难找！"

多年来，刘智所在班组荣获了很多荣誉，连续多年被评为公司红旗班组，2006 年获得中国石油总公司先进班组称号。刘智个人也多次被评为公司优秀班组长，多次荣获公司师徒结对子先进师傅称号，连续 5 年被公司评为模范共产党员。2008 年 6 月，大连石化公司将首届"感动大连石化的人"称号授予他，并一次性奖励他 2 万

元奖金。（朱爱华、姚海东）

10. 达拉特发电厂运行一部值长王飞实实在在做事的事迹

王飞生于1981年，是一个80后，2004年7月毕业于内蒙古工业大学电力学院热能与动力工程专业，现任北方联合电力有限责任公司达拉特发电厂任运行一部值长。王飞不嗜烟酒、不善言语，为人憨厚。在同事朋友的眼里他最大的特点就是实：实实在在做人，实实在在做事。就是这样一个朴实憨厚的年轻人，却在工作的短短几年里带给大家一个又一个的惊喜，创造了一个又一个骄人的成绩，先后荣获“北方联合电力有限责任公司技术能手”“内蒙古自治区岗位能手”“全国电力行业技术能手”“华能集团十大杰出青年”荣誉称号，成为北方电力青年学习的榜样。

(1) 从小事做起，是扎实工作的楷模

“不积跬步，无以至千里；不积小流，无以成江海”，从自身做起，从小事做起，从现在做起，这是王飞在实际工作中一贯的原则。也正是如此，王飞在常年的工作积累中，形成了“勤、细、严、实、快”的工作作风。“勤”是他勤于下现场检查设备、监视系统参数。每天提前到现场进行巡视，对机组设备运行情况做到心中有数。“细”是他工作作风严谨、细致，检查设备、查操作票、工作票、危险点预控票的安全措施细。“严”是他严格遵守和执行各项安全规章制度，保证机组安全稳定运行的各专业的技术措施，严格执行“三票三制”制度。“实”是工作务实、扎实，不弄虚作假。“快”是他总能及时发现安全隐患，事故处理迅速敏捷。

正是凭借着一贯踏实、严谨、认真的工作作风，对规程的每一个细节，每一条注解，每一个数据都认真研究，曾成功处理600 MW机组高压调节门突关、主变冷却器全停、凝结水精处理跑水、给水泵勺管调节失灵、一次风机跳闸等突发事件，避免重大设备损坏，为机组安全稳定运行保驾护航。

(2) 不断提高自己的水平，是本领过硬的技术能手

2007年11月，王飞被推选参加北方联合电力有限责任公司第一届职工技能竞赛暨生产运动会。他非常珍惜这次机遇。在准备比赛的日子里，他不断搜集大量的资料，提高自己的理论水平。反复地在仿真机操练各类故障，分析其现象、原因，总结最有效的处理措施，从中积累了宝贵的经验。凭着吃苦耐劳的精神，在这次比赛中，他脱颖而出，最终荣获北方联合电力有限责任公司600 MW机组集控运行技能竞赛第一名。

2010年6月，王飞经过集控运行理论和仿真机实操比赛选拔，代表达拉特发电厂参加北方联合电力有限责任公司“600 MW超临界机组集控运行值班员技能竞赛”，在理论与实际操作竞赛中再次夺冠。

2010年8月，王飞代表北方联合电力有限责任公司参加了第七届全国电力行业职业技能竞赛，功夫不负有心人，在全国技能大赛上，他厚积薄发，游刃有余，最终以稳健的心理素质、精湛的技艺，获得了全场裁判的一致认可，被授予“全国电力行业技术能手”称号。

(3) 敢于挑战勇于创新，是技术创新的标兵

在工作中，王飞不因循守旧，敢于挑战，勇于创新。在工作中，他还结合实际，提出了一些有关节能减排的合理化建议，主要有优化单台给水泵运行的煤量限制，单泵运行最大负荷可带至400 MW，使给水泵耗机组厂用电率降低约0.68个百分点；夏季空冷岛散热管翅片的定期冲洗，冲洗一次，发电煤耗可下降约2.23 g/(kW·h)；在600 MW机组低负荷运行时，他科学调整磨煤机运行方式，尽量调整两侧再热汽温偏差，提高机组热效率；通过对600 MW机组日经济指标进行认真比较和分析，查找影响煤耗、厂用电率、水耗、主要辅机电耗等各项指标的原因，总结经验，制定对策，保证各项参数压红线运行。为达电创建节约环保型电厂作出了积极贡献。

2011年，在运行一部的指导下，实现了7号、8号机组进汽方式由全周切为部分进汽，并提出了凝结水泵变频闭环控制、捞渣机补水自动控制等节能方案，提高了机组效率，降低了机组厂用电率和水耗，为企业间接创造了经济效益。

(4) 团结协作共同进步，是技术全面的培训带头人

作为值长，王飞始终坚持“团结协作，共同进步”的准则，在本值内营造一种团结互助的良好工作环境，与同事之间建立了深厚的感情。工作之余他经常与大家谈心交流，了解大家的思想状态，秉承着“尊重员工人格、融通员工思想、体恤员工疾苦、维护员工权益、激发员工干劲”的工作准则，帮助大家树立学习的目标和确定工作的方向，并用自己的亲身经历去影响和引导同事。

王飞特别注重新入厂大学生的岗前培训，为他们确定职业导师、签订师徒合同。通过短期培训逐步提升新职工的心理素质，使其能从容应对压力和挑战，帮助他们培养信念、勇气、责任心和融入本企业的价值观及荣誉感，使他们尽快完成从学生到员工的角色转换；全面实施大学毕业生3年培训计划，充分发挥大学生的专业知识优势，严格按照计划进行岗位培训、考试及岗位轮换，尽快将他们培养成为各专业技术骨干或技术带头人。

王飞还认真贯彻落实企业“科技兴厂”战略，紧扣企业当前发展与生产经营主题，突出培训资源优化配置，加强高素质员工队伍建设，从自身做起，常常不厌其烦地向新员工讲解设备的结构、原理、系统流程、现场的具体操作步骤以及操作中的注意事项。对于不易理解的、较复杂的热力系统或电气操作，他都亲临现场监护、指导，讲清操作步骤，讲明安全措施，讲懂操作原理。王飞把自己在多年工作实践和比赛中摸索出的一套有自己特色的方法和经验，无私地传授给大学生们。在他的带动下，4名新毕业大学生在一年内达到集控运行巡检岗位技能要求，快速上岗。2名副控走上主控岗位，2名主控在达电科技兴厂技能竞赛中分别荣获冠亚军。

王飞在学习成长的道路上不断迎接新挑战，也不断实现着新飞跃。

企业遵章守纪优秀班组长事迹与做法评述

班组长是班组安全生产的第一责任人。班组长虽说是“兵头将尾”，但所起的作用不可低估，一方面要上情下达，另一方面又要带领班组成员开展具体工作，从一定程度上来说，班组长的素质和能力直接影响班组的安全生产水平。班组长应如何开展工作，怎样才能做一个合格、称职、出色的班组长？对此，不同人站在不同的角度，会做出不同的解答。在这其中，中平能化集团七星公司开拓四队班长白国周，以自身的切身体会和实际工作经验所做的解答，最能够给人以启发。

白国周是中平能化集团七星公司开拓四队班长，在日常的生产实践中和担任班长的 22 年工作实践中，他总结出了一套行之有效的班组管理方法，被称为“白国周班组管理法”。白国周是如何当好班长的呢？在班组管理中有哪些诀窍，有哪些经验？针对这些问题，白国周是这样回答的。

(1) 第一个体会是：当班长就要时时处处走在最前头

煤矿班组长都是实实在在干出来的。在井下，如果一个班组长只会指挥别人，而自己不带头干活，那他的话就没人听，这个班组长也干不长。只有自己冲在前、干在前，工友们才会服你。

在井下干过的人都知道，遇到复杂的地质条件时，活非常难干，钱挣得也少，往往在这个时候班里的出勤率就上不去。作为班组长，这时候除了想方设法组织大伙出勤，最重要的就是，要带头顶上去，带头到最艰苦的地方去，带头干最累的活。

一次，我们在庚二泄水巷干活时，由于水大，冲出的浮煤掩埋了通向工作面的轨道，造成前方架棚用的工字钢不能正常运进去，只能靠人扛。这个时候，全班的弟兄都在看着我。我二话没说，扛起一根 120 多斤的工字钢，对大伙儿说：“兄弟们，走吧。”工友们见我这样，也一人扛起一根，跟着我，深一脚浅一脚地把工字钢全部扛了进去。

(2) 第二个体会是：当班长就要当安全生产的有心人

刚参加工作那会儿，我和大多数职工一样，心里总想着多挣点钱贴补家里，对安全也没有啥概念。记得 1987 年刚上班时，我师傅就给我讲了一个他亲身经历的悲剧：那天，他和工友一起干井下巷道发碹工程，顶棚带帽工作完成后，他们就开始清理岩壁和砌墙。按规章要求，挖两米岩壁要砌一米的墙，但为了省事，也为了加快进度，他们就一次挖了五米的岩壁，结果还没有来得及砌墙，顶棚就突然坍塌了，当场把一名工友埋在了下面，刚才还有说有笑的工友，刹那间就在大家面前消失了。一次违章，代价竟然是一个年轻的生命！这么多年来，他的爱人一个人带着孩子艰难地生活着，日子过得很苦……这件事在我脑子里留下了很深的印象，每次想起来，心里就难受。听了这个故事，我就下定决心："这辈子绝不违章!"

在安全上，通过多年在一线的摸爬滚打，通过这些年担任班组长的经历，我个人总结了一些经验。

1）抓安全，关键是抓预防。抓安全不能事后诸葛亮。最重要的是要从预防着手，把不安全的因素消灭在萌芽状态。2008 年夏天麦收期间，我班祁广辉上午在临颍老家收完麦，下午就急匆匆地赶回了矿上，因为他那个月差一个班就可以拿到保勤奖了。如果这个班不上，不但拿不到奖金，还要扣去一些收入，里外一算就是五六百块钱。开班前会时，我发现他连打哈欠，没有精神。问明情况后，我就对他说："你精神不好，又过度劳累，先回去休息，等养好了精神，明天再上班。"当时祁广辉用恳求的眼光看着我说："白班长，咱出来不就是为了挣俩钱嘛。我家在农村，这五六百块可不是个小数呀，你就让我上吧。"我坚决地说："挣钱再多，没有安全有啥用，这个班你绝不能上!"我的这一决定让他少挣了不少钱，为这事他好长时间都不理我。说心里话，看到在一个战壕里亲如手足的兄弟，因为自己的严格管理损失了五六百块钱，我的心里也很难受，但我不后悔，因为我知道，精神不好是个大隐患，与生命安全相比，其他的都是小事，别说几百元，就是再多的钱，也买不来一个家庭的幸福，买不来一个兄弟的平安。

2）抓安全，一定要抓措施。井下条件经常变化，大家干活儿也比较辛苦。如果在施工中遇到自然条件差，有的职工就有可能对安全措施打折扣，甚至偷工减料，如果班组长不加以制止，安全质量就没保证，就会造成安全隐患。一次快下班的时候，我发现一根锚杆打得不合格，要求返工，可是现场没有短钎子。我就要求到附近的三分队去借工具。去那里一来一回有一公里多，又是上山路，需要半个多小时，再说又快下班了。有人说，一根锚杆也坏不了多大的事，再说喷进去以后谁也看不到。我就对大家说：我理解大家的心情，因为施工进度放慢，会影响大家的收入，可这样做，就给咱矿上留下了一个隐患，不定啥时候就会出事儿。在我的坚持下，借了工具重新打锚杆，直到达到要求才升井。虽然耽误了一些时间，但大家心里却踏实多了。

3）抓好安全，一定得多琢磨、多思考。多年来，我和工友们边干边琢磨，总结了一些班组管理的经验，也就是大家说的“六个三”班组管理法，即“三勤、三细、三到位、三不少、三必谈、三提高”。

“三勤”就是勤动脑、勤汇报、勤沟通；“三细”就是心细、安排工作细、抓工程质量细；“三到位”就是布置工作到位、检查工作到位、隐患处理到位；“三不少”就是班前检查不能少、班中排查不能少、班后复查不能少；“三必谈”就是发现情绪不正常的人必谈、对受到批评的人必谈、每月必须召开一次谈心会；“三提高”就是提高安全意识、提高岗位技能、提高团队凝聚力和战斗力。

每天上班，我总是第一个到达井下工作面，从风门、绞车、轨道、耙斗机到掌子面，都依次认真检查一遍，不放过任何一条隐患。

发现问题，就马上把它写在旁边的小黑板上，并派专人前去处理。班中巡查时，再进行详细地复查，看问题是否及时处理，如有不能处理的，就做到口交口、手交手，进行严格的交接班。多年来，靠着这种做法，许多隐患都能得到及时发现和处理。

（3）第三个体会是：当班长必须是生产上的行家里手

干煤矿也是个技术活儿。现在，井下生产机械化程度高，再也不是当年人挖手推的时代。这就要求班组长在技术上必须是一个行家里手。刚参加工作时，看到老师傅熟练地打眼、喷浆，我就很服气，心想：我也要干出个样子。于是，我就认真地观察师傅们打眼的角度、深度，拌灰的湿度、喷浆的角度等操作要领，自己再仔细揣摩、实践。下班回到家，找些技术方面的书慢慢琢磨，经过理论和实际的结合，很快，掌子头的各项活儿我都能熟练操作。不仅如此，有时看见机电工修风钻、开关等机电设备，我也凑上前去，“偷学”他们的技术。世上无难事，只怕有心人。经过长期的经验积累和认真学习，我先后拿到了5个岗位操作证，对生产中的各个环节、各道工序都了如指掌，派起活儿来也更加得心应手。

自己学得好，是一名好工人；带领全班职工把技术都学好，才是一个好的班组长。我常常对班里的职工说：“井下干活，不光要会干自己分内的活儿，还要做到哪儿缺人，马上就有人能补上去。”我们班有个职工叫任玉东，刚来上班时只想着挣些钱。他认为煤矿技术没什么学的，都是下力活，谁都会干。我看他脑子好使，就专门找他谈心，鼓励他学习。在班里学习氛围的不断感染下，他的思想转变得很快，由原来的学不学无所谓，变得勤奋好学了。经过努力，他不但学会了开电车，还学会了开绞车、开耙斗机。现在，在队里哪个班都抢着要他。为什么？就因为他是多面手，放哪儿哪儿行！在我们班，每个人都有3个以上的上岗证，个个都是多面手。

（4）第四个体会是：当班长就要和大家心贴心

在煤矿，生产班组是工作在井下最前沿、最艰苦地方的集体，大家从这个环境中一起走过来，都有一种难得的感情。每月倒休班的时候，我们班就利用这一天举行一次座谈会，班里全体弟兄们聚在一起，畅所欲言，总结最近的工作得失，对大伙儿在工作中的成绩和不足，也都当面说出来，提出改进意见。一次井下施工时，因后方装车任务比较重，我就让在掌子头干活的一名工友临时调到后方装车。他当时很不乐意，觉得那么多人单单叫他去干重活，认为我在刁难他。看他不愿意的表情，我就主动和他一起去装车。升井后，我知道他心里的疙瘩肯定没解开，吃饭时我就专门叫上他，买了两碗面，要了一碟儿花生米，又弄了点酒，我们俩一起又聊了许多。最后，他说："班长，我本来心里有点不情愿，你这一说，啥也没有了，放心吧！"

家是矿工的大后方，家里氛围好，咱们上班才安心。作为班长，我对班里 15 个职工的家庭情况、老人、孩子等都了如指掌。逢年过节，我都会组织班里职工在一起聚聚，大家都带着孩子、爱人，欢声笑语，真像一个大家庭；除了这些，平时我还组织给工友们过生日，给老人、孩子过生日，谁家有人生病，大家都去探望。经过长期的交往，班里面 15 个小家庭形成了一个和谐的大家庭。大伙儿就像亲兄弟一样抱成团儿，心往一处想，劲往一处使，生活上互相关心、工作上互相帮助。说实话，这些年我确实比别人多付出了很多，有时也感觉很累，可是每当想到队里调整人员时，班里的弟兄们都不愿意离开这个大家庭，就是累，心里也高兴。

煤矿是一个艰苦的行业，班长是个"兵头将尾"。20 多年来，要把平凡的小事做好、做对，要把艰苦的工作干得有滋有味，要把十几个工友团结得像一家人，就是要用心干事，爱心待人，恒心坚持。

（二）企业遵章守纪优秀员工事迹与做法

11. 兴安电业局修试所高压实验班李喜春努力奉献的事迹

李喜春是国家电网公司优秀共产党员、兴安电业局修试所高压实验班一名职工，他 17 岁参军，复员后来到兴安电业局从事电气试验工作，一干就是 26 年。在这 26 年中，他风雨无阻，踏遍全盟 6 个旗（县）市，行走累计达 5.6 万 km；26 年中，他深入一线做试验达上万次，试验达标合格率一直保持在 98%以上，为企业创效益 200 多万元，为客户挽回经济损失 100 多万元；26 年中，他几乎每天都提前 1 h 上班，累计献工 45 200 多小时，相当于多干出 5 年的工作量，用悄然无声的奉献创造了掷地有声的业绩。

（1）刻苦学习虚心请教，爱岗敬业成为骨干

1985 年，李喜春从部队复员后分配到兴安电业局修试所从事高压试验工作，刚参加工作时他两眼一抹黑啥也不知道，时任用户班班长的郭新革拿出一本安规书，要求李喜春做的第一件事就是学习安规。每天都要面对书本，对于刚从部队出来的他很不适应、很不习惯。据李喜春回忆说，用户班当时共有 8 个人，他加入后增加到 9 个人。每看到班里的师傅们都出去干活，唯独把自己留在家中，他心里既矛盾，又不是滋味，不理解班长的管理方式。直到后来他才明白，新入场工人必须把安规学好才能进行实际现场操作，他才理解了班长的良苦用心，真正体会到电气试验专业性的强度。

那时候条件较差，没有专业培训班，李喜春的文化基础差，只能靠自学和老师傅们传授知识。班长郭新革发现李喜春天性好学，主动承担起帮助他学习专业知识的责任。功夫不负有心人，通过自学和向老师傅们虚心请教，经过一年的磨炼，他开始正式接触最基本、最简单的实验项目。1995 年，由于工作突出，李喜春被任命为用户班班长，从此他风雨无阻，踏遍全盟 6 个旗（县）、市的每个角落，团结和带领全班人员出色地完成了一项又一项工作任务，在用户班班长的岗位上一干就是 10 年。

2005 年，兴安电业局进行三项制度改革，将原有的用户班同高压班合并，经过竞聘，李喜春成为高压班一名专责。在班里属于老师傅和业务骨干的他，每次出去干活，都是班长带领一组，他带领另外一组。提起李喜春，同事们赞不绝口："李喜春并没有从班长到专责的身份转变而改变自己的工作积极性，还是一如既往地干工作，工作态度从未改变过，干起活来毫无怨言。"在面对突发事故时，李喜春总是冲在前，干在先。2007年，正逢庆祝内蒙古自治区成立60周年，乌兰浩特市内一些大型工程相继启动。富民路、五一路、白音路、滨河小区市内破土动工把地下电缆刨断很多，李喜春带领班组其他成员，起早贪黑做试验，共处理20余起电缆事故。李喜春每次干活都身先士卒，是单位公认的典型模范，干起活来不顾颈椎病痛，爬上跑下，奋战在施工现场。乌兰浩特市北滨河小区每周需要进行几次试验，有时一根电缆事故要做6～7次试验，即便这样，李喜春还是和他的团队克服了重重困难，完成了一次又一次的实验项目。

(2) 做好每一件事，不给自己留下遗憾

"做好每一件事，不给自己留下遗憾；用好每一分钟，决不虚度年华。"这是李喜春的座右铭。

2002年4月16日，历史罕见的持续低温及冰冻天气造成66 kV、10 kV高低压线路严重覆冰，多个地段发生大范围停电，倒杆、断线、台区损毁严重。灾难面前，在汽车无法通行的情况下，李喜春带领全体突击队员肩扛、背驮抢修器材奔赴抢修工地。每天早上5点30分迎着寒风冰雪出发，晚上八九点回到单位，由于长时间奔波、劳累，李喜春颈椎病发作严重，疼痛难忍，大家都劝他休息，但他硬是以一个共产党员的坚强意志，忍着疼痛与大家分工合作、抬设备、挖地线、安装检测设备，仅用了半个月的时间完成了所有受损电力设施和新装电力设施的测试工作，为全面恢复全线送电工作奠定了基础，为其他党员和群众树立了榜样。

作为高压试验班专责，李喜春对待班员总是工作上严要求，生活上多关爱，以诚相待，携手拼搏。为了让班里的年轻人尽快提高专业技术水平，他不怕费口舌，常常叮嘱他们要多看电气试验书籍，多做试验笔记，多写试验总结，除了在培训班上传授知识、经验外，李喜春先后还带过好几个徒弟，如今几个徒弟都已经能独当一面。

(3) 开展技术攻关活动，为单位节约大笔资金

科学技术是第一生产力。多年来，李喜春非常注重班组技术攻关活动的开展，通过开展QC攻关活动，为提高班组技术水平、劳动效率、社会和经济效益作出了贡献。他研究出了调压器加装零位器，制作出“运行电压下避雷器的阻性电流”测量装置。2005年，李喜春在网上查找有关饱和盐密值测试方法，到气象部门查找兴安盟地区的气象资料，到环保部门查找地区污染源的情况，结合内蒙古划分污秽等级的要求，进行资料整理归类，研究出兴安电业局变电站的污秽测试工作，填补了该局一项空白点，为单位节约了大笔资金。

为了解决变电站10 kV系统过电压问题，李喜春研究出10 kV消谐装置，通过连续几年的监测，运行情况良好，避免了10 kV电气设备因过电压而烧毁事故的发生，为单位节约了2万元资金。在对扎赉特旗66 kV神山变电站2号主变压器测温时，李喜春发现10 kV侧A相区域温度过高，结合油色谱分析、直阻测试和变比测试，他果断判断是接触松动，后经吊芯发现低压侧A相箱体内导电杆螺丝松动，且有放电迹象，处理后恢复了正常，防止了设备烧毁，为企业节约资金3万余元。

(4) 积极服务客户，做安全先锋

2011年3月18日17时30分，乌兰浩特市钢铁厂1号主变压器发生了瓦斯动作事故，整个钢厂不能运转，面临铁水凝固而导致炼钢炉损坏的危险，这将会给钢厂带来了巨大损失。李喜春接到通知，用最快的速度组织人员于18时20分到达现场，对变压器进行诊断试验和油色谱分析，根据自己平时积累的工作经验，经过2个小时的试验和油色谱分析，李喜春很快判断出故障点在主变压器分接开关，通过用户对主变压器吊芯检查，发现故障点就在主变压器分接开关B相，引线已烧断，李喜春及时把试验结果告知钢铁厂负责人，使钢铁厂在最快的时间内修复了变压器并投产，为该钢铁厂减少了百万元以上的损失。

“你们太辛苦了，如果今晚不恢复送电，我们铁水就将凝固，损失重大。太谢谢你们了。”乌兰浩特钢铁厂负责人握着李喜春的手连声道谢。

在安全生产上，当班组成员在工作中遇到难题的时候，李喜春像一位老大哥一样为他们指点。“千里之堤，溃于蚁穴”，工作中哪怕出现一次小小的疏漏，李喜春都会毫不留情地批评他们，筑牢防患于未然意识，防止小事故酿成大事故，给企业带来损失，给职工家庭带来损害，真正做到“在岗一分钟，安全60秒”。

多年来，李喜春在试验中重视安全操作，努力做到“四个在前”。

1）想在前。在每一次测试台区前，他无一例外地先将所有物资列好材料清单，做好事故预想，开展危险点分析，将各项事情考虑周全。

2）走在前。要求员工做到的自己首先做到，每当有事故抢修和急难险重的工作任务，他总是第一个坐上工程车奔赴抢修工作地点，现场指挥检修。

3）说在前。对待安全生产工作有张婆婆嘴，哪个安全帽没带好、哪个工具器没有带全、哪个鞋带没系好，他在人员进入施工现场前都要仔细检查，把不安全因素消灭在萌芽状态。

4）干在前。自从兴安电业局开展ERP、PMS应用流程后，李喜春先自己学懂学熟，然后再全班推广。2011年年初，李喜春刚去外地试验回来，就接到了进行PMS状态检修数据录入的工作任务，他再次忍着颈椎病痛，不顾家人的反对和同事的劝阻，没日没夜，加班加点干了10天，提前完成工作任务。

工作近30年，李喜春用一个个荣誉书写着他在一个个平凡岗位上创造的辉煌：内蒙古电力公司QC成果一等奖、内蒙古电力（集团）有限责任公司优秀班组长、内蒙古电力（集团）有限责任公司春查工作先进个人、兴安电业局先进工作者、内蒙古东部电力有限公司优秀共产党员、国家电网公司优秀共产党员等等。面对荣誉，李喜春从不骄傲，始终保持着一颗平常心，以高昂的斗志迎接未来。（李景志）

12. 灵泉露天矿“金牌工人”潘风涛立足岗位刻苦钻研的事迹

潘风涛是华能集团扎煤公司灵泉露天煤矿汽运段一名职工，他参加工作十几年来，立足岗位、刻苦钻研，以扎实的作风和突出的业绩，先后获得露天矿科技明星、华能集团扎煤公司首届“十佳青年安全先锋”、技术创新能手、节能降耗能手、全国煤炭系统节能创效标兵、华能呼伦贝尔能源公司劳动模范、呼伦贝尔“十大金牌工人”、全国劳动模范等荣誉称号。面对荣誉，潘风涛说，自己的工作动力和创新灵感，都离不开身边的工友和企业为其搭建起的创造平台。

（1）面对设备难题，深入学习不懈努力

灵泉露天煤矿汽运段成立初期，面对大量外国进口的工程机械运输设备，全段的维修骨干和驾驶员们深切地感到技术上和业务知识方面的欠缺和匮乏。几经尝试，大家对于设备检修还是明显感到力不从心。

当时，善钻研、技术好、已在全矿小有名气的潘风涛，面对这些新设备也是束手无策。他想，与其等待援助和厂方指导，不如自己尝试着解决难题，为此，他的作息时间被打乱了。他把大量的精力投入到学习和研究上，利用一切检修机会，和维修人员一起扎到修理车间，边检修边参照设备机械设计手册讨论、摸索。遇到无法解决的技术难题就回到技术室潜心钻研，翻阅大量技术资料，一边拿着参考书，一边对照着拆卸分解下来的零部件研究。有时，向厂家在中国的代理公司问询后还是一知半解，他就自己花钱上网到厂家设立的收费网站进行查阅，直到把技术原理和性能研究透彻。第二天，再不厌其烦地为其他维修人员讲解。在大量机电设备维修实践中，他很快掌握了汽运段现有设备的日常维修检修技术参数及原理，并结合实际，针对露天矿汽运开采工作面的运输条件，大胆对现有设备常发故障的部件进行技术改造，为露天矿汽运段节省了大量维修费用和购置材料费用。

(2) 积极做好本职工作，尽心尽力提高全段检修能力

在潘风涛的办公桌上，除了始终摆放着工程机械设备维修保养方面的书籍和配件图标外，游标卡尺、螺旋测微器等制图工具和用来研究用的零配件也是必不可少的。一天下来，他不是在维修车间就是在生产现场，因为那里有他时刻关注的、牵动着他每一根神经的机械设备。在维修车间，他勤学好问，虚心向老师傅请教，共同探讨分析设备故障原因及检修难题，遇到有较大的临时故障车辆，他和车间的修理人员加班加点、夜以继日是家常便饭。

潘风涛常想，不仅自己要做好本职工作，还应该想尽一切办法把职工的整体水平提上来，只有这样全段的检修能力才能提高，安全生产才会基础牢固，设备的效率才能得到最大的发挥。为此，他利用业余时间亲自撰写教案，从提高汽运段检修职工的技术素质着手，把自己多年的技术成果和经验无私地传授给大家。维修车辆是一项既脏又累、技术性很强的工作，工作中不能出现任何偏差和半点马虎。在拆装变速箱等精密部件时，他总是身体力行，并不断提醒身边的维修人员注意操作事项及各部件的位置，严格做到技术规范，精益求精。不管是谁遇到技术难题，他都毫无保留耐心详细地解答，并亲自动手操作。

艺高人胆大。2008 年正值煤炭生产旺季，在露天煤矿工作面进行采装作业的 VOLVO 挖掘机行走系统出现损坏故障，严重制约了露天矿原煤生产工作，虽经厂方工程技术人员多次检修，但故障仍不能完全排除，采装作业无法恢复，若要购买新配件，则需较长时间且价格昂贵。此时正在哈尔滨参加汽运开采运输设备研讨会的潘风涛得知消息后，立即与矿领导取得联系，详细询问了设备受损情况和相关问题，他结合自己积累的丰富维修经验，大胆提出合理的维修方案，利用传真机将修复方案和图纸传到矿里，经矿领导审批校对论证后，决定按此方案实施，按此修复后的挖掘机行走系统，在露天采装生产中性能完全达到技术要求，并为矿节省 20 余万元配件的购置费用。同年，该设备的发电机换向器磨损，导致压力调整装置频繁故障，新购进的改进型发电机无法与原发电机相匹配，致使该设备无法启动，潘风涛与另外两名维修人员进行科技攻关，反复研究该挖掘机配电技术参数，对新型发电机进行技术改造，改变了新型发电机的输出电压，使之与原车输出功率相匹配，使设备在最短的时间内投入到正常采装作业中。

(3) 点滴事情汇聚起来就是能量，用技术革新创造财富

劳动创造财富，节能降耗、技术革新也同样创造财富。潘风涛常说“个人所能做到的只是杯水车薪，其实大到一个国家，小到一个班组，每个人做的点滴事情汇聚起来就是能量，财富就在我们身边”。他是这样说的，也是这样做的。

汽运段现有三台上海彭浦 320 推土机，不仅每天的工作量大，而且还要往返加油，既无功消耗了燃油又增加了设备磨损。细心的潘风涛通过对设备燃油的情况分析，对这三台推土机燃油加注系统进行改造，每月可节约燃油 4 320.00 kg，一年可节约 36.84 t，燃油费用每年可节约 31.5 万元。

潘风涛苦练内功，深挖潜力，时刻树立节能意识。汽采段每年淘汰下来的轮胎有 120 余条，通过对轮胎破损情况的分析和研究，他提出了对部分真空轮胎的使用进行改造的方案，并在生产中得到实施，每年可节省轮胎投入费用 15.6 万元，并且大大降低了轮胎的故障率，使得旧物得以再次利用。像这样的小改革项目，仅得到矿生产技术部门认定的就多达十几项。

榜样的力量是无穷的。潘凤涛不仅自己对工作充满热情，作为技术领军人，他用真才实学带动影响着身边的每一个人，在这种浓烈的工作氛围中，创先争优成为全段的共同目标。2010 年，他所包保的班组创造了突出的工作业绩，荣获了国资委“中央红旗班组”荣誉称号。

13. 凯天公司一车间劳动模范孔祥斌不断学习进步的事迹

作为一名普通的车工，每天干的就是“磨刀”。中国航天科工集团零六一基地凯天公司一车间的孔祥斌，这一干就是 17 年。在这个不起眼的岗位上，他先后获得了航天科工集团“十佳杰出青年”“航天技术能手”、贵州省国防科技工业“技术创新能手”、贵州省“五一”劳动奖章、中央企业劳动模范等荣誉称号。他所在的车工组被中国国防邮电工会、中国航天科工集团公司联合命名为“孔祥斌班组”，这是科工集团第一个以劳动模范名字命名的班组。

（1）选择了学习，就是选择了进步

孔祥斌 1990 年毕业于原 061 技校，进入凯天公司一车间成为一名车工。十几年来凭借敢于啃硬骨头的拼搏精神，使他从一名普通的车工成为国家“511 工程人选”。按他的话说，“选择了学习，就是选择了进步。”2001 年 6 月，他到北京参加技师高级研修培训班，培训期间，他到北京西单书店购买了《机械加工工艺与窍门精选》《机械加工手册》等十多种在贵州难以买到的书籍。回来后，他利用业余时间学习数控原理、软件编程技术等数控加工知识，还通过上网、参加培训班的形式进一步学习掌握数控知识。在学习中遇到难啃的骨头，他还主动请车间或企业中的数控高手到家中给自己辅导和补课。2005 年，孔祥斌自费上千元，报名参加遵义市周末数控高级工培训班的学习。在一年半的学习过程中，他顺利通过了数控高级工职业鉴定。现在已是高级技师的孔祥斌，还经常自掏腰包买书学习。有人问他，你在车工这一行里的职称已是“封了顶”的，还这么学习是为什么，他的回答是：“学无止境。”

孔祥斌在车工组除了抓技术培训外，还对组里的管理机制进行创新，在组内推行“6S”管理模式，有效地促进了生产管理的规范化和制度化。通过一系列的考核和管理，促进了组员从“单纯劳动型”向“劳动管理型”转变。提高了生产质量，在小组内树立了生产文明新风，该小组连续多年获得公司、基地“双文明”“先进班组”“青年文明号”等荣誉。

“一枝独秀不是春，百花齐放春满园”。孔祥斌作为班组长，不但自己善于学习，而且还带领班组成员学习。努力将车工组建设成学习型班组，他采取以老带新的方式，不断提升班组成员的综合素质和业务技能，根据组员参加工作的不同年限和所受培训状况及处理技术难题的不同水平，实行“缺什么补什么”。在学习方式上，孔祥斌常常以解决加工技术难题为目标，进行专题研讨，通过对加工工艺的修正、刀具角度的选用、工装夹具的设计、成形刀的刃磨、群钻刃磨诀窍等课题的研讨，有效地提高了班组成员的整体综合素质。

(2) 小改小革得到广泛应用

2000 年，公司承接某型号产品的加工任务，该产品属首次加工生产，按照要求，机架加工的精度不超过一根头发丝的 1/3，其中的一个零件是这套产品中难度最大的，结构复杂、工艺要求特别高。孔祥斌主动承担了攻关任务，设计制造出了结构特殊的内冷式镗孔刀，成功地解决了这一难题。在攻关中，第一次加工花了 18 个月。孔祥斌反复琢磨，怎么才能省时省力？他先在工装上找答案，铁工装、铝工装、橡胶工装，都不行。他又搞尼龙套筒工装，效果不错。而后又在刀具上下工夫。第二次加工用了 10 个月，第三次用了 6 个月。他的小改小革，不但提高了工效，而且还减少了废品。随后他把实践的东西用到了理论上，撰写出了《机架镗孔工装改进》和《机架镗孔刀具改进》两篇论文。据不完全统计，经他改进的工装、夹具、刀具等项目已达 10 多项。在公司开展的“五小”成果评比中，孔祥斌参评的“供油缸车工装”“某型号产品机架镗孔刀具的改进”等项目均获得了“五小”成果评比一等奖。

车工一把刀。要干好车工，必须会磨刀，不然就干不好。这些行话俚语，孔祥斌早已铭记在心里。有一次要加工一批零件，需要特殊刀具，这时只有一把老师傅留下的已经使用了20年的刀具，而且早就年久磨损了。车间送到外面的几家工具厂磨制，回答竟是磨不了。而且当年亲手磨这把刀的老师傅也已过世。为了完成任务，车间不得不向孔祥斌班组下了“最后通牒”，孔祥斌整整八天全泡在刀具磨床边，终于将形状特殊的刀具磨了出来，在加工产品时经过调试获得一次性成功。

(3) 确定班组不断技术创新的工作目标

质量是一切产品的生命线。孔祥斌班组牢记这个理念。在他们小组个人愿景里有一串数字：“991001”，即：产品加工合格率为99%，一次做对，一次成功，产品零缺陷；100%完成生产节点任务；一次通过“6S”管理验收。他们对产品严格执行“首件三检”，一切工作从保证产品质量出发，在确保生产进度的同时，更注重产品质量。

技术创新是车工组的不变课题，组员们根据技术发展的需要，不断地更新自己的技术。在工作中，大家分工协作、互相配合、共同探讨、查资料、磨刀具、制夹具、搞试验，一干就是十多个小时，有时甚至通宵达旦。困了，用凉水冲冲头；饿了，吃包方便面。车工组还是个富有团队精神的小组，这种团队精神以崇高事业为纽带，以共同的理想追求为目标，共同为航天事业而努力。

孔祥斌心里十分清楚，荣誉已经成为过去和昨天。现在他想的是怎样带领大家继续掌握数控技术，达到摸熟和精通，争取用两年时间班组再添两个技师，全部达到高级工水平。孔祥斌以他顽强拼搏的精神和昂扬的斗志，受到人们高度赞扬。(韩莉、王鸿)

14. 济宁矿业集团出煤班王守信处处带头、以身作则的事迹

济宁矿业集团出煤班班长王守信是个踏实能干的人，作为一名出煤班的班长，他总是冲锋在前，处处带头、以身作则，就像一头永不知疲倦的老黄牛一样，默默耕耘着煤炭事业这块乌金般的沃土，受到一线矿工的爱戴和尊敬。

(1) 令人钦佩的“老黄牛”精神

每次下井，王守信总是先布置好任务、分配完人员，才默默地攀登 6301 轨顺上山（长约 650 m，坡陡 17°左右），去开耙装机或绞车（光攀此山这一项，很多人都望而却步）。表面上看，开绞车或者耙装机是个挺轻松的活儿，但实际上却是恰恰相反，因为 6301 轨顺上山较陡，运输时必须小心翼翼地拉、放车才行，否则，矿车极其容易掉道。因此说，在 6301 轨顺上扒钩处开绞车，难度还是很大的。

不仅如此，当人手不够时，王守信还要绞车、耙装机轮换着开，一会儿开绞车拉、放矿车，一会儿又开耙装机来给矿车装满煤。还有，当迎头需要开皮带机时，他还要担任皮带司机，甚至亲自到 6301 轨顺的一水仓处（该水仓没有水泵）清理淹没道木的浊水，及时用铁皮桶将浊水灌到输煤的传送带上。

在出煤班作业，遇到矿车掉道是很正常的事情，每每这时，大家首先想到的就是王守信师傅，因为再难办的掉道矿车（包括重煤车），只要王师傅亲临现场，总能思路清晰、方法巧妙地将矿车复上道。

6 月 21 日夜班，值班班长班前会上让出煤班带上一个滑子下去，王守信接到任务后，谁也没有指使，自己冲锋在前，到仓库扛来滑子放到下料车中，下井后，他又亲自扛着，一直扛到暗斜井的车场运料矿车中。要知道，一个滑子有 40 斤重呢，就是大小伙子扛上一会儿也得浑身冒汗的。王守信确实有一种令人钦佩的“老黄牛”精神，值得学习和尊敬。

(2) 任劳任怨工作，勇于探索创新

王守信在井下工作中不但勤勤恳恳、任劳任怨，而且还善于动脑、勇于探索，他在2007年5月就琢磨出了一套“钢管滚动式卸锚杆法”，用此法卸钻杆既快又省力，还码放得整齐，很受井下一线矿工的欢迎。

在此以前，作业人员在卸锚杆时，都是俩人抬着往架子里扔，要知道，一棵钻杆有24 m长（也有18 m长的）、五六斤重，而且锚杆都是成捆的，五根一捆，也就是说，一捆锚杆有三四十斤那么重。一车锚杆有500多根。因此，一车锚杆卸下来得用一个来小时，而且作业人员还累得满头大汗、浑身湿透，这是一点都不夸张的，因为每次卸完钻杆上井后，靴子都能倒出水来，那全都是汗水。王守信所发明的这个“钢管滚动式卸锚杆法”就很好地解决了这些问题，他是把锚杆的一端先放到一根1 m来长、直径约40 mm的钢管上，然后往里推锚杆；在这里，钢管起的是轮子的作用，仿佛锚杆长出了脚，随着钢管的不断滚动，锚杆的前端很顺利地就到达了预定位置，非常省力，后端看着它与其他钻杆排齐了就将此锚杆稍微一抬，把下面的钢管抽出来，下一捆锚杆再接着放在钢管上滚动。如此循环往复，既省力省时，又安全整齐。

王守信开动脑筋，还探索出了“插绳套法”“掉道矿车复道法”“重车轻推法”等。为了宣传这些绝活，在煤矿举办的比赛中，还专门介绍了“钢管滚动式卸锚杆法”。真的，如果王守信师傅是那种满脑子只知道机械作业，领导让干啥就干啥，不动脑，不钻研的人，那这些省事省力的操作法就不会诞生，井下一线矿工们也就无从受益。（王传钧）

15. 上海地铁车辆运转部司机吕玮创造不平凡业绩的事迹

不到3 m^2 的驾驶室，60个旋钮，12个指示灯按钮，288个保险开关，以及黑暗潮湿的地下隧道……这几乎就是伴随吕玮工作的全部要素，长年累月，显得枯燥而平淡。而吕玮深知，每天坚守这份枯燥与平淡，意味着为数以百万计的乘客带来畅通与平安。

(1) 一个“年轻的老司机”

上海地铁客运二分公司车辆运转部乘务组长、司机指导员吕玮今年刚满33岁，却已是“年轻的老司机”。作为上海第一代地铁列车司机，他自1992年进入上海地铁工作以来，经历着上海地铁从无到有、从单线到网络的高速发展，见证着上海公共交通事业日新月异的变迁。

13年来，吕玮从一个初出茅庐的学员，成长为一名业务骨干，取得了列车司机岗位高级工等级证书，带领他的司机小组创造了一项又一项安全行车记录。13年来，他在隧道中运行了1万多个小时，安全运行里程达20多万km，先后获得上海市城市交通局新长征突击手、上海地铁运营有限公司青年岗位能手等荣誉。2003年7月1日，吕玮光荣地加入了中国共产党。

作为党员，作为带头人，吕玮更觉责任重大。他把自己多年积累的行车经验在班组中推广，树立把个人价值的实现融入到列车运行安全和优质服务之中的信念，由他带领的乘务三组连续5年安全运营无事故，集体安全运行1 825天，累计运行里程340多万km。该乘务组连续3年被评为上海市城市交通局先进班组，2005年还被命名为市级共青团号和局青年文明号集体。

(2) 练就一身“硬功夫”

吕玮记得，一次在他当班时，当列车进入漆黑的地下隧道后，突然车厢灯光全部关闭，车辆紧急制动。面对突如其来的情况，满载乘客的车厢里响起了阵阵惊呼。车内车外一片黑暗，离前方车站还有较长的距离，再不处置，乘客情绪将更不稳定。怎么办？千钧一发之际，吕玮沉着冷静。通过观察分析，在几秒钟内，他就判断是车钩连接触点发生了故障，在确认车钩机械连接正常的情况下，他果断地将车钩监控旁路切除，列车顿时恢复正常运行。吕玮随即紧急进行安抚性广播：“乘客们，刚才列车出现的故障已经排除，请大家不必担心……”伴随着司机平静沉着的声音，乘客们马上安静下来。这一切发生在两分钟之内。当地铁列车正常行驶进站时，吕玮才发现自己的手心、额头都沁出了冷汗。

像这样大大小小的故障，吕玮已记不清经历了多少回，但每次都能在第一时间利用娴熟的技术顺利化解，保障列车安全运行。

吕玮高超的技能，完全跟他的勤奋成正比。他不仅自己对地铁列车的操作和故障排除方法十分熟悉，还要求自己带领的小组的所有司机都必须熟练掌握 11 大类、32 项地铁常见故障的排除方法。十几年来，吕玮自己摸索了一套“由近及远、由简单到复杂”的故障排除方法，实用又易掌握，已在他带领的乘务组推广开来。

(3) 对同事有一颗热忱的心

对业务一丝不苟的吕玮，在工作中总给组员严厉的印象，但生活中，他却像大哥一样体贴。司机李进平时性格开朗，前一阵，吕玮发现他总喜欢一人独处，而且面容憔悴，情况极其反常。吕玮通过谈心了解到，原来就在几天前，李进已经退休的母亲被确诊患上了癌症，父亲是从事快递工作的，唯一赖以生存的助动车又被盗，种种的不幸不仅使他们一家经济出现了危机，也使李进沉浸在悲痛之中。为避免他带情绪开车，吕玮当即安排将他替换下正线，让他安心照顾母亲，并安慰、鼓励他一定要坚强地面对现实。同时，吕玮在班组中组织爱心捐助，短短几天共募集 3 100 元。当吕玮将充满全组爱心的捐款送到李进手中时，他感动得热泪盈眶。

常听到有人这样赞扬：“吕玮，年纪轻轻，真不简单啊!”他总笑笑说：“简单的事用心去做好，那就是不简单。我是党员，党员就应该做到事事不简单。”（陆文军）

16. 红河供电局输电管理所“输电线路守护神”吴跃祥的事迹

无论是在莽莽的哀牢山上，还是在奔流不息的红河岸边，人们经常会看到一位奔波在条条电线之间的人。他，就是被工友们称为“输电线路守护神”的云南红河供电局输电管理所巡线三班班长、优秀共产党员吴跃祥。

(1) 一天只吃了一顿饭

身为一名共产党员，在平常工作中，吴跃祥总是身先士卒，哪里最艰苦，他就出现在哪里。

2009 年 2 月下旬的一个深夜，已经睡熟的吴跃祥被电话铃声惊醒。他连忙拿起话筒，原来是群众护线员报告，位于金平地区的 110 kV麻金线 8 号电线杆因山体滑坡，连同杆基础一起下沉，严重威胁输电线路安全。吴跃祥二话不说，立刻穿好衣服，叫上 4 名同事，带着应急灯，开车向金平方向驶去。天刚蒙蒙亮，吴跃祥一行人来到了 8 号电线杆沉陷地点，小心翼翼地爬到杆前进行紧急处理。经过 8 个多小时的奋力抢修，到 14 时左右，他们终于将险情排除。

还没来得及吃口饭，吴跃祥又接到报告，新老线因雷击跳闸。供电局领导要求，务必在天黑之前找到雷击点。

事故就是命令。顾不上休息，吴跃祥带着同事们马不停蹄地向新老线方向驶去。他们在崇山峻岭间认真地查找，终于在夜幕降临之时找到了雷击点。发现雷击点的那一刻，吴跃祥甭提多高兴了。他忘了，这一天他只吃了一顿饭。

(2) 尽全力防山火惹祸

2010 年年初，云南省遭遇百年不遇的干旱，红河境内山火频发，红河电网面临严峻考验。为了确保电网运行安全，2 月 25 日—5 月 31 日，吴跃祥与红河电网沿线各村村委会共同建立了火情通报网络，与群众护线员、村民共同建立了防火包保机制，一旦发生危及电力线路的山火，吴跃祥迅速反应、快速处置，最大限度地减少因山火引发的电网事故。

为确保供电辖区及输电线路的运行安全，每天一大早，吴跃祥都带领班组成员对电力线路进行特巡，以便及时发现火情，做好监控和事故防范工作。晚上，只要接到报告火情的电话，吴跃祥就不顾白天工作一天的疲劳，在第一时间赶赴火灾现场，与大家齐心协力及时扑灭山火，确保输电线路安全。

由于经常熬夜，在这段时间，吴跃祥的眼窝深陷，眼睛又红又肿，脸颊日见消瘦。正是由于他的辛勤付出，多次避免了可能由山火引起的输电线路跳闸事故，确保了红河电网的运行安全。

（3）编制巡视“蓝皮书”

夏季，绿水河地区天气炎热，毒蛇、马蜂、蚂蟥等活动频繁，对人类威胁很大。为确保各项工作正常开展，吴跃祥注重抓好职工安全生产培训工作，在组织全体职工参加各项培训的基础上，充分利用空余时间，组织职工深入学习电力系统新安全规程及各项作业规程，并要求职工结合事故案例和岗位实际总结教训、谈经验、讲体会。

他还结合自己的多年工作实践，编写了线路巡视手册。这本手册内容丰富，包括中毒急救方法、防范措施、有毒动物（植物）图片、安全规程和作业规程主要内容、仪器仪表使用方法、红河各区县及乡镇医院电话号码等。吴跃祥说，编写这本手册，是为了确保设备健康运行，更是为了确保职工人身安全。这本手册被职工们称为线路巡视的“蓝皮书”。

（4）让职工保持良好状态

在工作中，吴跃祥总能找准立足点，发扬敢打硬仗的优良作风，确保生产安全。

在谈到如何搞好班组安全文化建设、促进班组和谐时，吴跃祥深有感触地说：“班组长一定要从自身做起，对职工多一分关心、多一分包容，用自己的实际行动去感染每一位班组成员，大家一起保安全。”吴跃祥是这样说的，也是这样做的。在安排工作时，他与班组职工加强沟通，了解职工的精神状态，及时开导有压力的职工，使职工始终保持良好的状态。

在实际工作中，吴跃祥尽量做到用人之长，科学合理地调配人员，实现人与任务的最佳组合，尽可能地使职工快乐工作，努力营

造和谐、温馨的班组氛围。（张建强）

17. 长沙新奥燃气蓝焰维修队全国劳动模范黄海兰的事迹

很多时候，湖南长沙新奥燃气蓝焰维修队队长黄海兰都在忙。他每天骑着“小电驴”，奔走于长沙市各居民小区，为燃气用户服务。他可能上午 9 点还在城南的保利阆峰小区检查燃气管道，10 点已经在藩阳小区进行置换点火，或许还来不及吃午饭，下午 2 点又赶到了城北建湘北路抢修。他常对用户说：“有事儿就请摇我铃子。”（铃子，长沙方言，意思为电话）

“我每天的工作，就是用鼻子到处‘闻’隐患。”今年 41 岁的黄海兰笑着说。提到黄海兰，长沙新奥燃气蓝焰维修队的耿波用了两个字来描述：实干。工作 19 年来，他凭着自己精湛的技术和执著朴实的服务，先后获得了长沙市公用事业局优秀共产党员、湖南省劳动模范、全国劳动模范等荣誉称号，被称为“蓝焰之星”。

(1) 比消防队还要快一点

天然气管道维修、置换点火等工作很繁琐，有时黄海兰也会觉得“很烦，每天都是重复的事情”。但只要想到客户满意，他就会觉得很有成就感。为残疾人用户或者行动不便的老年用户服务时，“他们热情地招待我们，让人很感动”。对于这份感动，黄海兰记在心里，然后用更加贴心的服务来回报。

作为长沙市城南、城北、河西三个地段 50 多万户燃气用户售后服务的领头人，黄海兰责任重大，为了用户的安全，他 24 小时处于待命状态。

2009 年年初的一天，黄海兰晚上 8 点下班刚回到家，就接到一个电话：火车站附近一个小区起火了，小区装有燃气管道，需要维修人员立马赶到现场。挂掉电话后，黄海兰立即骑着电动摩托车赶往事故现场，这一趟总共用时 5 分多钟，他比消防队员到得早。

2010 年 12 月，长沙市曙光路小区的一位用户打电话报告自家燃气泄漏，他立马告诉用户，“冷静下来，首先关闭家里的总阀门，我

10分钟内赶到。”提到现场抢修，黄海兰说：“如果距离不远，我们要求尽可能比消防队还要快一点。先一步赶到，关闭事故现场的主燃气管道总阀门，确保不会发生爆炸，不会造成更大的伤亡。”

每次结束维修、安装、点火工作后，黄海兰都会耐心地向用户讲解天然气安全使用知识：“出门要关闸门、管道外部要保持干燥清洁。”许多用户表示，正是因为黄海兰不厌其烦的叮嘱，他们在使用燃气时多了一份谨慎。

(2) 比别人再勤奋一点

1992年入行，从一名煤气公司普通员工到今天新奥燃气蓝焰维修队队长，从往日的维修学徒到今天上百名员工的培训老师，这些转变离不开黄海兰的学习与钻研。

“很多东西在书本上是学不到的，需要在实践中积累。”黄海兰说，“要感谢早年培养过我的蓝焰维修队原队长马路，那时候，马老师不仅教我安装维修技能，还教我怎样为人处世，那几年我进步很快。”

通过学习，黄海兰掌握了基本的维修技能。在实践中，他常遇到一些难题。面对这些难题，他没有轻易放弃，而是将设备拆开，想方设法查找问题所在。实在弄不明白了，他就向公司的老技工求教。有好几次，他直接找到设备厂家，向技术人员讨教，并到工厂进行实地操作，直到把问题弄清，找到解决办法才肯罢休。

黄海兰一直保留着每天早到半小时、晚走半小时的习惯，这些省出来的时间，他都在办公室看书、整理工作心得。那些卷了边的专业书籍，他一直舍不得放下，坚持温故知新。

通过几年的努力，他取得了函授大专文凭，圆了多年的大学梦。“学习没有秘诀，就是比别人多努力再勤奋一点！”前两年，他还通过自学考取了高级营销师证。

通过19年的实践、学习，如今黄海兰的维修技术已经相当精湛。“很多在别人眼中的难题，到了他手中就成了小菜一碟。”队员们如是说。一次，在为用户维修管道时，螺钉断裂在管道内，队员们束手无策，黄海兰赶到后，仅用了不到 20 分钟就完成了清除工作。

“大伙儿都很佩服他的维修技术。”蓝焰维修队队员龚俊告诉记者。据了解，黄海兰现在除了日常的维修工作外，还负责培训公司新招的学员，私下里，队员们都称他为“黄教授”。

(3) 关心家人还需多一点

在蓝焰维修队队员们眼中，队长黄海兰是一位生活的贴心人。每逢队员家里有事情，他总是第一个站出来，热心帮忙。

2009 年春节，一位队员在去外地接父亲的途中，遭遇车祸，其父身受重伤。得知这一消息后，黄海兰迅速与公司联系，连夜赶往出事地，帮助队员处理事情，并送上慰问金。

而在家人眼中，黄海兰却是个不顾家的人。2005 年 8 月 19 日晚上 9 点多，正在长沙市东方新城小区进行天然气置换作业的黄海兰，接到妻子打来的电话：“妈妈散步时被汽车撞了，现在医院抢救，你快过来。”尽管心急如焚，但黄海兰放不下手上的工作，只是悄悄擦掉了眼角的泪水。直到下班后，他才匆匆赶到医院看望受伤的母亲。而此时，距妻子打来电话已有 3 个多小时……

在医院陪护了一宿没合眼的他，第二天早上 7 点又出现在了工作现场。大伙儿都劝他回家休息，他却说：“不能因为家里的事影响到天然气置换工作，这是关系到所有长沙市民的大事。”

“爸爸，很久没看见你了，想让你带我出去玩了。”2008 年的一天，8 岁的女儿在黄海兰的枕边放了这样一张字条。但冬季正是居民用气高峰期，那天，工作忙碌的黄海兰接到女儿的电话：“爸爸，回来吃晚饭。”黄海兰听见女儿稚嫩的声音，立马答应了，可最终又食言了。于是，女儿给黄海兰留了这样一张字条。握着字条，看着熟睡的女儿，黄海兰决定：以后得多抽出时间陪家人，关心家人还需多一点。

有时间，他也会陪家人逛街散步，只是一旦出现突发事件，他都会立马把家人丢下赶赴现场。这就是黄海兰。（蒋杰、刘贞）

18. 锡兴特钢炼铁分厂高炉炉前组长刘波身先士卒的事迹

今年28岁的刘波是一位外来农民工。2004年7月他只身从徐州睢宁来到无锡，进入江苏沙钢集团锡兴特钢有限公司。当这位年仅22岁的农村小伙子被安排到高炉炉火熊熊、铁流滚滚的炼铁厂时，他简直惊呆了。之前从来没有见到过这种生产和工作场景的他，在铁与火面前劳动更是第一次。

炉前工肩负着高炉生产中最艰苦的出铁工作，更承担着维护和延长炼铁高炉一代炉役的责任。炉前工作的好坏，直接影响着高炉炼铁生产的各项技经指标。对于外来农民工刘波来说，刚到炉前，他的专业知识相对缺乏，但他勤学苦练。上班时，在工作中虚心向师傅们请教，做到不懂就问，并在劳动过程中细心观察，不断摸索操作要领，真正是边干边学；下班后，他不顾一天工作后的疲劳，反复学习岗位操作规程，点点滴滴积累业务技术知识。一天又一天，一月又一月，凭着自己的一股干劲和一种刻苦钻研的精神，他很快就了解和掌握了炉前的相关技术。

炉前工是高炉炼铁生产中一个劳动强度比较高、工作量比较大且比较艰苦的工种。刘波以自己吃苦耐劳的精神和顽强的毅力，适应着炉前的工作环境。每天上班他总是提前来到车间，早早地进入自己的工作岗位，工作中苦活、难活、重活、脏活抢着干。高炉炼铁日以继夜、夜以继日、日复一日、年复一年的连续生产特性，带来了生产和设备上的很多不确定因素，特别是炉况异常或发生故障时，炉前工工作的好与坏尤其显得更为重要。面对1 000℃以上通红铁水的热辐射，别说是挥锹掏铁砂、扒冷铁，仅是在那里站立片刻，一般人都吃不消。而每当此时刘波总会主动留下，默默无闻一干就是几个小时，有时甚至十多个小时。他刚进厂的第一个除夕之夜，傍晚，他所在的一号高炉突发故障，影响了高炉的炼铁生产，必须抢修。刘波主动放弃回家过年的机会，火速赶到现场参加抢修。整整 10 个多小时，他和同事们一起连续苦干，坚持到正月初一凌晨 4 点多钟把故障排除。

功夫不负有心人。经过一段时间的磨炼，刘波的生产技术有了长足的进步，业务操作技能也有了提高。根据他的能力，车间提拔他当了炉前副组长。从此，他工作更加认真，并注重学习班组管理知识，协助组长抓安全、抓班组的基础管理。不久，由于他出色的工作表现，车间又让他担任了炉前组长。

当了组长，刘波的视野更宽了，责任也更重了。遇到高炉休风检修、更换撇渣器、捣打出铁钩或抢修出铁口和炉前发生其他紧急情况时，刘波更是身先士卒、一马当先，带领组里其他职工全力以赴，以迅速及时、雷厉风行的作风又快又好地排除故障或险情。整天和通红的火与铁打交道，安全工作无疑是第一位的。对此，他思路清晰，在抓班组管理中，突出重点抓安全生产。严格执行炉前操作规程和各项安全生产规定，每天检查督促和落实安全生产措施，对全组人员的生命和车间生产设备和财产高度负责。在班前班后会上他时时强调安全，真正做到安全第一，警钟长鸣。对违纪违章的现象他狠抓严管，决不手软，使全组人员的安全意识不断加强和提高，确保了全年安全事故为零。他所在班组的铁口合格率、全风堵口率、铁量差及单炉产量等炉前考核的重要指标都名列各组之前。在 2010 年，1 号高炉丙班炉前组在他的带领下，创下了高炉投产以来的最高班产、月产和年产多项纪录，全年出铁 20 多万 t。

19. 姹城煤矿开拓工区邢礼荣平凡岗位书写人生追求的事迹

现年 41 岁的徐矿集团姹城矿开拓工区机电大班班长、共产党员邢礼荣，1982 年参加工作以来，凭着勤奋好学、刻苦钻研的精神，掌握了一套过硬的机电技术，用自己的实际行动在平凡的岗位上书写着“为了企业安全生产，我个人辛苦也值得”的人生追求，他本人多次被徐矿集团、姹城矿评为“文明职工”“劳动模范”“优秀共产党员”。

刚参加工作时，只有高中文化的邢礼荣，为尽快适应机电维护员岗位要求，虚心向师傅、同事们学习，不懂就问，他还放弃休息时间找来电气图样和资料坚持自学，不懂的问题就向技术员和工程师请教，把掘进所用电气设备线路图记得滚瓜烂熟。他坚持在工作中学习、在学习中提高；不断学习新技术、新知识、开展小革新、小创造；自制修复、回收利用报废的设施、设备，自行研制了“刹车器”“自动喷雾洒水装置”“安全门自动闭锁”“失效锚杆风压、液压回收器”等创新项目，得到徐矿集团推广应用。这些创新项目的使用，不但大大减轻了职工的劳动强度，还为搞好安全生产奠定了基础。他就是凭着过硬的技术和务实的工作作风，多次在徐矿集团、矿技术比武中取得好成绩，并于2006年被姹城矿聘为“工人技师”。

邢礼荣在工作中，哪里有困难就冲到哪里。凡是急、难、险、重的话他总是抢着干。2007年3月20日中班，他在南巷负750回风下山对电气设备进行检查时，发现迎头扒斗机电机有异常声音，出于强烈的工作责任心，他与跟班维护员一起完成了扒斗机的维修工作，此时正准备上井的他被工友喊住说：南巷负600运送综采支架的电瓶车充电机出现了故障不能运行，让你赶紧去处理。邢礼荣听到后二话没说，拎起工具包又匆匆忙忙赶往南巷负600，处理完充电机故障后方才上井。2007年5月的一天，刚下早班的邢礼荣感到身体不适，到医院治疗，经医生检查，诊断为感冒引起的发烧，正当他准备开药时，工区来电说井下－750南巷扒斗机出现故障，不能运行。故障就是命令，邢礼荣顾不上拿药，匆忙来到换衣间，换好工作服，扛上20多斤重的配件赶到事故现场，立即投入到紧张的工作中。经过约1 h的检查、拆除、更换，终于使扒斗机又恢复了往日的“欢畅”。

邢礼荣常说：共产党员就应该在关键时刻站出来。2007年3—4月，在该区所施工的22107材料道卧底、拆除、浇灌电绞基础的工作中，邢礼荣在维护人员少、任务重的情况下，除每天正常做好保障电气设备正常运转和检修皮带的工作外，在工区人员紧张和工作场所没有电绞牵引的情况下，和当班职工背着一袋一袋土产料穿梭于几百米巷道中，有时连着打几个连班，而他从来不叫一声苦和累；并提前 2 天保质保量地完成了皮带拆除、电绞、回绞浇灌任务，得到了矿领导的表扬。

职工岗位行为规范教育延伸递进“手指口述”操作法活动后，为了保证学习效果，邢礼荣除正常集中学习以外，每天坚持班后组织机电大班人员进行“手指口述”法的演示，不断加强对机电维护工的“手指口述”操作法的学习，以及对安全知识、规范操作知识的了解，进一步增强了自己的理论知识。在学习过程中，他不仅自己坚持认真学习，而且还辅导本班组职工学习，引导大家共同进步。职工李相中文化水平低，每次学习提问都很紧张，在自学的时候更是感到无从下手，为了不让其掉队，邢礼荣经常主动放弃自己的休息时间，专门给李相中补课，一遍一遍地讲解指导；上下班时与他同上同下，工作中相互帮助、相互提醒，使李相中在学习机电维护工“手指口述”操作法过程中得到了提高。

邢礼荣总是利用每天班余时间，刻苦钻研机电技术，注重把理论知识和工作实际结合起来，以学促练，以练促学，在理论和实践中不断提高自己的业务水平，在矿开展的技术比武中每次都能拿到掘进机电维护组前三名的好成绩。（角度）

20. 鑫泰矿业公司爆破班刘海先连年实现安全目标的事迹

在黄石市鑫泰公司露天采场上，人们经常可以看到一位身高近 1.80 m、脸庞被晒成古铜色的中年汉子，安排指挥着爆破班的员工装填炸药和连接引线，警戒现场，点火起爆，他就是该公司露采车间爆破班班长刘海先。

该车间爆破班，主要担负着鑫泰公司露天采场上的中深孔爆破和大块的二次解炮工作。爆破作业属于高危行业，它的特殊性决定着搞好安全工作乃该班的头等大事。自 2003 年刘海先担任班长以来，他始终将安全工作放在首位，坚持开好每周一的安全学习会和作业前的安全派班会，要求安全互保对子要相互监督，严格按照岗位操作规程办事，杜绝“三违”现象发生。截至目前，他所在的班组未曾发生一起安全责任事故，连年实现了安全工作目标。

为加强班组建设，不断改善员工的工作休息环境，在车间投入资金有限的情况下，刘海先带头捐款，其他班员也积极响应，先后添置了书柜、沙发、桌椅、饮水机等物品。如今走进爆破班，只见窗明几亮，物品摆放整齐有序，爆破安全规章制度和员工们书写的安全承诺书等均规范上墙，给人一种干净整齐的感觉。2006 年，该班组在公司班组建设验收达标中被评为“示范班组”。

刘海先踏实肯干，充分发挥了一名班组长的模范带头作用。每天一上班，他在安排好安全工作的同时，根据当天的爆破作业量，积极做好炸药和雷管等爆破器材领取、使用和登记工作，并在确定采场周边安全的前提下，协调组织好班员进行爆破作业。有时为了生产需要，临时加班也毫无怨言。2006 年 3 月的一天晚上，已在家中休息的刘海先，凌晨两点多钟突然接到工段指令：选矿厂“老虎口”因大块堵塞急需二次解炮。他二话没说，立即从被窝中钻出来，一家一户地召集同事，赶往现场组织爆破，一炮就解决了大块堵塞的生产难题。据了解，仅 2006 年一年，他个人就义务加班达 60 余个。

俗话说：众人划桨开大船。面对班组个别职工因为工作过于辛苦爱发牢骚，刘海先总是以积极乐观的精神做好其思想政治工作，并以自己的实际行动，身先士卒，勇挑重担。在他的积极乐观的情绪和忘我的工作精神的感召下，爆破班十余名员工团结一致，奋力拼搏，每年均顺利完成了车间下达的爆破任务。2006 年，他所带领的爆破班还创造了超计划 30 000 m^3 完成爆破任务的历史新高，受到了鑫泰公司和露采车间的表彰奖励，他本人也因工作成绩特别突出，

多次被鑫泰公司授予生产明星、先进生产工作者和生产标兵等荣誉称号。（钱永红）

21. 白水煤矿采煤队李志军获得“四有职工”称号的事迹

班组长是采掘一线的直接领导者，是生产现场的第一安全责任人。每天第一个走进工作面的是班组长，下班走在最后的还是他们。李志军就是陕煤化工集团蒲白矿务局白水煤矿采煤工队的一位班组长，今年37岁。1993年，他以一名农协工的身份到采煤二队工作，一干就是17年。因为他在工作中吃苦耐劳，工作业绩突出，被保送到局煤炭职工技校学习，现在已是一名合格的合同制工人。2001年，他光荣地加入中国共产党，并多次获得“四有职工”称号，2007年被评为“班组标兵”。

作为一名班组长，李志军在工作中真抓实干，任劳任怨，并通过学习，不断提高自己的工作能力和职业道德修养，把爱岗敬业作为自己的天职。在班前会上，他常说的一句话是：“要多流汗，不流血，不出带血的煤，不挣带血的钱！”

2007年5月，采煤二队在17508工作面使用悬移支架时，因悬移支架是该矿初次引进的新型支架，没有经验可以借鉴，初采期间出现大面积空顶。在此期间，有些班组长借口休假，不愿意上班。可李志军没有退缩，毫不犹豫地接受了任务。他利用平时积累的丰富经验，到现场认真查看了实际情况后，提议：“严禁在老空侧掏煤，老空侧用旧皮带挡窜煤，防止顶板垮落窜出，必须先把老空填实，确保支架的稳定性，在确保安全的情况下，再利用强行托顶的办法稳定顶板。”这条建议经过矿有关领导、相关科室人员的反复研究后，被采纳了。经过艰苦努力，终于处理了空顶隐患，恢复了正常生产。

2008年10月，采煤二队在17508工作面回收悬移支架时，因为没有回收经验，在回收时的滞后维护和支架的两帮维护工作没有做到位，导致支架一时无法下落回收。看到各级领导心情焦急，李志军坚持冲在一线，带领全班一干就是十几个小时，采取超前维护的办法，经过两天的努力，终于解决了此项难题，既保证了安全，又提高了回收速度，使回收工作提前完成，得到了各级领导的肯定。2008 年，他的班组中没有发生重大安全事故，在“创优评差”活动中，连续四次被评为优胜班组。

在班组自主管理方面，李志军以亲情化、人性化管理，平时主动和职工沟通交流，及时掌握职工心理状况，对有情绪的职工及时走访、帮助，消除了班组职工带情绪上班的隐患。在职工敏感的工资及工分分配方面，他坚持公平、公正、公开的原则，对分配方案及时上墙公布，让职工心里有份明白账，保证了出勤率，增强了班组凝聚力和战斗力。他所在班组 2008 年全年生产原煤 8.1 万 t，“三违”人员比煤矿下达的指标少 30%，轻伤以上事故为零，荣获陕煤化工集团“安全生产先进班组”荣誉称号。

李志军认为，一个班组的战斗力来自于这个班组的团队精神，而一个团队的凝聚力来源于班组长的表率作用。他坚持每天让工人踩着他的脚印下井，等他做好工作面的清理工作，确认安全后才让工人开始作业。在班中，哪里条件最差、最艰苦，哪里就有他的身影。收工后，他坚持自己踩着工人的脚印上井，做到任务完不成不交班、隐患不排除不交班、工作交不清不交班。

李志军认为，实现自己的价值，不在于做多少惊天动地的大事，而是能够在平凡的岗位上发光发热。他目标就是要在“兵头将尾”的岗位上再立新功。（高永生）

22. 井楼油矿采油四队张运彩始终保持工作热情的事迹

认识张运彩的人这样描述她，戴着眼镜，身材娇小，满脸写着文静和秀气，仿佛天际飘来的一抹云彩，寂寞却美丽，安静却热情。

十几年如一日，张运彩用青春和活力，辛勤地耕耘在自己钟爱的采油工岗位上。1999 年以来，她连年荣获厂“三八红旗手”称号，2002 年被评为厂“优秀团员”，2003 年被评为厂“技术能手”，2005

年被评为厂“十大杰出青年”和局“三八红旗手”，2006年被评为厂“技术标兵”和局“先进女职工”，2007年荣获厂“油水井分析”大赛冠军。

1994年9月，刚刚20岁的张运彩从油田技校毕业，怀着青春和梦想，来到井楼油矿采油四队，当上了一名采油工。谁知上班没有多久，她就让L1618井泼了一盆“冷水”。那天，她发现井口往外喷油，急忙上前用管钳去拧盘根压盖，可喷油问题不但没有得到解决，反而更厉害了。她急忙喊来站长，只见站长眨眼的工夫就换好了盘根，拧紧了盘根盒。站长语重心长地对她说：“运彩，要想干好工作，光有热情是不够的，还必须要有过硬的技术才行啊!”

张运彩把站长的话牢牢记在心里，暗下决心，一定要干出个样子来。心动不如行动，从此以后，她从每个闸门的结构和作用、每种工具的规格和功能学起，从加盘根、换传动带等每一项操作的一招一式学起，不仅学地面工艺流程、作业施工，而且学地下的井层连通。她相信，只要用心浇灌，就能开出鲜艳的花朵。

凭着永不消退的热情和毅力，张运彩系统地自学了《采油工程》《采油地质》等20多本相关理论书籍，写下了1多万字的学习笔记，收集了1万多组油井对比参数，绘制了200多张井站工艺流程图和井身结构图，不仅掌握了基本的工艺流程及操作规程，而且能够对采油过程中出现的问题进行分析、判断及解决，成为油井管理的行家里手。2005年5月，张运彩当上了采油四队10号计量站站长。

“既然组织把这个站交给我，我就要把它管好，即使再辛苦，流再多的汗，我也不怕。”当上站长的张运彩心里憋足了劲。当上站长的张运彩更累了，每日的班站管理和设备故障，都给她的肩膀上压实了担子，可每当看见站上的设备安全地运转，产量一天天上涨，她疲惫的脸上总会挂满欣喜。

2007年1月，张运彩到生产任务更加繁重的32号计量站当站长。这个站由于油层埋藏较浅，开采速度加快，油井之间气窜严重，产量递减较快。张运彩从基础资料分析入手，依照地层物性、产液层位、生产特点，建立油井档案，分类管理，把每一口油井自开采以来的各种资料台账、生产层位、有效厚度、施工小结、地质方案及各周期的吞吐情况进行比较，探寻产量递减的症结。大量的基础资料调查分析，让张运彩找到了油井挖潜的门路。L2410 井由于离边水较近，注气过程中，她严格按注气参数实施，控制好注采比，采取短周期注气措施，减缓了边水的推进速度。L2016 井出砂严重，她采取加密量油次数、降低液量及时碰泵等措施，解决砂卡问题，并建议实施早期防砂，使该井累计增油 96 t。

在张运彩的带领下，2007 年 1—11 月，32 号计量站完成产量 9 650 t,超额 836 t，完成计划的 109%，修旧利废创收 25.7 万元，可控成本节约 31.07 万元，设备完好率为 100%，资料全准率为 100%，提出增产措施、合理化建议 10 余项，其中 5 项在油矿推广应用。

“岗位是我的事业，工作是我的快乐。”这种情操使张运彩 14 年来始终保持着对工作的旺盛热情。在她的带领下，32 号计量站的工作蒸蒸日上，站内外的环境一天比一天漂亮，所有的职工都像兄弟姐妹一样，友爱和谐地工作着、快乐着。（谢玉文）

企业遵章守纪优秀员工事迹与做法评述

安全生产是企业发展的基础。如何切实提高职工的安全意识，提高职工识别作业过程中动态危险的能力，有效控制各类人身伤害事故的发生，是企业安全管理中的重要问题。分析以往的事故案例，可以看出：不管是管理人员的违章指挥，还是职工个人的违章作业，大都是由于作业人员的安全意识淡薄，对作业过程中存在的危险因素辨识不清，对于危险的后果认识不足引起的。因此，深入分析职工心理因素，积极采取应对措施，是安全管理的重要环节。

（1）人的五种需要与层次递进

美国心理学家和行为科学家马斯洛在 1954 年出版的《激励和

人》一书中提出了人的五种需要层次理论。他认为，人的需要是多方面的，但主要可归为五大类，由低层到高层又分为五个层次。人的需要是依次要求，依次满足，并依次上升的。当生理需要满足后，处于第二层次的安全需要就出现了，并要求满足。以此类推，按先后顺序发展，越满足不了的需要，越能产生激励因素，而当需要得到满足后，就不再成为激励因素了。

人的五种需要的具体内容如下：

1）生理的需要。它是指人的食欲、性欲、住房等关系生存的基本要求。

2）安全的需要。它是指心理上和物质上的安全保证，如不遭盗窃和威胁，预防危险事故，职业有保证，有社会保险、退休金等。

3）社会交往的需要。它是指人需要友谊、关爱和群体的归属感，人际交往需要彼此同情、互助和赞许。

4）受人尊重的需要。它是指每个人都有自尊的需求和希望他人尊重自己的需求，满足这些后会给人带来自信和声誉。

5）自我实现的需要。它是指通过自己的努力，实现自己对生活的期望，从而对生活和工作真正感到很有意义。

马斯洛认为，不可能每个人都得到这五种需要的满足，且往往等级越低的需要越容易得到满足，等级越高的需要越不容易满足。他还估计：在现代社会中，生理需要的满足率约为85%，安全需要的满足率约为70%，社会交往情感上需要的满足率约为50%，受人尊重需要的满足率约为40%，自我实现需要的满足率只为10%左右。

(2) 安全是人的基本需要之一

需要是人的重要心理现象，是动机产生的源泉，也是推动人从事各种活动，实现一定目的的动力。在人的基本需要中，安全是人的基本需要之一。

人的需要虽然呈现出多样性和复杂性，但有一点却是公认的客观事实，即人对任何需要的追求与满足，都离不开安全需要这个基本前提。安全需要对于其他需要所起的作用，正如 1 这个基础数字一样，1 以上的任何自然数都是由 1 组成的，而读作自然数的时候，表明的是其自身的数字而不是 1。就拿最基本的生理需要来说，个人生存的基本需要必须以安全为保障。人的衣食住行都需要安全的保障，要求远离灾害的侵扰。

有人说，安全如同柴、米、油、盐、醋，是生活中不可离开的东西；安全如同工作服、绝缘工具一样，是电力生产不可离开的东西。离开了不可离开的东西，就会付出沉重的代价。人的一生总是在与危险因素搏斗，遵守秩序则能化险为夷，对抗秩序必遭伤害。有一位安全专家写了这样一个公式，来证明安全在生产生活中举足轻重的地位。他以 1 代表安全需要，以 2、3、4、5 分别代表生理需要、社会交往需要、受人尊重的需要和自我实现的需要。

这个公式是：

$1\times2\times3\times4\times5=120$

尽管 1 对于乘积的结果没有任何作用，但如果安全成为小数的话，乘积则会相应地缩小，如：

$0.5\times2\times3\times4\times5=60$

如果安全完全为 0 的话，乘积为：

$0\times2\times3\times4\times5=0$

安全就是这样，你必须把它当成基本的、须臾不能离开的东西。它可能不会增加人生价值砝码的重量，但是可以缩小人生价值砝码的重量。当它等于 0 的时候，意味着生命已走到终点，人生价值最宝贵的东西也将不复存在了。

(3) 提高操作人员素质的途径和方法

在企业生产作业中，操作人员是基层队伍的主体，他们的意识和素质决定了工作完成水平的高低，也决定了安全的可靠程度。因此，提升操作人员的素质，增强操作人员的安全意识，提高操作人员的技能水平，不仅事关企业能否持续有效地发展，更事关职工的安全需要是否能够实现。

要保证安全生产，提升操作人员素质，企业要对症下药，采取以下措施：

1）教育为先，培养良好的职业习惯。良好的职业习惯来源于长期的培养和锻炼。要使职工养成良好的职业习惯，首先要提高基层职工的认识水平。要积极引导职工树立不断学习、终身学习的观念，学习工作化、工作学习化的观念，有知识才能实现安全生产的观念，实力在于学习力的观念，在不断学习中提高认识。要强化优良的传统教育方式，通过多方面有针对性的教育，使职工严格执行和落实企业的各项规章制度，在思想上牢固树立自觉遵守操作规程的意识，改变“低、老、坏”等不良作风，从而做到执行标准无差别、安全生产一点不马虎、落实责任一点不含糊，只有“规定动作”，没有“自选动作”，自觉养成良好的职业习惯。

2）培训为重，提升过硬的操作技能。要实现提高操作人员素质，培养出一专多能的技能人才这个目标，企业就要积极转变培训观念，在内容上，由单一的岗位技能培训向提升素质能力转变；在组织上，由个体自学向有组织的团队学习转变；在方式上，由缺什么补什么的被动型培训向超前跨岗、主动性培训转变。制订培训计划，通过岗位练兵、技术比赛、跟班示范、导师带徒、办班授课、自觉深造、外送培训等多种途径，有针对性地培训，培养一批技术尖子和一专多能人才，提升企业的发展实力。

3）激励为主，营造苦练内功的氛围。正确的舆论氛围和激励导向是推动职工提升素质的重要保证。要大力倡导能力有限、努力无限的理念，抓典型、树模范，广泛进行宣传，积极营造学技练能的浓厚氛围。要结合实际，广泛开展以赛促训、以赛促学、赛培结合的劳动竞赛和技术比武活动，为职工成才提供更加广阔的舞台。要制定相应的制度规定，着力从荣誉、资格、待遇三个方面进行激励，通过展示成果、表彰先进、政策倾斜、岗位晋升等措施，让优秀操作人才“政治上有荣誉、经济上有实惠、企业中有地位”，激发职工“忠诚企业、爱岗敬业、岗位成才”的内在动力，促进职工争先恐后做岗位的能手、强手、高手。

（三）企业优秀技术能手事迹与做法

23. 朔里煤矿机电科杨杰从普通工人成为高级技师的事迹

杨杰是淮北矿业（集团）公司所属的朔里煤矿机电科高级技师，他自学成才，连续两届获得淮北矿业集团“首席技师”的称号，享受“国务院特殊津贴”。2006 年以来，他先后荣获“全国劳动模范”“中华技能大奖”“全国五一劳动奖章”“全国知识型职工标兵”“全国技术能手”“全国自学成才十佳标兵”等多项国家级荣誉称号。

(1) 刻苦学习钻研，对工作兢兢业业

杨杰 1984 年接替父亲参加工作以来，刻苦学习钻研，在较短的时间里自学了许多关于矿井提升机方面的专业技术知识，记下了数百个电子元件符号和电路图，积累了 30 多万字的读书笔记，业务水平大幅度提高，成为一名熟练的绞车司机。1987 年，他在淮北市“百业十行”大比武中夺得本工种第 1 名，1990 年，在淮北矿业第二届技术比武中，杨杰获得该工种冠军，同年在全国第一届青年职工技术大比武中获得第 6 名，并被共青团中央授予“全国煤炭系统杰出青年岗位能手”称号。

28 年来，杨杰对工作兢兢业业，从一名普通工人成长为一名高级技师。他把学到的知识用在了技术创新上，先后进行大小革新项目 230 多项，其中 1 项达到了世界先进水平，2 项刷新了全国纪录，2 项填补了全国煤炭行业空白，创造经济效益高达 9 000 多万元。围绕矿井提升系统改造，杨杰先后撰写了 10 多篇论文，发表在专业杂志上，使自己积累的经验得到更为广泛的推广和应用，成为矿山机电安全管理方面赫赫有名的“机电大王”。当杨杰提到自己的荣誉和光环时，感慨地说："这些都是'安全'给我带来的荣誉，掌握了一技之长，才能在自己的职业生涯和安全生产领域中立于不败之地。"

(2) 锲而不舍创新技术，一心一意维护安全

在构造复杂、精确控制的电控系统上，杨杰练就了快速排查电气故障、一招制胜的绝招。德国西门子公司研发的 PLC 工业控制计算机技术，由近千条指令、上万个虚拟继电器相互作用完成内部控制功能，杨杰潜心钻研相关书籍，一遍又一遍地绘制梯形图和编程原理图，终于掌握了该项国际最前沿技术，并对厂家原有的控制工艺进行了一系列的科学创新，使设备潜力得到更为充分的挖掘和释放。

杨杰根据自己多年的心得和实践经验，创新提出了"矿井提升系统故障查排多维思维法"，将故障处理分解成原理法、排除法、参数法、故障树法、逼近法、逻辑图法 6 种判断处理方式。在此基础上，杨杰又将其归纳升级为"数字化检修法"，即以各种设备的投入使用、操作维护、日常保养等方面的真实数据为基础，做到人机一体化，动态预防，科学消除设计、安装、使用、检修等环节中的可控缺陷；避免出现"维修过剩"和"维修不足"，寻求设备状态的最佳结合点；达到动态平衡，保证设备零缺陷运行。该方法运用简便，效果良好，使检修工能够从纷繁复杂、杂乱无章的故障表象中，迅速将问题从隐蔽处"揪"出来；使故障排查时间缩短了 1/3；大大提高了维修效率和原煤提升效能；被业内人士称为提升机故障快速排查的"技术宝典"。该方法在淮北矿业集团推广应用后，事故率几乎降为零，维护成本比以往降低了 40%，每年可创造 300 多万元的经济效益，累计创效益 2 000 多万元。

矿井提升机是煤矿物料上下、人员出入、原煤提升的"咽喉"，每停机 1 h 矿上就要损失 10 多万元，其操控元器件数以万计，尤其是有些电气元件故障受震动、声音、电磁、电子信号的影响，仅凭肉眼是看不出来的，甚至连仪器也检测不出来，被大家称为"疑难杂症”。有一次，煤矿副井绞车在提升运行过程中，时常出现瞬间掉电的故障。故障的呈现是隐性的、偶发的，时而发作、时而良好。当绞车处于启动、运行、停止状态时，当班检修人员对其进行反复排查，故障依然存在。杨杰闻讯后，主动请缨，在现场长时间观察后发现，每当有重车或者载重量大的汽车从车房边的主干道经过时，地表、房屋产生震动，或者提升机牌坊预警铃声响起时，伴随电铃的振动，故障相对容易显现。杨杰圈定了排查范围后认真筛查，发现故障原因是牌坊预警器边的一个开关存在缺陷，在地表震动和牌坊电铃振动的干扰下出现异动。原因查明后，问题也随之迎刃而解了。

(3) 甘当“人梯”传授经验，编写书籍培养骨干

作为核心技术人员，杨杰深知先进技术只有被更多的职工掌握，才能迸发出更大的力量。他甘当“人梯”，从不“垄断”自己的一手绝活，为把自己迅速排查故障、降服“疑难杂症”的“绝活”传授给更多的工友，杨杰把多年积累的实践经验，精心提炼、编写了《提升机故障排除多维思维法》《提升机常见故障 100 例》《提升司机 50 问》《变电工基础 60 题》《灯工基础知识》等书籍，印发给工友学习，还赠送给兄弟单位使用，有些书已成为职业技校和岗位职工的专业培训教材。他先后对矿区变电工、压风司机、灯工、提升司机、大泵司机、抽风司机、洗煤厂电工等工种的 3 000 多名人员进行了轮训，为企业培养了一大批安全生产方面的技能型人才。

“一花独放不是春；百花齐放春满园”。杨杰立足岗位，编写讲义、义务登台讲课，他创立的“杨杰职工培训法”，实现了安徽省职工培训方法的新突破，催生了大批技术骨干。经他培训的班组职工，50 多人次在省、市、集团公司的各种比赛中摘金夺银。

为更好地发挥“传帮带”的作用，2009 年 10 月，杨杰在企业内网上开辟了“杨杰 e 族”栏目，以网络为载体，结合岗位实际，传播技术技能，解答疑难问题，培养了更多的金牌员工，使杨杰的安全绝技在矿区进一步发扬光大。

2010 年 11 月，中共中央组织部、人力资源和社会保障部等十部委联合下发文件，在全国开展学习淮北矿业集团朔里煤矿高级技师杨杰等 10 位中国高技能人才楷模的先进事迹活动，杨杰成为安徽省获得“中国高技能人才 10 大楷模”称号的第一人，成为了国家产业工人、技能工人的杰出代表。2011 年 5 月，44 岁的杨杰被确定为淮北市“劳模领跑团”成员，并被其所在企业淮北矿业集团确定为“先进英模宣讲团”成员，在安徽市和百里矿区巡回宣讲，激励更多的年轻职工练技能、保安全。(乔时庆)

24. 钱家营矿业公司掘进机司机张文市刻苦钻研技术的事迹

2005 年“五一”前夕，在人民大会堂召开的全国劳动模范和先进工作者表彰大会上，开滦钱家营矿业公司掘进机司机张文市走上了领奖台，一枚金灿灿的“全国劳动模范”奖章挂在了他的胸前。这位以坚韧不拔的毅力和刻苦钻研的精神，创造突出业绩的矿工，获得了崇高的荣誉。

(1) 苦心求索，初试锋芒

1981 年 6 月，初中毕业的张文市顶工从农村来到开滦范各庄矿当上了一名掘进工。临下井的前一天，一直在矿上工作刚刚退休的父亲对他说：“当矿工一不能怕苦怕累，二要有真本事。怕苦怕累，在井下就没法干活；没有真本事，就当不上一个好工人。”

1985 年 10 月，为了加快特大型现代化矿井的建设，张文市所在的掘进二区从开滦范各庄矿调到钱家营矿工作，他也走上了副班长的岗位。当时的钱家营矿正处于矿井建设的冲刺阶段，需要为矿井投产准备充足的战场，这就给掘进区提出了新的要求。然而，他们所在的 1151 工作面由于受地质条件的影响，出现了大量的涌水，水深达 0.5 m。面对恶劣的条件，身为副班长的张文市第一个脱掉衣服，和工友们一起在漆黑的巷道里，浸泡在黑水中，扛棚子、移设备、架顶棚、捞浮煤，铁梁磨破了肩膀，煤渣子划破了膝盖……在他的带动下，他所在的班组创下了班进 15 架棚（12 m）和单班月进 350 m 的全国最高纪录。

在井下的摸爬滚打中，张文市磨炼了意志。1986 年 10 月，为了加快掘进速度，矿上成立了机掘队，张文市被领导选中，进入了机掘队。那个月，他要和伙伴们一起去淮南煤矿机械厂学习半个月的掘进机驾驶技术，未婚妻张瑞芹送他到火车站，依依不舍地嘱咐着："好好学习，回来就可以开机器了。"

张文市在学成归来，熟练地驾驶掘进机后，总觉得有些机械故障不能排除，有时候还会影响生产。他意识到自己的文化底子薄，要解决生产中的问题，要掌握科学技术，必须从基础的文化课学起。他向本组技校生借来了文化课书籍，舍弃了所有的业余爱好，专心学习文化知识，有时为了弄明白一道题，一学就到后半夜，弄不懂的问题再向同事请教。公司的图书馆也成了他获取知识的最佳场所，借阅专业书籍、查找技术资料成了家常便饭。

经过不断的尝试和改进，张文市根据巷道断面大小、煤岩分布、煤岩厚度及层理情况，研究出了沿层理进行截割的煤巷掘进快速割煤法，即一般煤层和较坚硬煤岩的常用割煤法、软煤岩和下山巷道掘进的截割法及半煤岩巷道掘进法等三种快速掘进法，并对截割方法、顺序、操作要领、优缺点及应注意的问题进行了深入细致的阐述，并附以图示进行详细说明。先进的快速割煤法的研制成功与大力推行，大大提高了进尺效率，为提高效创水平提供了重要的技术保障。从此，张文市对快速掘进上了瘾、入了迷，每次搞生产竞赛他总是挑选地质条件最差、距井口最远的位置，以便在不同的地质条件下丰富快速掘进割煤法，提高自己在各种复杂条件下判断、处理问题的能力。1989 年 5 月，他在－254 风道架机割煤创下了班进尺 25 架（进尺 25 m）的半煤岩新纪录，并在本月打破了当时半煤岩月进尺的全国纪录；同年在二采五槽运山又创下了班进尺 28 架的最高纪录；1990 年 5 月，在－276 运道架机创出全煤班进尺 31 架

(24.8 m) 的好成绩，并在本月打破了全煤月进尺的全国纪录。在1991年5月，他又创出了班进尺全煤35架（28 m）的最高纪录。从1987年至今，张文市个人架机割煤每年达4 000 m以上，以坚韧不拔的毅力和刻苦钻研的精神，实现了自己的人生价值和目标。

(2) 挑战自我，不断创新

1996年，为了提高掘进机械化程度，公司引进了功能先进的掘进机。同时，生产制造这种掘进机的淮南机械厂举办了掘进机司机培训班，张文市和他的徒弟耿旺再次被选送去参加培训。在学习培训的20多天里，他认真学习，虚心请教，光学习笔记就记了厚厚的两大本。

“功夫不负有心人”，张文市十几年如一日坚持刻苦学习，使他对掘进机的构造原理、电气设置及各种功能了如指掌，只要听一听机器运行的响声，或试着操作一下，就知道哪里出了故障。在书本中学，在实践中练，使他很快成了掘进机检修的“技术大拿”。

敢于挑战自我，顽强进取，成为张文市精神的闪光点。他认为，一个人只有不断追求更高、更新的目标，才能不断提高自己。针对掘进设备老化、部分部件设计不合理造成机电事故率高、成本投入大等问题，他把目光投向了技术改造和创新上。

自1994年以来，张文市共完成技改项目30余项，创综合效益达200多万元。一道道难关被攻克，一个个难题被破解，张文市的艰辛付出为掘进机故障率大幅度下降、设备完好率明显提高提供了强有力的技术支撑。但他却总是说：“是矿山这个大熔炉培养和锻炼了我，我应把全部的精力和才干奉献给矿山。”

为把先进经验和技术传授给每一名职工，张文市把自己十几年来每一项技术改造、每次事故的处理及快速掘进割煤法进行了系统的整理，逐条逐项进行修改、完善，最终整理出“掘进机事故超前发现及处理”“掘进机事故百例剖析”“煤岩巷道快速割煤法”等教案，毫无保留地提供给工友们学习参考。

如今，张文市已带出了30多个徒弟，个个都能独当一面。一年多来，他还向其他司机传授技术30多场次。在1996年矿青工技术大比武前夕，他把自己多年的工作经验和截割方法传授给大家，并进行现场辅导，使12名参赛选手获得好成绩。目前，张文市所在的班组有工人技师6名。他带徒弟，他的徒弟又带徒弟，高技能人才正以乘方的方式不断递增。在张文市的带动和影响下，他所在的掘进区已经形成人人学技术、人人争先进的良好风气。

(3) 扎根矿山，甘于奉献

张文市是来自农村的庄稼汉。他自从1981年来到矿山那天起，就把那些繁重的农活留给了家里人。用他的话说："我是工人了，矿山就是我的家，当不好主人就无脸进这个家。"二十几年过去了，他一直工作在苦、累、脏、险的井下第一线，把大部分精力给了他热爱的"大家"。公司每一项重点工程，每一次进尺会战，都留下了他的心血和汗水，在员工中也传扬着他一段段催人泪下的感人故事。

2002年10月的一天，张文市下班上井后，在与队领导吃晚饭时，平时不爱喝酒的他，这天可真的喝多了，并在酒后流下了痛心的泪水。队领导不知何故，经过再三追问他才说出真情：原来他的女儿连续17天低烧不退，医院又不能确诊，为了把工作完成好，他把女儿安排在了工友家里，托工友的妻子照料，刚刚得知女儿病情加重了。他知道自己未尽到父亲的责任，他也知道矿上更离不开自己，在场的人们都为之感动，劝他马上回家；可他说：还有600 m的进尺任务，不完成任务回家，心里不踏实。就这样，张文市在"家"的选择上，舍小家顾大家，把大部分精力投入到了自己迷恋的机掘岗位。每当想起爷爷的那座土坟，想起孩子病中的呻吟，想起妻子带着不满10岁的孩子挥镰操劳，他总是说："我欠他们的太多了。"他舍小家为大家，把自己的青春和热血贡献给了他热爱的事业，贡献给了火热的矿山。

张文市参加工作以来，凭着对煤炭事业的无限热爱，靠着坚定不移的信念和钢铁般的意志，刻苦钻研技术，练就了一身过硬的本领，在平凡的工作岗位上，创造出了一个又一个不平凡的业绩。他成功地探索出了不同地质条件下的快速截割掘进法，使进尺效率翻了一番。他总结提炼的“掘进机事故百例分析”，使那些曾让外国专家棘手的故障在他面前迎刃而解。他连续13年被评为开滦集团公司劳动模范，2005年的“五一”全国劳动模范和先进工作者表彰大会上，张文市成为开滦煤矿第29位全国劳动模范。（童泽民、李守忠、杨东红）

25. 夹河煤矿夏伯党由普通农民工成为高级工人技师的事迹

我叫夏伯党，现为江苏徐州矿务集团有限公司夹河煤矿机电科高级工人技师。1970年，我出生在苏北省级贫困县睢宁县魏集乡韩坝村。初中毕业后，由于我们这儿没有乡办工业，就在家当了一年的羊倌儿，后来在本村一位好心大叔的带领下，来到县城一个建筑工地干了10个月专门递砖、运砖的小工。这一年，原徐州矿务局到我们家乡招农民合同工，虽然都知道招的是出力干活的粗壮工，但报名时依旧人山人海。1987年5月，我坐上矿上开来的大客车，第一次走向比县城更远的地方。

经过两个月短暂的安全技术培训后，我被分到了夹河煤矿采煤五区工作。

一踏进矿山的大门，处处能感受到现代文明的气息，可我一下井后，所有美好的感觉都被黑色沉重的氛围所替代。虽然我所加入的这个矿井是被原煤炭部命名的“高产高效现代化矿井”，但我们所从事的工作却是最原始的体力劳动，就是把支撑顶板用的铁柱子在采空区扶起来，过一个班后放下来，跟着割煤机的进度，相应地移挪后再扶起来，铁柱子上面还有为增大受力面积所托的铁梁子，这一整套的工作就叫挂梁打柱。虽然这项工作有许多技巧，但最基本的工夫还在手脚上，没力气想做好这项工作是很难的，也是很不安全的。说白了，工作主要是出力，所有这一切，都是为了确保作业者的人身安全。

在煤矿从事采煤下线工作是最辛苦的，看到技术工人很轻松的样子，自小就不服输的我，在心中萌发了要成为一名技术工人的想法。我处处要求自己手勤腿勤，有在建筑工地打工锻炼垫底，我就不怕出大力流大汗的工作。在干好本职工作的同时，我一有机会就看机电维护员们处理故障，尤其是他们遇到难题两三人在一起商量讨论的时候，不管听得懂听不懂，我都尽量往前凑，以求能得到一星半点的经验。

(1) 坚持不懈提高文化水平，拜师学艺下工夫

一次，我们班的机电维护员请探亲假回家了，工区从另外一个班调来了一名维护员临时替班。这一天，替班的维护员因为家里有急事没来上班，干到快结束当班任务的时候，欢快的割煤机突然哑了，原本热火朝天的采煤工作面一片寂静，大伙儿都乘机席地而坐休息起来，只有班长和副班长两个人急得乱转，忙着查找问题。终于找到原因了，是割煤机的开关不动作了。当班的机电维护员不在，稍微懂点机电常识的副班长打开了开关盖子，东捣捣西戳戳，割煤机半天也没见有动静。如果让工区从井上派人下来，耽误时间不说，就算等上面的人来了，我们也该走了，因为下一班的人要干活。我们的任务如果不能完成，班长就要被罚款。这时我凑到开关前看了看，说实话，当时我连开关的电路原理都弄不懂。从副班长手中拿过电笔，我也是装模作样地这点点那点点。我想起原来的维护员解决过类似故障，用电笔使劲一戳那个耷拉着的电磁头，嘿，它吸上去就不松开了。副班长这时赶紧盖上开关盖子，启动后又能送电了，割煤机欢快地像切豆腐似的把乌黑的煤壁切碎，煤流滚滚，整个工作面又热火朝天地干了起来。虽然班长当时没说什么表扬的话，但以后只要工作面上出现机电故障，别人休息，班长总要喊我去，看着点、学着点。

我们班的这名维护员姓刘，在我没拜师的时候，很长时间没学到多少实质性的东西。有一天，副班长喊我去开票，领一套包括电笔、电工刀、钳子在内的工具，并要我好好学技术，我才明白让我干维护员了。我兴奋地说不出话来。后来才得知，原来另一班的一名老维护员快退休了，工区领导要技术全面的刘师傅尽快培养一个接班人。刘师傅推荐了我，班长还不愿意让我改行，说我干活舍得出力。最后是刘师傅力荐，说伯党这小子好学、有钻劲、可培养，最终才让我拿上了这套工具。

正式拜师后，刘师傅比以前热心肯教了。刘师傅从简单的电路图、最基本常见的故障讲起，口手相传给我许多技巧，使我进步很快。由于文化基础薄弱，一些复杂电气设备的原理图让我看得眼花缭乱，就像进了迷宫，常常是从输入端进去，却没法从输出端出来了。于是我暗下决心一定要学好理论，促进技术水平提高。工作之余，我系统地学习了《电工基础》《电工学》《矿井供电》《采掘机械设备》和《电气设备检修工艺》等知识，遇到不懂的地方就去请教工程技术人员，通过坚持不懈的努力，为自己专业技术水平的提高打下了坚实的理论基础。要想提高自己的业务技能，还必须有坚实的文化基础。于是，我又报名参加了矿上业余高中班的学习，并以较好的成绩毕业。但我并没有满足，继续坚持函授学习。经过刻苦的自学，我很快又拿到了大专文凭。

(2) 学习掌握专业技术，动手动脑显实力

文化知识的积累，增强了我学习和掌握专业技术的能力。在边干边学中，我逐步练就了娴熟的机电故障排除技术。从和刘师傅分开独立工作开始，我就随身携带一个笔记本，在每次处理完电气故障后，都把所处理的故障现象、原因和处理方法等详细地记录下来，然后用工余时间再细细揣摩分析，寻找最佳技法。为了能寻求一个更佳的处理方法，我常常去请教专业人员或查阅相关书籍，触类旁通、举一反三。后来，井下设备一旦出现电气故障，我就可以根据经验来推理分析，准确地判断、找出故障点，真正做到手到病除，为尽快处理故障赢得了时间。

由于业务能力的提高，我也由采煤五区调到了机电科工作。只要井下出现电机、移动变电站、高低压防爆开关等设备的电气故障，现场维护员处理不了的，领导们总会想到我，而我总是随喊随到，每次都能不负众望，手到病除。据不完全估计，近 3 年来，在我及我所领导的电修车间工人师傅们的共同努力下，全矿的电气事故率每年以 5%的幅度下降，平均每年因电气设备故障影响生产的时间减少了 36 h。有人算了一笔账，近 3 年来，我和我带领的电修车间为企业创造的经济效益，折合人民币达 1 000 多万元。

(3) 积极开展技术创新，汇集经验成果出版专著

在干好本职工作的同时，我还投入精力积极开展技术创新，几年来取得了多项技术创新成果。

井下部分开关设备的空气式接触器易产生电弧，强烈的电弧会引起塑料等有机物的分解，不利于安全生产。我改用真空接触器后，把电弧封闭在真空管内，大大提高了开关的防爆性能，并使其使用寿命达到电磁启动器的几十倍。我还将原来的熔断器、热继电器保护改为电子保护，将原来的熔断器改为新型电子电路，大大减少了井下电动机的烧毁次数，仅此一项就为企业每年节省约 10 万元。

干煤矿的都知道，井下容易发生瓦斯爆炸，而发生爆炸的原因又大多是掘进头由于开关掉闸，送电不及时，造成瓦斯积聚，再加上其他条件造成的。为了杜绝井下产生瓦斯煤尘爆炸，我仅用 10 天便动手试制出高瓦斯矿井双风机、双电源自动切换装置。这些装置得到了集团公司专家的认可，并很快投入了使用。

针对电动机修复过程中，人工拆除旧绕组时间长、效率低、劳动强度大等缺点，我自行设计并制造了适应性很强的电动拆线机。该装置大大提高了工作效率，每年可节约资金 1 万余元，而且降低了工人的劳动强度。由我自行设计制造的可调节压力的浸漆缸，把传统的整个电动机浇漆改为电动机腔内浸漆，既节约了原材料，又提高了电动机浸漆质量，收到了良好的效果。

在工作中，我萌发了将自己的经验、成果归类成册的念头，矿领导和工友们知道我这个想法后，全力给予支持。于是，我整理过去的笔记，收集方方面面的资料，历经 6 个月，数易其稿，一本 8 万余字的《夏伯党煤矿机电设备故障排除法》终于定稿，并于 2004 年 9 月由中国矿业大学出版社出版。该书分“中医诊断”法、原理分析法、系统思考法、对比排他法、模拟测试法、机电分离法、概率筛选法、黄金分割法、创新根除法和团队分析法 10 部分。每篇都是用案例先说明现场故障状态，然后针对故障状态进行排除，最后点评。书出来后，我首先将书赠给了我矿的机电维护员，大家争相翻阅，看完书后都说：“这本书就像师傅一样，真管用。”在领导和工友们的帮助下，一名普通工人也出书了，而且出的是专著，此时我感到无比自豪。

从 1995 年第一次在集团公司技术比武中，以理论和实践两个第一获得电气“全能冠军”称号后，我已经先后十几次在集团公司、徐州市青工技术比武中夺得冠军，连续 6 年被评为集团公司劳动模范、十佳共产党员、徐州市优秀共产党员、江苏省技术能手。2005 年“五一”劳动节前夕，我又光荣地获得了江苏省“五一劳动奖章”，接着还荣获了“江苏省突出贡献高级技师”称号。

我从一个羊倌儿到出书的高级技师、劳动模范，所有这些成绩的取得，都是党组织教导和工友们帮助的结果。当然，如果没有勤奋和锲而不舍的精神，也没有我今天所取得的一切。

26. 中油集团仪表工林大川以精湛技能创不平凡业绩的事迹

中油集团西南油气田分公司重庆气矿采气一厂大竹输气队仪表工林大川，以过硬精湛的业务技能，创造出了骄人业绩，从 1993 年至今，林大川完成的一般技术改造与解决的一般生产疑难所创效益不计，先后在修旧利废、技术改造、维护企业利益、外商索赔等 10 次重大事件中，创造和挽回了 450 万余元。他先后 13 次荣获原四川石油管理局、重庆气矿及采气四厂颁发的技术优秀选手、技术标兵、技术能手等荣誉称号。曾于1991年获全国石油开发系统技术实际操作第一名，1998年2月被中国石油天然气总公司评为仪修技师，并在职业技能鉴定工作中，取得国家职业技能鉴定考评员证书。

(1) 不管寒冬还是盛夏，钻研技术持之以恒

1986年，林大川从四川石油管理局输气技校毕业分到了川东气田采气5队，在做好日常工作的同时，他把大量的业余时间、节假日投入到深研业务技术当中去，不管是寒冬腊月，还是盛夏酷暑，从未间断过，持之以恒地坚持下去。

20世纪90年代初，川东气田探明，发现了大天池构造带，这个构造带以其罕见的储量被称为世界级大气田，也被称为振兴四川油气田的“生命线”和四川油气田10余万职工生存发展的“希望工程”，被中国石油天然气总公司列为“九五”期间重点工作。

1993年大天池构造带上组建采气16队，当时的川东开发公司（重庆气矿前身）根据林大川在仪表上的精湛过硬技能，调派他到16队负责仪器、仪表的校验工作。16队地跨两县区域，当时有气井、配气站20多个（座），而仪表工就只有林大川一人。在点多面广作业线长的诸多不利条件下，林大川确保了全队计量的准确性。林大川在工作量大、仪表人手紧缺的状况下，还兼任了队维修班班长。16队所辖沙罐坪气田属老气田，许多设备特别是阀门存在着程度不同的内外漏、关不死、打不开等故障，林大川积极动手修复，先后修复好针阀、闸阀18只，重新投入使用后累计节约资金近4万元。

1995年大天池构造带上组建了采输四公司，上级部门与领导又将林大川调派到四公司，负责整个四公司的计量监督工作，他以精通计量误差的判断方法，多次代表上级部门、领导出面解决处理与地方用户的计量纠纷。1995年年底开江县化工厂借口计量偏高，拒付应付气款60万元。林大川前往现场认真检查核对，拿出充分证据，证实了计量的准确性，促使开江县化工厂不得不承认实际用气量，在林大川去后的第二天就交付了应付的60万元气款。1996年，梁平配气站的一名人员为谋取私利，一个多月的时间就给用户少算计量1万多 m^3，企业当月损失气款上万元。林大川凭借自身过硬的技术进行检测后，当即向上级作了汇报，并请用户和梁平天然气公司的负责人一道，核实了实际用量，追回了当月少付的气款。林大川由此堵住了以后会继续发生的不可估量的损失黑洞。

(2) 熟练掌握高新技术，受到同事钦佩与尊重

林大川以顽强的意志和良好的基础，熟练地掌握了高新技术，受到同事们的钦佩与尊重。采气四厂自动化控制维护中心仪修组在人员定岗时，尽管除林大川是工人外，其他9名同事全是学自动化专业的大专、本科毕业生，但仍一致推举林大川为仪修组组长，而且对他口服心服，听从他的调度、安排。林大川将自己掌握的业务技能上升到理性的认识，撰写了“不间断电源的操作要点”“信号隔离器”“Biffer电动头操作要点”“电Ⅲ压力变送器”4份技术操作示范文稿，下发到每个井站，让井站工人了解、掌握相关技能。以林大川为组长的“电Ⅲ仪表维护和检定制度的确立”（QC活动）获取了原四川石油管理局QC优秀成果三等奖、重庆气矿QC成果二等奖、QC发布三等奖。

对自控方面的问题，林大川采取多种途径请厂家或自己动手维修，通过他自己动手维护的8个自控阀门，10个电动头，11个气动执行机构共价值50余万元。林大川对引进设备不盲从，他凭自己过硬的专业技能与敏锐的观察力，发现马龙尼公司提供的fisher液位变速器存在技术缺陷，他在查阅大量技术资料的基础上，结合现场出现的问题，提出了对方不可辩驳的有力证据，在谈判桌上为企业挽回200多万元的损失。林大川还查出5座国产脱水站共计35个国产液位变送器同样存在达不到正确显示与准确控制的缺陷，成功地对其进行了技术改造，按每台液位变送器价值5万元计，使企业避免了100余万元的再次投入；龙门、沙坪两气田上的一台差压变送器、两台 24 V 稳压电源、一台远传液位流量计、三台 UPS 电源严重损坏，林大川和同事们通过向有关单位和厂家交涉，进行了维护或更换，挽回损失 30 多万元。

(3) 凭自身过硬的技能，及时解决生产难题

林大川为大天池构造带的开发投产发挥了他人不可替代的积极作用，又为川东气田解决了不少生产技术上的难题。

1999 年年初，位于重庆渝北区两路配气站的一只进口 ROTORK 电动头球阀关不严，如果不按时修复，将会直接影响重庆市几个县境内的工业与民用用气问题，少供一天气，企业自身每天也要损失 10 万元。当时有关部门也组织了抢险，但未能将其修复。林大川在凌晨 2 点接到告急电话后，立即从梁平县出发，赶了上百里路程到现场，凭自身过硬的技能，很快就将电动头球阀修好，保证了当日早上正常向用户供气。

2000 年 8 月，林大川出差到卧龙河气田，得知采气 17 队集气总站有台价值 4 万元左右的 ROTORK 电动头球阀坏了，找不到人维修，林大川主动赶去，经半个多小时的维修，终于使电动头恢复了正常工作。

1999 年 11 月，采气二厂卧 20 井引进污水处理站因多处设备故障被迫停产，尽管其他一些技术人员和仪表工全力进行了维修，但仍无效果。林大川服从上级调派到卧 20 井，虽然这套装置对他而言也是第一次遇上，但他毫不气馁，充分发挥自己的技术优势，查找分析事故原因，两天后终于使污水站重新运转，如果请生产厂家派专业人员来修复，既要延误时间，又要支出上万元的费用。

2000 年 9 月，根据川东气田生产建设的需要，林大川调到了采气一厂大竹输气队，他又以过硬的专业技能，解决了一些技术疑难问题。他针对达卧、万卧两条管线脱水站中使用的隔离器性能不稳定，容易发生故障，需进行更换维修的问题，参照国外做法和标准，实施了取消隔离器，增加保险管的整改措施，一次性节约成本 5 万

元以上。林大川以自身优异的技能与业绩，很快赢得新单位领导对他的信任和同事们的好评。（陈启兵、王平）

27. 天铁集团炼钢厂“中国十大杰出青年技师”安继合的事迹

天津天铁冶金集团有限公司是当年的“三线”企业，坐落在太行山腹地的河北省涉县境内，占地面积 5 km^2，自 1969 年建厂以来，经过 40 多年的建设，特别是近几年的快速发展，企业实力得到迅速壮大，集团下辖 19 个子公司，资产总额达到 445 亿元，形成了多种所有制并存、跨地区、跨行业、主业突出、多业并举的大型企业集团。主要产品有钢坯、带钢、钢筋、生铁、商品焦炭及煤化工等，现有职工 2.6 万余人。在现有职工中，荣获“中国十大杰出青年技师”称号的安继合，可以说是企业的光荣和骄傲，从安继合的成长经历中，可以看到一个追求梦想的青年人在火热的生产实践中十几年的奋斗历程。

（1）虚心好学的真情，“懂事”的小伙子

1992 年的 7 月，刚刚走出校门的安继合做梦也没有想到，自己会在转炉一干就是 15 年。像许多同学一样，刚刚接触转炉的安继合对炼钢生产工艺还很陌生，虽然在课本上学过炼钢的专业知识，但是面对转炉那样的庞然大物，安继合还是有点无所适从，但是他牢牢记住了父亲曾对他说过的话：“无论干什么，要干就干出个模样。”

刚刚走上工作岗位不久的安继合脱下了学生装，换上了炼钢工人特有的白色阻燃服，开始和同学们一起到外地实习。炼钢这一行，脏、苦、累、热，而且有相当大的危险，但是安继合没有丝毫的退却，他像师傅一样四班倒，为了学到真本事，不耻下问，师傅干什么，他就抢着干什么。师傅没水喝了，他赶快去打。吃饭时间到了，他赶快拿起师傅的饭盒。开始师傅还有所顾忌，但是时间久了，师傅也被他虚心好学的真情所打动，不禁喜欢上这个“懂事”的小伙子，不仅倾囊相授，而且还建立了深厚的友谊。有一次上夜班，刚好赶上下大雨，大家都说不去了，反正是实习。但是安继合摇摇头，打开伞冲进雨幕。他想，这正是磨炼意志的时候，这点困难都退却，以后怎么面对 1 000 多℃的钢水啊。在他的带动下，大家还是上岗了。功夫不负有心人，在实习的两年里，安继合不仅掌握了转炉炼钢的操作知识，而且还做了好几本厚厚的笔记。正是这些扎实的功底，为他以后当上一名合格的炉长奠定了基础。

（2）向实践学习刻苦钻研，解决困扰生产的难题

在成长的道路上，有成功的喜悦，也有失败的挫折，面对成功的喜悦自不必言，面对失败的挫折，就需要坚强的意志。安继合对此感受很深。

在炼钢过程中，转炉的炉龄低一直是困扰生产的一大难题，虽然安继合和他的同事们采取了多种操作方法，仍没有达到理想的目标。1997 年，炼钢厂开始引进溅渣护炉工艺，面对这一陌生的工艺，大家一直掌握不住其中的要领，转炉不是长炉底，就是炉冒部位侵蚀严重，生产处于被动局面。

那一段时间，安继合像着了魔一样，和溅渣护炉较上了劲。他一次又一次地蹲在炉前，将那些又热又烫的炉渣掰开，看了又看，仿佛里面藏着答案一样。有一次，他正在取中间渣样的时候，烟罩上的大块炉渣忽然掉了下来，就落在他的脚下，周围的人都吓呆了，但是他却不为所动。他查阅了大量的资料，然后根据资料上面的知识亲自布料造渣，再把所有的渣样取下来送化验室进行数据对比，以便找出其中的差别。

一些事情说起来容易，做起来却很费劲。安继合冒着高温钢水的炙烤，经过多日的研究试验，终于发现影响炉龄的主要原因是操作不当造成炉渣碱度过低。根据自己的发现，安继合开始大胆地改变操作手法，在造渣符合要求的情况下，创造出溅渣枪位“低—高—低”的操作方法，征得单位领导同意以后开始在全车间推广，终于使炉龄达到了两万炉以上的同行业先进水平，解决了困扰生产的瓶颈。

实践出真知。在获得溅渣护炉的成功之后，安继合更加坚信这一点。只有向实践学习，刻苦用心钻研，才能掌握真才实学，才能够获得难题背后的答案。

有一段时间，因为炼钢主要原料铁水供应的紧张，已经严重制约了全年生产任务的完成。为了确保公司的全年产量，炼钢厂决定增加转炉的废钢加入量，即由原来的 8～9 t 增加到 11～12 t，这样每天可增加产量 400 t。

新的任务就是新的挑战，困难依旧是转炉的操作。那一段时间，同事们看见安继合的眉头就没有舒展开过，面对着频繁的喷溅、粘枪、粘下料管、烧枪等大小不一的事故，安继合看在眼里，急在心上，像攻克溅渣护炉一样，安继合又投入到新的课题中去。有一次晚上回家，半路上刚好遇到前来接他的妻子，看着一脸灰尘的安继合，妻子心疼地一通埋怨，可安继合却笑笑，什么也没说，他知道自己欠家庭、欠爱人的太多太多了，作为一个想把工作干好的人，只能默默地承受来自亲人的关心和埋怨。

经过多日的摸索和实践，安继合终于找到了消除故障的办法。他从调整吹炼枪位和调整造渣料的加入时间入手，整体降低吹炼枪位，以利于迅速提高转炉熔池温度和稳定过程化渣控制，将造渣料的结料时间延长，在吹炼终点及时提高枪位化渣后拉碳出钢，从而使转炉的喷溅大为降低，终点“反火”喷溅的现象基本消失。消耗低了，产量高了，质量也没有受到任何影响。

看着前后迥然不同的结果，安继合心里乐开了花，有什么比攻克难关更让一个技术人员高兴的呢。过硬的技术素质和创新能力使安继合赢得了大家的信赖和拥戴。

(3) 守护在炉前跟踪调查分析，在品种钢开发上显身手

2000 年以后，常规产品的生产受到了市场的冲击，为了获得更大的效益，天铁集团公司决定改变产品结构，向品种钢进军。

第一个开发的品种是软线钢，由于此钢种碳含量比较低，温度和终点成分掌握不好，稍一疏忽，就会使生产中断，严重影响了生产的连续性。作为开发这个钢种的主要参与人，安继合又和操作较上了劲儿。为了提高钢水的流动性，安继合日夜守护在炉前，跟踪调查分析。他还找来相近成分钢种的技术要点，一边看一边琢磨。后来他在一篇技术论文中受到启发，提出用 Ba、Al、Si 部分代替纯 Al 脱氧，然后再改变一下合金加入的顺序，这样不但可以降低成本，而且还可以解决钢水流动性差以及钢水夹杂物多、脱氧产物不容易排除的问题。他的方案被采纳以后，经过三座转炉的同时实践，终于克服了生产中断这一技术难题，后来这一方法被公司命名为“安继合先进操作法”。

开发含 Nb 新三级钢是安继合遇到的第二个难题，在生产这个钢种之前，安继合曾听到过别的钢厂生产失败的消息，心中也有点担心。但是安继合没有退缩，而是和同事们一起大胆地迎接了又一个挑战。生产含 Nb 新三级钢最大的难题在于它的质量控制，由于钢种成分的原因，新钢种不是力学性能不合要求，就是钢坯内部有缺陷。针对这个问题，安继合提出了采用复合脱氧剂的方案，克服含 Nb 钢中 NbC、NbN 在奥氏体晶界析出时产生裂纹的倾向。经过实践，钢坯内部的裂纹明显减少，力学性能满足了顾客的需要。现在天铁集团含 Nb 新三级钢的年产量在几十万吨以上，给公司创造了显著的效益。

(4) 传帮带中超越自我，培养多名炉长和摇炉工

几年来，安继合先后自学了《转炉溅渣护炉技术》《金属学》《氧气顶吹工艺和设备》《炼钢学》《炉外精炼》《炉外精炼的理论和实践》《炼钢知识问答》等相关的技术书籍，具有较高的理论水平。在实践中，他参加了炼钢厂所有品种钢的开发和生产，积累了大量的生产经验。他有一摞厚厚的笔记本，大家都说里面有很多秘密。其实只有他知道，所谓的秘密不过是生产的数据记录。作为一个技术人员，数据的积累是最重要的，他常常告诉那些说笔记内部秘密的人，有什么秘密啊，想看就拿去看。在这方面，安继合一向是个大气的人。他说："个人的力量是微不足道的，我只不过是带了个头。"

安继合在工作学习之余，培养了多名炉长和摇炉工，经过他的传帮带，炼钢厂已经涌现了很多技术明星和技术尖子，形成了你追我赶的学习技术的良好风气。徒弟们都走上了重要的生产岗位，作出了出色的业绩。

人们都说安继合是成功的，有人在问到他成功的秘诀时，安继合回答得很干脆："一是多问，二是多记，三是多读，四是多干。"这么多年来，正是靠着这简单的"四多"，安继合创造了一个又一个的奇迹。低碳钢高拉碳指标达到92%，他是最好的；中包温度合格率达到90%，他是最高的；千炉无废品是他第一个创造的；品种钢命中接近100%；钢水的合格率达到99.99%。特别是在2006年，他和他的工友们创造的转炉利用系数达到82.5%，这一数字居全国之首，后人几乎很难超越这些技术指标。

人生最大的快乐莫过于付出汗水之后的回报。多年来，安继合收获了很多的荣誉，曾获得过公司级技术标兵、青年岗位能手、天津市工业系统技术标兵、全国技术能手等多个荣誉称号。在这些荣誉面前，他常常说："能取得今天的成绩，是企业给予的施展才华的舞台，唯有不断超越，突破自我，才能更进一步。"在追求技术进步的道路上，可以相信，安继合会实现他的人生价值，无愧于"十大杰出青年技师"的光荣称号。

28. 莱钢集团型钢厂王书雷连续6年获得技术状元的做法

我叫王书雷，是莱芜钢铁集团公司型钢厂中型生产准备车间的设备技术员。山东莱芜钢铁集团始建于1970年1月，是全国规模最大、规格最全的H型钢精品生产基地，也是产钢能力超过千万吨的特大型钢铁联合企业，拥有总资产620亿元，职工3.9万人。

我能够站在这里向大家讲述我的成长经历，感慨良多。在我的人生历程中，能够获此殊荣，是我想也未曾想过的。无论在工作还是在生活中，我十分欣赏汪国真的一句诗："现实与理想之间，不变的是跋涉；暗淡与辉煌之间，不变的是开拓。"我的成长之路正是如此，无论是春风得意，还是荆棘密布，我从未停下自己奋斗的脚步。也正因如此，我慢慢从一名普普通通的技校毕业生成长为一名合格的企业技术人员。接下来，我就和大家共同分享一下我个人成长的收获和体会，共同品味人生路上的不懈奋斗给我带来的精彩。

(1) 明确目标：学就要学精，干就要干好

做事情要有目标，这样我们就会事半功倍。作为一名普普通通的技校生，从上班的第一天起我就暗下决心，学就要学精，干就要干好，因为这将是我一生的事业。面对入厂第一次专业技能培训，我将它看成是在校学习知识"回炉"的机会，认真对待每一节培训课，通过培训解开了一个又一个的疙瘩、死角，为我日后的工作打下了坚实的理论基础。

平日工作 8 h 之内，不论走到哪，我都会拿个小本子记录自己看到的、听到的、学到的信息，8 h 之外，我会将每天记录的内容进行总结筛选，将实践过程中搜集的信息同自己掌握的理论知识拼凑结合，参加工作的前三年时间里，我积攒了近 20 本现场记录本。现在这些本子我依然留存着，有时候翻翻还是觉得非常有益。就这样，我的业务水平在反复的学习总结中有了明显的提高。

光靠现场学习也不行，理论知识同样也不能放下。为了提高理论水平，我积极参加厂里组织的各类培训，将现场实际操作经验与理论知识进行反复验证，进一步探究技术细节，不断升华自己的理论和实践水平。通过不断给自己加压，加之自己刻苦努力，2000—2005 年，我包揽了型钢厂连续 6 年的技术状元，被同事们戏称为"状元专业户"。

(2) 学以致用：为企业效率提升、降本增效作贡献

当我的专业技能越来越好的时候，更多的竞赛机会投向了我。

我先后代表莱钢参加了省级和国家级技能大赛。在大赛前，选手们都进行了1个月的高强度集训，通过集训我体会到：无论进行何种作业，作业方案和工艺布置至关重要，没有良好的方案和工艺规划，根本不可能高效、高质量地完成一项作业任务；在换线、锯、锉、刮研、组配、调整的过程中，在0.01～0.03 mm的加工调整精度的保证过程中，也让我磨炼出了工作中一丝不苟、追求更好的作业习惯。通过努力，我也先后获得山东省第四届“振兴杯”青工职业技能大赛第一名、全国第四届“振兴杯”青年职业技能大赛第二十名的好成绩。

虽然一次次的技能比武让我获得荣誉，也得到了领导和同志们的认可，但是，作为一名设备维护人员，面临着日益老化的设备，我深感自身的责任重大，我并不仅仅满足于这样的专业技术比武，要想真正体现自身的价值，就要学以致用，为企业的效率提升、降本增效作出贡献。2008年，在精轧U2轧机主减速机日常点检过程中，我测听到中间轴轴承声音有轻微的异常，在进行拆检后，发现轴承外圈出现断裂。于是，我立即制定详细的施工预案。由于前期准备充分准确、措施方案合理高效，整个施工过程高质量、高效率，以最短的时间和最少的投入圆满完成了修理任务，避免了120多万元的直接经济损失和100多万元的间接经济损失。

（3）面对挑战：以满腔的热情感恩企业、回馈企业

企业为青年职工的成长成才搭建了广阔的舞台，而作为青工的我们，更应该以满腔的热情投入到感恩企业、回馈企业，助推企业深度挖潜增效的伟大攻坚战中，继续为企业的发展奉献青春。

面对前所未有的生产经营严峻形势，集团公司确立了吨钢深度挖潜增效300元的任务目标。我针对型钢厂60.48元挖潜增效指标，带头在车间职工中认领指标，并从岗位实际出发，逐项梳理，深度挖掘工作过程中的每一个细节。我和班组同事一道从煤气消耗、水耗、电耗、机物料消耗等多个方面，认真核算设备停机给企业生产带来的损失。结果“不算不知道，一算吓一跳”，型钢厂每停机一分钟，将给企业带来1 000多元的损失。认识到问题的严重性，我便针对降低备件消耗、提高设备作业率、降低外委维修费用等多项指标，积极开展工作，采取了多项措施：

1）提高日常工作的标准，通过强化点检和维护，延长设备使用寿命，降低备件消耗，并对设备点检和维护过程中存在的问题予以纠正和优化。通过努力，2008年一季度型钢厂中型生产线在线设备共停机209 min，比2007年一季度降低了78%。

2）从做细备件档案管理中要效益。通过扎实做好日常设备的档案工作，对备件或修复件进行全程跟踪控制，对存在质量问题的备件，及时联系相关科室予以处理。先后解决了4根悬臂辊道、U4轧机接轴和多根工作辊道的修复件质量问题，帮助企业避免了不必要的经济损失。

3）从细化物资管理中要效益，做细物资基础性管理工作。从优化物资定置管理、摸清备件实物情况入手，精确统计数据，让备件计划提报更加科学合理，有效降低了固定资产的闲置浪费，并且通过规范的备件保养维护，保证了备件的完好和可靠性。

4）从深度挖掘内部潜力要效益。严格按照“能自营的不外委”和“能在线修的不下线”的原则协助车间开展维修工作。2008年BD压下抱闸的底座出现严重磨损情况，原计划更换备件后再对故障备件进行修复。后来通过优化方案，设计制作了U形补板，并利用检测时间进行了设备在线自主修复，一次就为企业节省费用20余万元。

5）通过不断探索设备运行规律，平时加强设备点检、监控，适当延长备件更换周期，并利用待煤气时间，对设备进行维修，在可控情况下延长设备使用寿命，仅延长悬臂辊道使用寿命一项，每支辊道每月就为企业降低备件采购费用1.1万元。

作为莱钢的一名青年职工，我将继续履行好我的职责，一定不辜负大家的殷切期望，肩负起设备维护人员的光荣使命，扎实工作，创新奉献，追求卓越。

29. 旗山煤矿张北平为企业创造经济效益 4 500 万元的事迹

徐矿集团旗山煤矿张北平实用技术创新室高级技师张北平致力于科技创新，16 年来，他单独或与他人合作完成技术创新项目 147 项，其中有 11 项获得国家实用新型专利证书，为企业创造直接经济效益 4 500 多万元。个人获江苏省“群众性经济技术创新能手”、徐州市“知识型个人”、徐矿集团“技术创新标兵”等荣誉称号。2006 年，张北平实用技术创新室被表彰为全国学习型班组，他本人被评为徐州市劳动模范，2007 年被评为全国煤炭工业劳动模范，2008 年 4 月，作为全国煤炭工业劳动模范的八位代表之一，到全国重点煤矿巡演，2008 年荣获“全国五一劳动奖章”。

(1) 作为一名煤矿工人，他创新的根本点就是保证安全生产

2004 年 10 月 14 日是一个值得纪念的日子，旗山煤矿建矿 48 年来第一个以职工姓名命名的实用技术创新室——“张北平实用技术创新室”揭牌成立。作为创新室的高级技师，面对各种纷繁复杂的煤矿难题，张北平始终喊响一个口号：“只有想不到，没有做不到。”他充分发挥创新室学习平台的作用，经常深入一线，针对安全生产存在的薄弱环节，找准问题实质，千方百计、夜以继日设计技改方案并落实实施，他的创新既解决了生产上的难题，减轻了工人的劳动强度，又降低了安全生产成本，提高了现场工作效率，促进了企业的安全发展、科学发展。

煤矿井下采掘工作面放炮经常炮崩伤人，因为人员设立的警戒，稍不注意，就有可能造成人员误入。张北平面对这一难题，在一无资料，二无经验借鉴的情况下，与总调、掘进工区等生产一线人员密切配合，反复多次下井现场考察、自行设计、自行试验，利用红外光学原理，设计出了便携式红外放炮警戒仪。该仪器采用主动红外入侵探测装置，发射器发出红外光束，接收器接收，当有人员或物体进入警戒范围内时，接收器接收不到红外光束，立即发出信号，经电路放大后，使喇叭（蜂鸣器）发出警报声，放炮时整个工作面都响起电子语音提示："放炮了，请注意安全。"有效防止了放炮崩人事故的发生。

推土机是煤场、煤矸石山常用的大型机械设备，爬坡作业时地面的倾斜度很大，司机稍有不慎就有翻车的危险。张北平从安全操作规程上了解到，推土机爬坡度数不能超过25°。但由于推土机没有安装坡度指示器和坡度超限报警器，司机很难辨别所处的坡度，只能凭感觉操作，特别是夜间工作更是不便，很容易导致翻车事故的发生，给安全带来严重的隐患。为了解决这一问题，张北平凭着那一股韧劲和钻劲，经过反复试验，终于研制出一种既能指示坡度又能提示坡度超限的"推土机坡度超限报警器"。报警器安装在推土机驾驶室内，司机可随时了解车辆所处的坡度，当超过安全度数时，报警器就会立即发出提示声，提示司机及时调整车况。这个小小的装置填补了我国推土机设计和使用上的空白，获得了国家知识产权局颁发的实用新型专利证书，同时被国家认为符合"十一五"时期的产业发展政策，具有很强的实用性、可操作性和市场开发前景，成为"第四届世界华商投资合作洽谈会"等国家大型技术交流洽谈的重点推介项目。

针对洗选厂原煤运输系统由于炭湿或大矸石易造成皮带运输机机头下料溜槽堵卡，影响正常生产等特点，张北平自行设计并制作了安全可靠零失误的堆煤保护报警装置，其无需调试、运行可靠，且造价低廉。当皮带机头下料溜槽发生堵卡故障时，堆积的煤炭触动堆煤保护装置，语音报警装置立即发出语音提示，告知岗位司机及时处理，避免事故扩大。为预防电气工作人员因精力不集中，而导致各类电气事故的发生，张北平特意设计了主动红外栅栏，能够自动提示工作人员时刻注意安全，谨慎操作，降低事故率。他研制的"主动红外栅栏在无人值守电板房的应用"项目被集团公司评为技术创新一等奖，被全煤系统评为职工技术创新合理化建议成果三等奖。

至2009年年底，张北平研制开发的注油式高强度PVC拖辊获海峡两岸职工创新成果展银奖，论文《耙装机液压稳固装置研制与应用》被评为第二届江苏省十大技术创新成果。还有锚杆角度定位仪、筛分楼降噪系统、斜巷绞车安全警语自动提示器、皮带防跑偏装置、刮板运输机紧链器、快速可旋转接头等100多个项目，都是张北平根据煤矿安全生产的实际创新制作的新颖且实用的本安型产品，解决了安全生产上的难题，倾注了张北平同志对矿工的深挚情谊、对企业无比的忠诚和无私的奉献精神。

(2) 作为一名技术顾问，他创新的立足点就是追求效益最大化

根据多年的实践经验，张北平体会到：一个金点子就是一项革新，一项革新成果能够解决安全上的隐患，甚至能创出几百万元的效益。他在担任兴远公司PVC管厂、兴旗机械制造有限公司和兴隆电瓶厂的技术顾问时，全力推进科研成果的转化，取得了较好的经济效益和社会效益。

2006年，旗山矿兴远公司PVC管厂因产品耐压力不足，市场需求锐减，产品销不出去，面对即将关闭的厂房，张北平主动深入市场搞调研，发现PVC管材失去市场，主要是管材的配方有问题。于是，他就在原配方基础上进行反复试验。一次，两次……十次，二十次都失败了，他毫不气馁，带着疑问走访了中国塑料行业理事会，带回来一大堆的建议和资料，接着又是一通不分白天黑夜的试验。“功夫不负有心人”，张北平终于成功研制出高强度PVC管材的新配方和批量生产工艺。新生产的PVC管强力值达3 MPa，完全适应高强度、耐冲压的井下作业环境，广泛取代了铁质水管和风管，市场前景十分广阔。新型PVC管不仅重新赢得了市场，在徐矿集团各矿更替使用，还远销山西等产煤大省。现在每个月销售的高强度PVC管材就有7 000多m，一年可实现销售收入1 000多万元。

在一次下井中，张北平了解到矿上电机车用的蓄电瓶多数是铅酸式电解液，溢流出的电解液容易腐蚀机车体，尤其是充电时挥发出的酸雾，既锈蚀机车、损害电瓶，又伤害职工身体。而且电池的使用寿命也短，一段时间后便不再能满足生产需要，只能当成废旧物品卖掉。张北平主动向有经验的专家、技术人员咨询，到检修车间现场研究。回到技术创新室，再结合煤矿蓄电瓶的特点细细琢磨，调制出了稀硫酸和硅酸溶液的混合液，配成胶体电解溶液，来置换原来的铅酸式电解液。新电瓶装在电机车上一试，机车运行良好，实现了蓄电池充电无酸雾、速度快、放电少、运行时间长、加水频率低、使用周期长的目标。只需投入几十元的成本就可以完成旧电瓶到新电瓶的改造，每年可为矿节约近 16 万元的资金，产品已在徐矿集团全面推广应用。

随着科技的发展，在人们生活中，摄像头、监视器等可视化设备随处可见。这一成熟技术在煤矿企业也得到了广泛的应用，但由于国内防爆监视器还属空白，井下现场可视化一直无法实现，井下现场可视化被徐矿集团列为重点科研课题。“张北平实用技术创新室”主动承担研发任务。在矿用隔爆型监视器研制初期，张北平带领的研究团队必须解决设备抗静电和散热两大技术攻关难题。一次偶然的机会，张北平接触到了南通启东科安防爆电器通讯有限公司的人员，在谈及关键技术的解决方案时，各自的研发优势让张北平创新实验室与南通启东科安防爆电器通讯有限公司签署了共同研发协议。在近一年的研究过程中，张北平几乎试过了国内所有厂家生产的玻璃，历经上百次的失败，抗静电和散热两大技术攻关难题终于被攻克。同时，还先后解决了开关不灵敏、不抗震等问题，对 10 多项不合理的地方进行了改进，增加了信号输出接口，在将视频信号输入监视器的同时输出上传，满足了远距离监控的需要，增添了硬盘录像和画面分割功能。该产品的研制成功，填补了国内井下用大尺寸防爆监视显示终端的一项空白，首次实现了井下场所可视化运行，被职工形象地誉为安全生产的“千里眼”。该设备在2008年4月投入使用后，已在徐矿集团推广使用17套，使用时间超过10 000 h，未发生一起技术事故。兴旗机械制造有限公司负责生产该产品以来，每年创造直接经济效益在50万元以上。

(3) 作为一名高级技师，他创新的落脚点就是打造高绩效团队

“创新室虽然是以自己的名字命名的，但我个人的力量是有限的，我要把创新室办成培养生产一线高技能人才的平台，抓好传帮带，多出创新成果。”张北平说到做到。

张北平注重发挥“实用技术创新室”的平台和团队作用，在采掘、井下辅助、地面辅助各个单位成立了电气、机械、制造、通防、信息、洗运、运输7个研发小组，机电工区、运搬工区、洗选厂、通风工区、皮带工区、物业总公司、PVC管厂、机修厂和电瓶厂等9个场所成为创新室的主要实验基地。基地里有学习资料、有实验器材，使之成为广大科技人员和专业工种人员施展才华和抱负的广阔舞台。

几年来，在张北平的带领下，一大批“张北平式”的优秀人才脱颖而出。旗山矿掘进六区维护员、结队青工卞合振由于善于钻研，工作出色，如今已经被选拔为旗山矿掘进机司机专业工种带头人；结队青工贺广文原是旗山矿掘进一区一名普通的采掘工人，现已成长为一名技术业务素质过硬的维护员，并且取得了“高级技工资格证”；结队青工、旗山矿皮带工区王涛具备技术和管理方面的优势才能，由一名主管技术员被提拔为工区副区长，先后完成了皮带机烟雾报警仿真实验装置、强一减速机冷却系统改造、皮带机自动防跑偏装置等项目；洗选厂机电车间主任郭恒祥在张北平实用技术创新室这个学习型班组中技能提升快，业务精通，群众威信高，被评为“全国煤炭系统优秀班组长”；旗山煤矿还涌现出了全煤系统优秀区队长杨国顺等先进典型。

目前，“张北平效应”在全徐矿集团产生了强大的推动力，庞庄矿“殷春银工作室”、张集矿“鲁顺东机电学习室”、夹河矿“夏伯党团队学习室”等26个以带头人姓名命名的学习创新团队不断涌现，形成了徐矿集团争创学习型企业，争做知识型矿工活动的一道靓丽的风景线。

30. 山寨煤矿液压支架工石全宁成为“蓝领专家”的事迹

他从朴实厚重的黄土高原走来，用与生俱来的吃苦耐劳和勤奋踏实，勤学本领，苦练技艺；他从800 m井下采煤工作面走来，发扬着煤矿工人不惧艰险和迎难而上的可贵品质；他就是华亭煤业集团山寨煤矿综合机械化采煤液压支架工——石全宁。自2006年参加工作以来，石全宁6年如一日，在自己平凡的岗位上，兢兢业业、刻苦钻研，实现了从农民工到矿井液压支架工行当里“蓝领专家”的华丽转身。

(1) 功夫不负有心人，勤学技端上“铁饭碗”

1999年，退伍回家的石全宁外出打工，由于没有任何技术，他只能干些重活、脏活、累活，漂泊几年后，石全宁回到家乡，在华亭煤业集团公司做了一名农民轮换工。2006年，山寨煤矿新井技改扩建完成，采煤工艺发生了重大变革，然而矿上多年落后的炮采工艺使大家对综采工艺一无所知。石全宁和很多同事被派到兄弟单位陈家沟煤矿学习培训，几年的打工经历告诉他，掌握一门精湛的技术极为重要，于是他格外珍惜这次机会。培训中，石全宁白天跟着师傅们学习实践操作，晚上，当别人在打牌、下棋中度过时，他还在认真学习液压支架的结构原理，仔细揣摩液压支架的操作要领，钻研到深夜。功夫不负有心人，不到两个月的时间，他便熟练掌握了液压支架工的操作技能。回来后，他主动请缨担任了山寨煤矿首个综采工作面的液压支架工。

“不看书，不查资料，盯着几千万的现代化设备就只能发呆，没办法，这也是现实给逼出来的。”石全宁指着床头柜上《液压支架构造原理》《液压支架工岗位操作标准》等专业书籍和一摞厚厚的笔记本说道。6 年下来，遇到不懂的技术难题，他便不厌其烦地钻研、求教，光学习笔记就换了 20 多本，字数超过了 8 万字。工友们说："他这个人呀就是有股韧劲，什么困难都不怕，只要认准的东西就要把它给吃透了。"

近年来，不管是岗位工种操作理论考试，还是职业技能大赛、青工技术比武，石全宁总是名列前茅。2010 年 9 月，山寨煤矿综采队的会议室里格外热闹，该矿工会主席专程赶来慰问这位在公司职工职业技能大赛上拔得头筹的技术状元，并奖励现金 5 000 元。"是矿上给了我学习技术的机会，让我把技术学到了手，我只想用踏实的工作作为回报，所以我要为矿井作贡献、争荣誉。"石全宁朴实的话语透出了这位黄土高原汉子淳朴的心灵。

2011 年 8 月，在矿上干了 5 年的石全宁做梦也想不到，自己有朝一日会被转为合同制工人。"此时此刻，我不再感到低人一头。"转换了"身份"的石全宁激动地说。现如今，端上了"铁饭碗"的石全宁已经在县城买了宽敞明亮的商品房，把在乡下的父亲和妻子接到了城里，孩子上学的后顾之忧也解决了。

(2) 人的价值只有在任务中才能展现，挑重担方显"硬本领"

一个人的价值只有在急难险重任务中才能得到全面展现。2007 年 8 月，山寨煤矿第一个综采工作面——1101 综采工作面开始回撤。面对回撤技术不熟练、经验欠缺的实际和工作面两顺槽顶板下沉、底鼓严重等难题，作为液压支架工的石全宁充分发挥技术骨干的先锋模范作用，遇到被巷道卡压的支架时，他和其他职工一起挑顶、扩帮、起底、打∏形钢梁，20 多个小时过去了，工友们换了一班又一班，他还坚守在岗位上，由于绝大部分工友对回撤支架掌握不到位、不熟练，移架的重任只能交给他。他一边移架，一边发挥着"传、帮、带"的作用，给年轻职工讲授移架的经验和技巧。凭着过硬的本领、熟练的技艺，90 余副支架在他的"指挥"下，安全、顺利、高效地一副副撤出了综采工作面。刚撤完支架，1102 工作面就开始安装，为了提高安装效率，石全宁边安装边调试，十五六个小时的班一连上了 40 多天，在他的带领下队上先后克服了安装设备庞大、作业空间狭小、移架速度缓慢等实际困难，经过 56 天的艰辛努力，综采队提前 5 天完成了工作面的回撤和搬迁任务，石全宁所在的班组更是创造了单班 10 h 安装 12 副液压支架的矿井纪录，石全宁却瘦了一大圈。

"石全宁，人机灵，勤快，干活有眼色，有责任心，是个好小伙!"说起石全宁，带他 6 年的副队长兰哈克很是自豪，尽管兰哈克带过很多人，但说起石全宁，眼神里透出的总是赞赏。"每天移动端头液压支架这个'高难度'活都是石全宁操作，别人我不放心，这大家伙不是人人都能'玩转'的，能移端头液压支架的人，首先要熟练掌握基本架的移动技术，其次还要有'大局意识'，移架时需要前后兼顾，左右手同步协调动作，如果一个动作要领做不好，就会造成采煤机上的电缆被损伤或压断，不仅会影响生产，还会造成巨大的损失。"在工作中，石全宁除了移动端头液压支架外，每个班还要移 110 副基本支架，每次移架前都要清除架前的障碍物，检查支架间的管线是否在合理位置，确认无误后再眼手互动，按照"快、匀、够、正、直、稳、严、净"的操作要领进行操作，自参加工作以来，他先后参与了 4 个综采工作面的安装、3 个综采工作面的搬迁任务，经他移过的支架超过了 15 万副（次），没有出现过一次差错。

(3) 凭着过硬的技术功底，善攻关解决"大难题"

石全宁对工作的热心和用心在综采队是出了名的，他认定的东西就一定要干出一个名堂。刚到综采队液压支架工岗位时，因工作面端头支架后架的两根推移千斤顶 4 条高压胶管布置分散、零乱，会经常被大炭砸到或被托梁、锚杆钩挂，造成高压胶管破裂，端头支架不能正常推进，每更换一次需 2 个多小时，一个月少则换 2 次，多则换 3 次。石全宁看在眼里、急在心里，连续一周除了正常上班外，剩下的时间就在宿舍里琢磨解决的办法。思来想去，他提出把管路顺着缸体布置，在缸体接头处用弯头连接后，用铁丝将高压胶管朝老塘方向顺着缸体进行绑扎，上下煤帮管路在后架过梁处绑成一束，并埋在浮煤下，彻底解决了问题，每年可为矿井挽回间接经济损失 30 多万元。

2008 年，山寨煤矿上了一套新的综采设备，经常会碰到综采端头支架前架两根油缸的管接头被大炭砸坏，造成油缸无法供液，使端头支架不能正常推移，影响生产的情况，每更换一次油缸需 3 天时间，平均每季度更换 1 次。由于对新设备的生疏，谁也不敢轻举妄动，可以说是一筹莫展。但石全宁不信邪，凭着过硬的技术功底和对液压系统构造原理的熟知，他在端头支架底座上改造油缸底座，调整油缸方向，把液压支架油缸的供液出口方向朝煤流方向进行了合理调整，彻底解决了“病症”，每年为矿上节约材料费用 110 多万元。近年来，石全宁参与和完成的“五小”成果和技术革新项目多达 30 多项。其中“端头液压支架立柱与底座连接的小改进”荣获该矿“五小成果”二等奖，“ZF6200/17/30 型液压支架前推杆的改造”荣获华亭煤业公司“五小成果”二等奖。

短暂的 6 年时间，石全宁从一个普通的农民工成长为一名煤矿综采液压支架工的“蓝领专家”，付出了常人难以想象的艰辛。6 年来，他先后被授予“甘肃省 2010 年度岗位技术能手”“甘肃省 2011 年度青年岗位能手”“全国青年岗位技术能手”等荣誉称号。他是新时期矿工认真学习新知识，刻苦钻研新技术，掌握新技能，不断创新，用新知识、新技术思考和解决问题的典范；是现代矿工在普通的工作岗位上实现自身价值，谱写华美人生乐章的榜样。

31. 上海电力安装二公司焊工田静成为焊接高级技师的事迹

田静是一名 80 后，1983 年生于上海市闸北区，2001 年 9 月进入上海电力安装第二工程公司成为焊工，后于 2008 年 7 月作为“人才引进”进入华能上海电力检修公司锅炉电焊班工作。几年来，他先后参加了外高桥三期 100 W 机组、常州国电 60 W 机组、华能太仓电厂 60 W 机组等国内大型发电机组的工程建设。无论是训练还是日常施工，他都一丝不苟，始终以精品标准严格要求自己。其施焊的项目多次被公司评为精品焊口。2005 年，他代表公司参加上海市电力行业焊工比赛，一举夺得第一名，2005 年 10 月，获得焊接技师证书。2006 年，他被评为上海市技术能手，2008 年，获得华能全国焊接比赛个人第二名，被评为“央企技术能手”，10 月获得焊接高级技师证书。

（1）不娇气肯吃苦，练就一手过硬的技术

在田静的身上，有着一股子韧劲。虽然原来在学校就是学习焊接这个专业的，但学校的知识毕竟有限。田静工作的二公司，高手焊工比比皆是，他处处留心高手们的操作方法，做到脑勤、耳勤、嘴勤、手勤、腿勤。在一批 80 后的新职工中，不娇气、肯吃苦的田静很快便脱颖而出，掌握了电焊的焊接要领。可是光这些是远远不够的，“我爱这行，想把这行干好。”凭着这个信念，10 年来，田静潜心钻研和磨炼焊接技术。为了练蹲姿，在家里，放着好好的沙发不座，偏要蹲着，就连吃饭、看电视也不例外。为了练稳定，练臂力，他把小砖块、小铁块挂在焊枪上，比比划划，胳膊练得又红又肿。为了达到心与手的协调，他找来画板画上各种形状的曲线，用老虎钳夹着铅笔走线。为了强化技术，在平时的工作中，啥活都抢着干，因为他知道现场的实际操作是一次次绝佳的锻炼机会，是能尽快认识、熟悉设备的最佳途径。为了掌握更新技术工艺，他自费购买书籍和订阅杂志。一有空就“啃”，一有时间就练。别人聚在一起热闹，他却抱着书本躲在一边做笔记。长时间的练习，他的眼睛被电焊弧光刺得又红又肿，流泪不止，疼得像针扎一样，胳膊、脚面、身上到处伤痕累累，旧的没有好，又添上新的。这期间，烧破多少件衣服，连田静自己都说不清了。不理解者，还戏称他是“电焊疯子”。

由于田静把全部精力都集中在电焊上，先后谈的两个女朋友都离他而去，可他却一点也不在乎，他说："以知识报效祖国，以技术回报电力事业，是我不变的信念。作为一个普通工人，首先必须练就一手过硬的技术，没有过硬的技术，报效祖国，热爱电力事业就是一句空话。"

凭着这股坚韧不拔的劲儿，进公司短短10年的田静已经怀揣一身焊接绝活，电焊、氩弧焊、全氩、半氩……他无一不精。低合金钢、高合金钢、不锈钢、P92、小口径管、大口径管，无一不手到擒来。一个好焊工应该具备的蹲要实、手要稳、摇摆均匀、焊缝美观的扎实功底，都在他这儿得到了体现。干的活越来越漂亮，技术日趋成熟，焊接足迹遍布各地，各大电厂的建设见证了他的成长。

(2) 爱动脑子下工夫，创新凝于智慧

田静是个爱动脑子的人，有时候还有点小聪明。他的那些"小聪明"、土方法一直被同事们津津乐道。他深深记得自己师傅对他说的一句话："干电焊，会干易，干好难，干好电焊，可不是光凭着一股子猛劲就能干好的。"2008年在太仓电厂省煤器改造工程中，虽然管子并不难焊，但因为密密麻麻的管道部署，空间狭窄，有的地方人都站不起来，只能蹲着甚至躺着施焊，他耐着性子和同事们一起一个焊口一个焊口地处理。对被设备挡在里面的焊口，就琢磨出了用镜子照，把焊条折弯，或用左手等土方法施焊。几百个焊口的硬骨头终于啃了下来，经过一次透视，合格率高达99.6%。这样的成绩更加坚定了他的信心。

然而接下来发生的事远远出乎他的意料。在一个工程中，甲方X光机的第一轮检测结果显示：每道焊口上都爬着密密麻麻、丑陋不堪的小气孔，合格率不及20%。这个结果无疑给了这个年轻小伙当头一棒。甲方负责人发脾气了，指着田静说："你们到底会不会焊？你们就这水平？误了工期，你们要负全部责任！"性格倔强的田静脸刷地红了："你们放心，不是金刚钻，就不揽你这瓷器活，既然我们来了，就一定给你们一个交代!”田静暗暗发誓：一定要把问题的根源找出来！他坚信技术上绝对没有问题，但症结出在哪儿呢?

这座南方城市属于闷热潮湿型气候，焊接过程中药皮容易受潮，导致出现气孔、夹渣等问题。为此。他反复验证，但问题依然未能解决。那几天，他吃不下饭，睡不着觉，走路想，睡觉想，他甚至自己掏钱到书店购买相关资料，希望可以找到答案。功夫不负有心人，冥思苦想中，他终于找出 3 个疑点：甲方提供的氩气纯度是否达标？氩气胶管漏不漏气？焊丝是否符合母材标准？通过反复实验，逐个排查，终于在更换氩气后焊口一次成功，合格率达到了 99%。田静控制不住内心的激动，一蹦三尺高，他终于给了甲方一个交代，也替公司找回了信誉。

(3) 锲而不舍打磨自己，追求永无止境

10 年的岁月里，他锲而不舍地打磨着自己，一次次的成功与失败，一次次的拼搏与等待，洗尽铅华的他像一块被乱石包裹的璞玉，终于显现出耀眼的本色。在获得了技师资格后，他想要向着更高的山峰攀登。2008 年成了田静人生的转折点，他被评为“央企技术能手”，于 10 月拿到了焊接高级技师的资质证书。

回想往事，一幕幕就在眼前：七八月的大伏天，正是最热的季节，外面的温度高达三十七八度，加上电焊发出的高温高热，其温度可想而知，刚完成试件的打磨工作，工作服就已经湿透了。其他集训的学员每天最多练两套试件，双手一抱就能走了，而田静则推着满满一架子车试件往自己的工位拉运。培训班的教练开玩笑说：“这田静哪是来集训的，分明是来寻仇的，幸亏只有他一个，要是多几个像他这样的学员，我们可是要赔得砸锅卖铁了。”在一次次的练习中，在反复的推敲、摸索中，田静终于找出最佳的焊接电流、电压和角度，平时存在的问题迎刃而解了，而田静却整整瘦了 8 斤！这一本本证书，这一张张奖状，让他走上了焊接这个行业的最高平台。当人们向他祝福时都知道，这些成绩不是偶然的，而是辛勤努力的结果。

好技术是焊条烧出来的，更是汗水浇出来的，这是田静多年来在实践中拼命学习、刻苦钻研的体会，也是他人生之路的真实写照。

32. 天铁石灰石矿付翠灵从普通操作工人成长为专家的事迹

付翠灵是天津天铁冶金集团公司石灰石矿活性石灰车间煅烧组工段长，同时负责冶金石灰气烧竖窑的工艺调整工作。几年来，他以求真务实的工作态度，刻苦实干的工作作风，钻研业务，在工作中积累了丰富的经验，干一行、爱一行、钻一行，他迅速由一名煅烧冶金石灰的门外汉成长为技术骨干。“宝剑锋从磨砺出”是对他最好的写照。

（1）平凡岗位作出不平凡的成绩，是光环围绕的普通人

在科技高速发展的今天，工人岗位是一个平凡的岗位。但同是平凡，付翠灵却作出了不平凡的成绩。

煅烧活性石灰对于石矿是个全新的课题，自投产以来，出现炉况不顺、生过烧率高，还经常发生结瘤现象，质量和产量都在低水平徘徊。针对这种情况，石灰石矿成立了技术攻关小组，付翠灵成为其中的一员。虽然付翠灵的文化程度不高，但他有一股巨大的韧劲和钻劲，他深信通过自己的努力，一定能在工艺上取得成绩。为此，一方面，他加强理论学习，对煤气的知识，石灰的物理、化学性质等相关理论知识反复研究，加深理解。另一方面，坚持深入现场。他把炉况的变化记在一个小本上，并对压力、温度、流量、石灰质量进行对照分析，在实践中不断探索前进。

他就这样在干中学，在学中干，边干边学。通过努力，他掌握了竖窑煅烧石灰的理论知识和实践经验，并在气烧冶金石灰控制方面摸索出了一套切实可行的办法。几年来，付翠灵多次荣获厂级、公司级先进工作者，2003 年被授予天铁集团技术创新明星的称号，2004 年被评为二星级青年岗位能手，2006 年被石矿授予首席员工称号。他所带的煅烧组从 2002 年起连续三年荣获集团公司先进集体。

一名普普通通的工人，释放出夺目的光彩。身披光环的付翠灵依然保持着纯朴扎实的工作作风，依然保持着一个普通劳动者的本色。

(2) 不断解决生产中的难题，做技术过硬的领班人

付翠灵是一个有心人，也是一个善于总结经验的人，几年的耳濡目染、日积月累，使他成为大家的“主心骨”。在活性石灰生产过程中，他经常根据经验结合现场的实际情况，向领导提出建议、献计献策，配合领导带领职工尽快完成工作。

煅烧石灰的主要技术难题表现在炉壁效应和炉内热量分布不均匀造成偏窑、经常结瘤等方面。在有效减少炉壁效应的课题上，付翠灵根据生产的实际情况和煤气烧嘴的内部结构，结合煤气压力偏低的特点，大胆地提出改变原设计的工艺参数，对烧嘴进行优化改造，并提出相应的改造方案。采用提高煤气压力，提高煤气流量，改变烧嘴结构，把烧嘴喷口截面积减少 1/3 的方法，使煤气压力流量匹配趋向均衡，提高了烧嘴的穿透力。通过这次改造，有效地减小了炉壁效应。加长了火焰燃烧长度，减小了因煤气压力不足，造成中心部位生烧的影响，使活性石灰的生烧率从 8%～10%降低到 3%～4%。同时，结瘤现象得到了有效遏制。产品 CaO 含量上升至 85%，单炉日产突破 200 t，真正意义上实现了利用系数突破 1 的好成绩。

在化解偏窑的技术难题上，因国内目前无矩形竖窑煅烧石灰的理论经验，付翠灵通过不断总结和摸索，终于得出造成偏窑的主要原因是受热不均和出料不同步。找出症结后，他提出改造上料系统，保证高净度和高纯度的石灰石入炉。通过观察炉内温度分布情况，对单个烧嘴进行调整使其达到在同一断面上的供热量趋于平衡；再通过对出料机行程的调整保证料位均匀下移，使物料受热和冷却趋于合理。

在活性石灰二期、三期工程竣工后，付翠灵参加了开炉工作。针对一期工程开炉中出现的问题，他提出改焦炭开炉为木柴开炉，同时在开炉过程中通过控制煤气流量、风气配比和炉内的燃烧状态控制升温曲线，保证炉温按要求逐步上升，取得了良好的效果，严格按要求实现了由开窑、烘窑到达产、顺产的过渡。

煅烧冶金石灰的控制手段很少，控制的力度很难把握，行内人形象地把煅烧石灰比喻成走钢丝，向左向右稍有偏移，都会造成很坏的结果。付翠灵能够根据工艺参数的变化，正确地分析出炉况的变化，并针对不同炉况制定不同的控制参数，拿出正确的控制方法，稳定炉况，使石灰质量不断提高。“有问题找付翠灵”，可以说是对一名工人的高度评价。作为技术工人，能够及时解决生产中出现的各种问题，是他平时努力的结果。

(3) 积极进行工艺及设备改造，做技改发展的创新人

由于活性石灰矩形气烧竖窑是新工艺、新配置，存在着许多与生产不符的地方。加上五座竖窑分三期建成，在生产衔接的各个环节存在许多不尽如人意的地方，这些都制约了生产的正常组织。在车间的统一领导下，付翠灵带领煅烧组职工积极进行工艺及设备改造，几年下来，煅烧系统、引风系统、输送系统、上料系统都进行了规范改进，极大地提高了竖窑的作业时间。

5# 炉煅烧 20～40 mm 的小粒度石灰石，石矿成立了 5# 窑煅烧小粒度石灰石攻关小组。付翠灵作为其中的一员，深知肩负重任，他通过学习煅烧石灰的有关知识，并收集现场有关数据，进行对照分析，逐步理顺了炉内压力和石灰石分解压力的关系。他带领班组职工通过控制原料粒度级差，减少了入炉原料的含粉量，增加了窑内物料的孔隙率。使燃料分布更均匀，并对窑内的燃烧过程进行了有效的限制。因此，窑内温度更均匀，三带更合理。通过全班组的共同努力，小粒度攻关取得了圆满成功。20～40 mm 小粒度的煅烧成功，标志着他们的整体操作水平居于国内领先水平，填补了竖窑煅烧小粒度的技术空白，提高了矿山的利用率。

2005 年 8 月，他参加了石矿在新兴铸管的回转窑煅烧工业试验。

在工业试验中他初步了解了回转窑的煅烧工艺和正常生产时的工作要点，以及回转窑出现的故障和处理方法。他根据回转窑的筛粉工艺，结合车间实际情况，参与制定了竖窑窑前筛粉改造方案，对5#、4#、3#、1#、2#窑的炉前筛分加了一级电振给料机，将给料、筛粉分开，降低料层厚度，达到了更好的筛分效果，为进一步提高活性石灰质量奠定了基础。

多年以来，付翠灵以饱满的热情，始终站在岗位技术的前沿，实现了从操作型工人到知识型工人，进而成长为专家型工人的转变。他认为，一个人要有自己的使命感，要把自己的价值体现为有所作为。一心为企业，潜心作贡献，良好的从业心态树立了他“站着是根柱，横着是根梁”的职业道德形象。（牛芙菁）

33. 东风汽车公司朝柴公司人称“补焊大王”左宝峰的事迹

说起左宝峰，很多人都会佩服地伸出大拇指，一个字：“服”。左宝峰自参加工作以来，在补焊岗位上一干就是30来年，人们亲切地称他为“补焊大王”。

左宝峰刻苦钻研技术，大胆实践，攻破了多项补焊技术难关。别人想不到的办法他想到了，别人解决不了的问题他能解决。多年来，通过技术创新及采用独特的补焊方法，他补焊缸体和各种模具、设备，为公司减少经济损失800多万元。尤其近5年来，左宝峰完成大大小小的技术创新项目30多项，他独创的紫铜棒焊接法、镶复焊接法现已在朝柴公司全面推广。

一次，朝柴公司铸造一厂电弧炉短路把2号、3号电极孔击漏，其中3号电极孔有长120 mm、宽70 mm的大口子。炉内有几吨高温铁水，电极孔又转不到炉壁外边来，给补焊工作带来很大困难。但是不补焊铁水就无法继续熔化。在这种情况下，左宝峰决定面对高温补焊。他把棉门帘子浇上水披在身上，但头上的炉盖、炉内的铁水仍烤得他嗓子发干，左宝峰以顽强的毅力坚持了1 h，补焊完毕，一次试压成功。

一年冬天，朝阳市民航机场价值80多万元的跑道扫雪机车发动机机体冻裂，如不及时修复，民航班机就无法起飞和降落，民航领导心急如焚。后来他们慕名向朝柴公司求援，左宝峰迅速赶到现场，经检查，发动机机体的裂纹长400 mm，由于是特种车型，机体和底盘之间距离不足200 mm，而且冬季气温低，露天作业，难度非常大。左宝峰想尽一切办法清理了裂纹附近的污垢，将焊条断开使用，经过3 h的艰苦奋战，修复了这台发动机。机场领导和工人被左宝峰高超的技艺和高尚的品格折服，交口称赞朝柴工人一流的技术、一流的服务。

左宝峰工作30年来，有很多机会离开补焊这个又脏又累又危险的岗位，但他坚守补焊岗位，把自己高超的技术毫无保留地传授给弟子。他有5个徒弟，大徒弟孙喜军多次荣获公司质量标兵称号，赴日本日产柴公司参加研修；还有两名徒弟当上了班长，另外两名徒弟晋升为助理技师，在技术上都成为独当一面的好手。现在“左家军”已成为朝柴补焊质量高、技术过硬、纪律严明的模范班组。

多年来，左宝峰获得过很多荣誉，但他把荣誉和金钱却看得很淡，公司每次给他的奖金，他说什么也不要，多次捐给幼儿园、灾区和贫困职工。1998年，我国长江、嫩江、松花江流域发生特大洪水，左宝峰捐献了550元；2002年，朝阳地区遭受旱灾，生活俭朴、舍不得给自己买衣服的左宝峰，购买800元衣物捐给了灾民。每年高温假期间，朝柴公司都组织劳模去外地健康疗养，10年间左宝峰只参加过三次，其余时间都在厂里义务加班。他还多次向各级领导提出，把荣誉让给那些年轻的、有突出贡献的生产一线工人和科技人员。

左宝峰以人格魅力和无私的情怀赢得了广大员工的尊重，1994—2003年，左宝峰连续10年分别被授予朝柴公司劳动模范、特等劳动模范和模范共产党员称号；1999年4月，被评为辽宁省劳动模范；2000年8月，被东风汽车公司授予突出贡献技师称号；2003

年，获全国五一劳动奖章。

34. 衡阳工务段被人们誉为“钢轨神探”吴常忠的先进事迹

吴常忠是湖南衡阳工务段的探伤工，干这项工作已经整整 30 个春秋了。30 年来，他和职工们一起推着探伤仪，奔波在京广、湘桂铁路大动脉上，步行了 3 万多 km，实现了连续安全生产 10 978 天无任何事故的好成绩，先后 3 次被广铁集团评为“技术能手”。因此，职工们都佩服地夸他是“钢轨神探”。

吴常忠究竟“神”在哪里?

探伤是工务系统的一项技术性较强的工作。从事这项工作除了要具备高度的责任心外，还必须拥有良好的业务素质和心理素质，讲究“精、细、勤”三个字。精是指精通业务知识，不误判；细是指检查细致入微，不漏检；勤是指落实探伤周期，加强伤损动态监控。

吴常忠的“神”主要体现在“细、精、勤”三个字上。别看他是个壮汉，工作却很细心，细到了线路上的每一寸钢轨、每一个螺栓、每一个接头都不放过。1999 年 10 月的一天，吴常忠在京广线新霞流车站附近区段作业，当天他负责手工检查，在经过一根 25 m 的长钢轨时，仪器发出了异常报警，负责推仪器的职工简单查看了一下，认为是轨底锈蚀，不以为然。但他却用铁锤仔细敲击，发现铁锤的回弹力度不够，认定应该有伤损存在，于是叫回同事推着仪器重新检查。经过仔细复查后，在钢轨底部发现了一条 18 mm 长的纵向裂纹。他马上通知工区进行了更换，消灭了隐患，保证了线路畅通。

吴常忠的“神”，神在对业务技术的“精”。他的业务技术精通在段内是无人不晓的，任何难探的伤都难逃他的“火眼金睛”。

2001 年 3 月 16 日，吴常忠在湘桂线谭子山至三塘区间道岔检查时，忽然听到探伤仪的报警声，他马上叫住继续往前探测的职工。那位探伤工满不在乎地说道：“没事，可能是探头偏了点。”可他却飞步冲上前去，硬拉着那位探伤工往后退，并说："这是小腰部位，易产生纵向裂纹，不可大意。"果然，在吴常忠的细心检查下，在报警处发现一条长约 60 cm 的纵向裂纹，他马上写清了事发地点，分析了原因，整理了资料，通知了工区，在 1 h 内进行了更换。一个可能导致重大事故的隐患，就这样被吴常忠及时消除了。

2001 年 8 月 12 日，在湘桂线湘江桥西头进行桥上探伤作业时，吴常忠听到探测仪的警报声，便立即拿出反光镜、卡尺，对桥上的钢轨进行全方位探测，终于在钢轨中间偏下部发现了一条长达 190 mm 的螺栓孔裂纹，而这种裂纹正是探伤工作的难点，这一次他又没让"猎物"从他的身边溜过。长吁了一口气后，他马上写清了事发地点，分析了原因，通知工区更换。

吴常忠的"神"，还神在对工作的"勤"。他常说："一千次回检复查，只要有一次发现了问题，就值!"湘桂线永州站 12 道由于两边都是高月台，而且又长年压车，一直是探伤的冷门死角。2000 年 7 月的一天，他在永州站作业，那天 12 道正好没压车，虽然 12 道不是当天的任务，但他坚持去探伤，结果准确地发现了 3 处裂纹。一个刚从学校分配来的新职工佩服地说："吴师傅，您简直就是'黑猫警长'。"

湖南衡阳工务段探伤工的工作场所在流动的千里铁道线上，担负着全段管辖的 680 km 线路、890 组道岔的探伤任务。日出而作，日落而息，在京广、湘桂线上走了 30 个春秋的吴常忠已探出各类伤损 693 处。在线路上有多少根钢轨，每根钢轨的位置、尺寸，道岔的分布，哪里是重点处所，哪里是病害易发地段，他都已记在厚厚的日记本里，深深印在脑子里，难怪人们要称他为"钢轨神探"。

企业优秀技术能手事迹与做法评述

手艺是什么？手艺即是技术、能力或者本领。在过去的传统社会和现在的当代社会中，手艺历来受到人们的重视和推崇。手艺为什么值钱？因为它是谋求生活来源、实现劳动致富不可缺少的能力。

在民间流传着“一着鲜，吃遍天”的说法，给予了手艺很高的评价。在市场经济条件下，有手艺的人从事的是技术工作，劳动效率高，得到的收入也多，并且就业机会多，总能被雇用。而缺乏手艺的人只能从事普通的、力所能及的工作。在一个企业从事一项具体的工作，需要认真学习，深入钻研技术，掌握操作技能技巧，成为技术能手，这样不仅有利于自己，也有利于企业。许多普通职工成为技术能手的事例，很好地说明了这一点。

（1）值钱的是手艺

能够获得拿得出手的手艺，得益于认真学习，精益求精。精益求精，就是好上加好。在学习技术上，许多人往往是浅尝辄止，应付考试，不愿意精益求精，这也就影响了手艺的掌握和深化。

有这样一个事例很有意思。

大凡想到美国定居的人，都想早一点拿到绿卡，但是想拿到绿卡却并不容易。美国是一个十分注重效率和功利的国家，只有对美国的社会经济发展有益，美国才会接纳你。在美国拿绿卡，只有两种人比较容易：一种是来美国投资，有助于美国人就业的人；另一种是有技术专长的人，能够促进科学技术的进步，或者能够满足社会需求。

在美国移民局，有人亲眼目睹了这样一件事，从而更深刻地理解了美国，也认识到一技之长的优势。他在美国移民局申请绿卡的时候，遇到一位来自中国的中年妇女，从她被晒成古铜色的皮肤和着装来看，可以断定是一位农民。出于好奇，他上前和她搭话，一问才知，她来自中国北方农村，因为女儿在美国，才申请来美。她只读完小学，汉语都表达不好。可就是这样一位英语只会说“你好”“再见”的中国农村妇女，也在申请绿卡。她申报的理由是有“技术专长”，这让人有些匪夷所思。

轮到她了，移民官员看了她的申请表，疑惑地问她：“你会什么?”她回答说：“我会剪纸画。”说着，她从包里拿出一把剪刀，轻巧地在一张彩色亮纸上飞舞，不到 3 min，就剪出一群栩栩如生的各种动物的图案。

美国移民官员瞪大眼睛，像看变戏法似地看着这些美丽的剪纸画，竖起拇指，连声赞叹。这时，她从包里拿出一张报纸，说："这是中国《农民日报》刊登的我的剪纸画。"

美国移民官员一边看，一边连连点头，说："OK。"

她就这么"OK"了，顺利地取得了美国的绿卡。这让旁边和她一起申请而被拒绝的人又羡慕又嫉妒。

这就是美国。你可以不会管理，可以不懂金融，可以不会使用计算机，甚至可以不会英语，但是，你不能什么都不会，你必须得会一样，你要竭尽全力把它做到极致，这样，你就会永远"OK"了！

如果有人问你：你有哪样技术可以拿得出手呢？你该如何回答呢？是呀，扪心自问：在企业工作多年，在人生的道路上生存多年，经历过几十个风风雨雨、春夏秋冬，自己有哪样技术可以拿得出手呢？这样扪心自问，你会因为没有哪样技术拿得出手而感到羞惭，也会因为有一样技术拿得出手而感到自豪。俗话说得好：纵有家财万贯，不如薄技在身，实际上也是这个道理。

(2) 安全生产技术同样是"手艺"

日常讲的安全技术本领，是指安全生产技术或者安全生产能力。安全生产技术，也可以说成是安全生产手艺，有其不可忽视的价值，其重要作用已成为人们的共识。

对于企业来讲，企业雇用外包队或临时工，首先应审查安全生产资质，安全生产资质差的决不雇用。这里所说的安全生产资质，即安全生产资格和素质。安全生产素质是安全生产意识、技术和能力的总称。缺乏安全生产资质，不论是单位还是个人都是不值钱的。在建筑施工企业参加投标竞争项目时，安全生产资质如何，也是决定能否中标的一个必要条件。所以，长期保持安全生产记录的企业，在其他条件同等的状态下，就能一举夺标；而一些企业事故频发，每每因为安全生产资质不符合投资方的要求而败下阵来，这已成为不可抗拒的客观规律。项目无从获得，企业就断了生存与发展的经济来源，被关停并转在所难免。

对于个人来讲，缺乏安全意识，对危险因素不注意防范，很容易导致事故的发生，但有了防范意识、安全意识，却不用心学习和掌握安全技术本领，也难以有效地预防各种事故。并且，不用心学习和掌握安全技术本领，也正是缺乏防范意识的外在表现。

(3) 不断学习不懈努力终有回报

安全生产技术本领不是从天上掉下来的，也不是头脑里固有的，是人们经过学习和实践，不断增长见识而积累起来的。

作为一名企业职工，从小学学到中专或者大学毕业，进入企业之后又要持续地学习和深造，这无外乎都是在学习和掌握从事本职工作所需要的业务技术本领。技术本领高强，就能保证本职工作顺利地完成，创造更多的经济效益；反之，技术本领低下，本职工作是难以完成的。从事本职工作所需要的技术本领，其内容是多方面的，包括熟悉做好本职工作应知应会的基础知识，熟悉做好本职工作的操作秩序和方法，熟悉做好本职工作应达到的规范和标准，熟悉做好本职工作应尽到的责任和义务等。这其中，许多方面的内容都包含熟悉保护自身和他人不受伤害的安全本领。值得提出的是，在理解本领的时候，有时仅仅把它理解为专业技术本领，而忘记了它所应该包含的安全专业技术本领是不对的。例如，有的职工在进入企业之后，参加“三级安全教育”不够积极主动，有的竟认为“没啥必要，是多此一举”，直到独立参加作业后，每每发生违章操作，对危险点也缺乏足够的控制能力，才知道安全的重要性。缺乏安全技术本领如同缺乏生产本领一样，不但自身安全失去了强有力的保护，而且也无法顺利地完成生产任务。因此，应像刻苦钻研生产本领那样去刻苦钻研安全技术本领。

（四）企业优秀安全员事迹与做法

35. 九江石化公司安全员杨竹青严细管理杜绝事故的做法

杨竹青是中国石化股份有限公司九江石化公司催化车间的安全员，自 1978 年参加工作以来，30 多年如一日扎根基层，埋头耕耘在生产一线，亲身经历了九江石化的 3 次创业。他作风踏实，工作态度认真、负责，为确保生产装置安全稳定地运行，付出了大量的心血和汗水。

在杨竹青的参与、管理下，九江石化公司催化车间安全管理水平处于公司前列，车间实现了连续 15 年没有发生上报公司轻微级及以上事故的好成绩。杨竹青被领导和同事们誉为“装置安全生产的守护者”，多次荣获公司先进工作者、公司安全管理能手、公司优秀共产党员等称号，被中国石化股份有限公司授予 2008 年年度“中国石化百名安全卫士”荣誉称号。

(1) 加班加点，毫无怨言

担任催化车间安全员 18 年来，杨竹青始终恪守着“一切为保障装置安全生产”的承诺，严格执行各项安全管理规定，强化安全管理体系，并积累了丰富的安全管理经验。

他习惯了每天深入装置现场巡回检查设备隐患，每当装置运行达到一个新的纪录时，他的心中就会产生出一种成就感和自豪感。不论面对的安全管理工作难度有多大，安全生产压力有多大，杨竹青一直充满激情地工作着。只要是装置出现故障，需要紧急抢修，杨竹青都会在第一时间赶到现场，积极参与故障隐患处理，进行风险评估、危害识别，落实各项安全防范措施，加班加点，毫无怨言。

据不完全统计，2008 年他加班 120 多次，加班时间累计达 400 h。由于加班频繁，几年来他从没有休过工龄假。提起这些事，他一点也不觉得委屈，还说：“装置完好可是关系安全生产的大事，我少休息点算得了什么啊!”

(2) 英勇抢险，屡立战功

2008年，杨竹青发现和处理各类隐患350多项，他在排除隐患的过程中总是冲在最前面，将一次次险象环生的事故隐患化险为夷，多次成功地避免了生产装置的非计划停工，为企业挽回了巨大的经济损失，为生产装置的安全稳定运行作出了重要的贡献，赢得了领导和同事们的信赖和赞誉。

2008年5月18日，天还没亮，许多人还未从睡梦中醒来，九江石化催化车间却悄然掀起了一场与高温油浆泄漏的搏击大战。当时，突如其来的一声爆响，惊动了正在现场巡检的杨竹青。不好！杨竹青随即发现重油泵区有大量高温油浆外泄，整个装置笼罩在一片浓重的油气之中，随时可能自燃着火，情况十分紧急。

根据高温油浆外喷声音传来的方向，杨竹青很快判断出泄漏点在油浆泵预热管线处。弥漫的高温油气就像一颗随时都可能被引爆的炸弹。怎么办？此时，他不顾个人安危，冲进油气浓烟之中，由于空气稀少，进去后他感到呼吸困难，但他冒着生命危险，及时找到并关闭了油浆泵电机现场操作柱的电源开关，仅用1 min的时间就使外泄油浆得到有效控制，避免了一起高温油浆外泄导致火灾爆炸的重大事故。

2009年5月7日19时，年产100万t二套催化裂化装置主风机烟机入口大烟道闸阀法兰大盖密封面焊缝出现裂纹，导致高温高压烟气泄漏，影响二套催化装置的安全生产，情况万分危急。670℃的烟气泄漏时发出了刺耳的轰鸣声，烟机闸阀法兰大盖直径达1 100 mm，如果裂纹因高温高压继续扩大，后果将不堪设想。

杨竹青立即带领抢险队员投入抢险战斗，他们冒着高温烘烤和刺鼻的烟气轮番上阵，紧固阀门大盖螺栓，对裂纹两端进行补焊，有效地阻止了裂纹继续扩展。在法兰大盖密封面焊缝两端焊接挡板与面板，然后实施带压包盒子注胶堵漏，经过连续6个多小时的紧张抢险，成功堵住了漏点，保障了二套催化装置安全平稳生产。

(3) 严细管理，杜绝事故

中国石化九江石化公司是江西省内唯一的炼油、化肥、化工配套生产的国有特大型石油化工企业，具有年产 650 万 t 原油综合加工能力，属于典型的石油化工流程工业，而流程工业最大的特点是生产过程的连续性。石化企业生产具有高温、高压、易燃、易爆、有毒、有害等特点，给安全管理带来了很大的难度。

杨竹青高中毕业，学历并不高，他在提高车间安全生产管理水平上，总结出的经验是“三多”，即多上网浏览安全管理经验；多去新华书店和图书馆看书，掌握安全管理的新动向；多和其他安全员沟通，听取别人在安全管理上的高招。

杨竹青不断充实和完善自己，积累了丰富的安全管理经验。他认为对设备合理的操作使用和维护保养，是保障生产装置安全、稳定运转的有效手段。他在催化车间倡导推行“TPM——全员生产维护制”，对设备进行规范化安全管理。杨竹青参与制定了“机、电、仪、操、管”全员参加的设备安全运行管理作业规范，工艺操作人员严格遵守操作规程，认真执行操作指标，正确操作使用设备，使设备不超温、超压、超负荷运行。另外，他所在的车间严格按照各岗位责任制的要求，加强设备巡检，做到台台设备实行操作人员和维修人员的包机制，备用设备保持完好，关键设备实行各工种人员联合承包的“特级维护”，共同做好设备的维护保养，逐步形成规范的闭环设备安全管理体系。在他的努力下，设备的可靠性和完好率提高了，设备的故障率和生产装置的非计划停工也大幅度降低。

2009 年 3 月，九江石化公司年产 100 万 t 二套催化裂化装置及化肥装置停工检修全面展开，催化装置连续运行了 4 年多未检修，共有检修项目 1 186 项，其中重点检修项目有 50 多项。此次检修具有检修范围广、时间紧、项目多、技术要求高、高空立体交叉作业多、参检单位多等特点。二套催化装置停工 32 天，实际检修时间仅有 24 天，现场作业面窄，主线项目交叉作业多，检修难度相当大。

面对困难，杨竹青每天对装置检修现场安全文明施工情况进行监督检查，重点抓好进入检修现场作业人员的劳动保护、施工用电、动火作业、高处作业、起重作业、机动车辆作业、脚手架使用、各项作业票证使用等检修现场安全管理工作。在二套催化外取热器芯子更换吊装、二套催化装置分馏塔 T201 新塔体组对焊接等重点主线项目检修现场，都洒下了杨竹青辛勤的汗水。

在检修期间，杨竹青每天开出的动火票、作业票多达上百张，对于所开出的每张动火票、作业票，他都事先确认，现场反复勘查，做好各项应急准备工作，制定可靠的作业方案，有条不紊地将安全措施逐一落实。现场作业时，他始终加强监护，妥善处理作业时的隐患，作业不结束他就不离开现场。

按照“谁主管、谁负责”的原则，杨竹青积极审查施工及特种危险作业安全防护技术措施的落实情况，检查施工现场各参检单位 QHSE 管理制度的执行情况，做好检修、施工项目的危害识别与风险评估工作。他还及时掌握检修施工的安全动态，发现和解决检修现场作业事故的隐患，及时纠正违章作业，有效地杜绝了各类事故的发生。

说到对自己的评价，杨竹青还不太满意，他认为自己预见性不够。他说：“常年在生产装置现场，接触的东西越多，掌握的知识越多，心中的压力和责任就会越大。为了对装置负责，对员工负责，责任心驱使我要不断加强学习，努力干好工作。”虽然没有豪言壮语，没有惊天伟业，但是杨竹青这位长期奋战在石油化工生产一线的基层安全管理者，勤奋工作、恪尽职守，在自己平凡的工作岗位上干出了不平凡的业绩，用自己的实际行动确保了生产装置安全稳定的运行。（王学峰）

36. 岳阳石化总厂安全员余庆华乐于奉献勇于挑战的事迹

走近余庆华，你会感觉到他为人朴实，性格直爽，但他给人印象最深的还是那种对工作执著、肯钻研、乐于奉献、勇于挑战的精神。正因为如此，他曾多次被工厂评为优秀共产党员、青年岗位能手、优秀安全员。

余庆华今年 25 岁，现为湖南岳阳石油化工总厂经纤聚合一车间的安全员，毕业于桂林工学院，获工学学士学位。毕业后他带着对事业的追求和母校的期望，毅然来到了湘北山区的云溪沟，将自己的命运与岳化这艘大船牢牢地捆在一起。

(1) 冲破阻力，直面挑战

余庆华自进厂以来，由一名普通的操作工、班长到担任车间安全员，这一切都是他意想不到的。的确，作为一名获得工学学位的大学生，他最初的理想是要通过自身的努力，成为一名工程技术人员，发挥自己所学的技术专长。但理想与现实总有一定差距，车间将安全员这副重担交给了余庆华。当时他也有思想顾虑，因为他知道从事车间安全工作，就意味着将放弃自己所学的技术专业，放弃自己人生的理想。经过一番思虑，他认识到要实现自己人生的理想和追求，不在于岗位的好坏，而在于能否在岗位上真正实现自身的价值。从他第一天被任命为车间安全员起，他的“安全工作”几乎占据了他生活的一切空间。

聚合一车间是化纤厂的龙头车间，共有 7 个楼层，三套聚合装置，一套回收装置，复杂的管道和阀门穿梭于各楼层。生产现场具有点多、面广的特点，加之该车间这几年技改项目不断，边生产边技改，外来施工人员复杂，安全系数小，给安全管理工作带来了相当大的难度。

担任车间安全员的余庆华，深知自己责任重大，他把强烈的责任感和事业心融入到平凡的工作中。为使自己尽快进入工作角色，熟知车间安全工作的重点和薄弱环节，每天一上班他就蹲在现场，在各岗位检查事故隐患登记台账，查看登记隐患是否属实，操作工巡检是否到位、彻底，并敦促落实隐患整改。他不声不响地在管网纵横的装置里爬上爬下，几十台泵、上千个阀门渐渐地在他的脑海里“定格”，在不到两个月的时间内他就对装置的每根管线、阀门、安全隐患重点和薄弱环节有了全面的了解。业余时间，余庆华如饥似渴地学习，《防毒面具使用》《储罐安全知识》《化工基础知识》等书籍他总是翻了又翻，记了又记。因为他知道作为一名安全员所必须具有的是综合方面的素质，光抓好车间的现场管理还远远不够，还应把安全管理与生产、设备等方面的知识结合起来才能全面抓好安全工作。

(2) 舍得吃苦，乐于奉献

余庆华常说：“要当好一名称职的安全员，必须具有高度的责任感和舍得吃苦、乐于奉献的精神。”他是这样说的，更是这样不断地要求自己的。每当晨曦刚刚露出笑脸，上班的号声还未吹响，他已大步流星行进在厂房的大道上。进车间他做的第一件事就是对所有的机电设备和关键岗位巡视检查一遍，这是他一贯的工作作风。在巡视检查中他做到“四勤”，即勤看、勤查、勤记、勤听。在一次检查中，8000I/a 聚合装置后聚合釜顶部升温不正常，他坚持到现场排气，1～7 楼来来去去的跑了 18 趟，累得他气喘吁吁。经过反复的观察、调试，后聚合釜顶部温度才升到预定值。

2001 年 8 月，聚合一车间全面停车检查，这也是该车间历史上的首次检查，技改和检修任务相当繁重，外来施工人员复杂，各楼层管道交叉作业多，加之天气炎热，职工安全意识容易松懈，给安全检修带来了很大的难度。为确保检修的顺利，小余索性把床搬到车间，以厂为家，全身心地投入到工作中。每天他对要进行动火和进罐的现场进行反复的检查，经确认无误后才开具动火票。他深知每开出一张作业票，就是一张代表检修员出入平安的通行证，不能有半点的疏忽。记得一次他发现外来施工队有一项细小的安全措施没有到位，小余当即责令其停止作业，并收回票据。施工单位的负责人说：“为赶检修进度，你又何必这么计较?”小余毫不犹豫地说：“即便是延误检修进度，我也不会放过任何一个细小的安全隐患。”

在这次检修期间经他手开出的各级动火票和进罐作业票据就达 300 多张。张张动火票他都亲自到场巡查，哪怕再晚他也是最后一个离开。每当现场施工告一段落后，他总是再一次来到现场进行反复检查，不放过任何一个细小的环节，直到没有一个可能诱发的火源，才放心离开。有人问他这么认真图个啥？他朴实地说："图个安全，图个不出事故！"他在这种苦干、实干的工作中不断积累经验，锤炼自我，同时也深深地体会到从事安全工作的苦与累。正是因为余庆华这种高度的责任心才确保了聚合一车间大修的顺利进行。

(3) 忘我工作，高度负责

余庆华对工作那股认真劲在车间是出了名的。凡是他不放心的事，他决不敷衍了事，马虎过关，总要亲自处理完才放心。他刚接手安全员时就有大型的检修项目——单体储罐检修。施工单位进罐动火作业，属一级动火。为确保安全检修，他每天早晨 7 点就赶到现场监护，一直干到晚上 9 点多才拖着疲惫的身体回到宿舍。他每天亲自到现场开鼓风机对储槽中的空气进行置换，做含氧量分析，并守在现场监护，对任何一个细小的作业环节都不会放过。这样一干就是一个多月，可他从来没有任何的怨言。有一次，当他巡查到三楼 5000I/a 切粒机旁时，突然听到有"嘘、嘘"声，经过仔细查找发现是一根氢气管线上有漏点，这引起了他的警觉，想到楼层中有几处在动火，想到氢气泄漏可能引起的可怕后果，职业的敏感使他迅速与车间联系，并立即通知停止一切动火作业。经过他与车间技术员几个小时的查漏、补焊、改管等一系列工作，避免了两起大的安全事故的发生。

(4) 安全教育，从不懈怠

近几年来，由于职工转岗、分流力度较大，职工安全意识薄弱，工作责任心较差，给正常的生产带来了不稳定的因素，对此，余庆华狠抓班组安全制度的落实，重新修订了"安全操作规程"，并在车间各班组中推行了安全风险抵押金，使安全制度得到落实。为加强对新转岗职工的安全意识的教育，他规定职工在进岗前需先进行安全培训和考试，并带着青工到各岗位熟悉基本生产流程和关键岗位的安全控制点，使转岗职工对车间的安全生产有了一个基本的了解。

此外，余庆华还注重抓好职工的安全教育，以抓好班组安全学习为重点，每月制订学习计划和安排，并实行车间领导下班组参加学习和指导的制度，健全考核机制，将班组学习情况纳入班组经济责任制的考核之中，从而使班组安全学习从时间、内容、人员上得到了落实。在一次班组安全日活动中，有个别职工无故不参加学习，他第二天亲自找其补上，并严格按经济责任考核兑现。此举在职工中引起了很大的反响，职工自觉学习的意识明显增强。为了提高职工安全技术水平，余庆华针对车间安全的特点，综合车间多年事故的典例，主编了三万余字的《事故预想手册》和职工岗位安全培训教材，成为职工的学习课本，并组织全车间职工开展了事故预想活动，职工参与率达93%，这使职工的自我防范意识增强，事故判断和处理的能力明显增强。

回想走过的路，余庆华感觉更多的是甜，这是他敬业爱岗、忘我工作后的充实，也是他战胜自我之后的喜悦和自豪。他曾朴实地说道："作为一名共产党员，一名车间的安全员，我理应奉献出自己的全部真情和青春以不辜负领导对我的厚望。"

37. 丰山铜矿安全员李兵为了安全获"吼狮"绰号的事迹

一提起李兵这个名字，湖北黄石大冶有色金属公司丰山铜矿运转工区的上百号人没有不知道的。李兵是丰山铜矿运转工区的安全员，平日总是满脸微笑，一团和气，可是吼起人来从不心软，无论对方是谁，不管对方如何为自己辩解，都会被他说得哑口无言。就因为这一点，大家送了他一个"吼狮"的绰号。

(1) 坚持原则不忘幽默

李兵性格耿直，坚持原则，在工区是出了名的。找安全漏洞，查安全隐患，无论是普通职工还是管理干部，只要被李兵发现有违章、违纪的行为，他都敢对其吼上一吼。

有一次，工区一名副区长带领两名职工从油库领回几桶机油，搬进库房后累得满头大汗。副区长想在库房休息一下，于是就在油桶边抽烟以解乏。李兵听到油房有动静，本想过去帮忙搬油，可一眼看到副区长正在油桶边抽烟，顿时火冒三丈，冲副区长吼道："油库重地，严禁烟火，这点常识都忘了吗!""这都是机油、柴油，又没有汽油，怕什么!"一名职工帮副区长辩解道。"不管是什么油，都是禁止火源的，你们在油库里吸烟，就是违反了规定！如果养成了这个习惯，以后万一在其他地方发生事故，造成损失，对企业、对家人怎么交代啊!"一席话说得那位副区长红了脸，掐灭了手中的烟。

在工作中，虽然李兵的"坚持原则"出了名，但是同样出名的，是他幽默的话语。运转工区主要负责给井下供风、排水和给主、副井提矿提物等工序。工作起来人多设备多，安全管理难度大。每当设备出了故障，李兵都会及时通知维修工，并与他们一起参与检修，监督检修过程中安全防范措施是否到位。

现场作业人员常常在检修现场听到李兵那让人忍俊不禁的话语："小心手啊！它们还年轻，可别让它们这么早就退休了!""小心眼睛啊！眼睛是心灵的窗户，别这么早就把窗户关上，外面美好的风景等着你去看呢!"幽默的话总是引起人们的哄堂大笑，但是笑过之后带给人的是耐人回味的提示，作业人员已把安全牢牢记在了心上。

(2) 耐心细致真诚相待

工作中，李兵虽然爱吼人，但是他从不简单地处理工作，总是把工作做得非常细致。运转工区班组多，每周一的班组安全学习活动，李兵都要逐一与各班组议定好学习内容，并督促各班组以严肃认真的态度组织好学习活动，做到学习活动时间、内容、人员、记录四到位。此外，李兵还经常让员工们重温安全知识，巩固操作技术，并且结合实际，用相关岗位的事故案例做活教材，来教育职工们自觉遵章守纪。同时，李兵还经常与职工们谈心，真诚相待，从而得到职工们对安全生产工作的理解和支持。

运转工区上百号人，多数都被李兵吼过，但是每个人都理解他的良苦用心。他们都知道，挨吼只是一时失面子，而做错了若是无人批评，就有可能造成事故，对自己的身体健康带来伤害，甚至会危及生命。

几年来，“吼狮”的绰号与李兵形影相随，他用这种严厉加耐心的方法，查找隐患，狠抓“三违”，提醒职工们提高安全意识和能力，保证了矿区的安全生产。（梅小兵）

38. 邯钢公司运输部安全员井振明细化管理抓防范的事迹

井振明是邯钢公司运输部车务二段的安全员，这是一个十分普通的工作岗位，在这个普通的工作岗位上，井振明日复一日、始终如一地以踏实、稳健、求真务实的工作作风争当保生产运输的急先锋，连续多年实现安全生产目标。

(1) 安全管理有方法

车务二段是运输部保铁保钢的前沿工段，主要担负着6座高炉、3个炼钢厂的铁水运输任务以及水渣、干渣等散装物料的倒调作业。作业范围点多、线长、面广，导致安全管理难度较大。井振明作为安全员，深知安全大于天的道理，自感责任重大。在他的安全工作记录本上，可以看到这样一张安全时刻表：每天务必做到一准时、二询问、三检查、四落实，即每天7时准时到岗位。

井振明的习惯是，先去岗位上转一圈，再参加班组点名会，传达作业有关注意事项；询问相关人员上个班的工作情况，询问存在的问题并做好记录；每天到现场检查作业环境是否存在隐患、检查当班作业人员情绪有无异常、检查操作人员有无违章、违纪；在检查过程中做到发现安全隐患及早整改，发现事故隐患及早处理，发现违章行为及早纠正，发现职工思想波动及早沟通。他始终如一地坚守，为班组职工撑起了一把安全保护伞。

(2) 日常巡检一丝不苟

跑现场被个别人认为是苦差事，但是井振明却以苦为乐，乐此不疲。针对调车作业环境相对较差的情况，他提出在高炉下安置防护罩、防护栏，制作警示牌等建议，促进了作业环境的改善。

井振明还牵头组织站长每天开展安全检查，不放过一处安全隐患、一点安全漏洞，及时解决各类安全问题，他曾多次发现险情并及时处理，防止了事故的发生。

炼铁高炉打开出铁口后，铁花四溅，喷溅到高炉出铁棚的残留物易对在高炉下作业的机车、调车人员造成人身伤害及设备事故。为避免事故的发生，井振明及时联系炼铁单位处理相关问题，同时加强了高炉下作业的检查和督导。2009 年以来，他共查出安全隐患 50 项次，已处理整改 40 项次，其余隐患正在整改当中。

(3) 细化管理抓防范

调车是一项劳动强度大、动态作业时间长、工作环境复杂、危险系数相对较大的工作，再加上文化素质参差不齐的职工队伍，使安全管理难度较大。为此，井振明推出了加强对安全重点人员的管理措施，对一些文化素质相对较低的职工进行了重点引导。他还经常跟车作业，努力了解职工的作业习惯，甚至还摸清了职工的脾气秉性，哪些人做事谨慎、操作有板有眼，可以放心；哪些人随意性大，好搞个“小聪明”，作业时就要不时地敲打敲打，防患于未然。针对个别协力工作业不标准的问题，他每天盯在生产现场，纠正他们的动作，规范他们的实际操作，结合事故案例开展警示教育，努力让所有道口协力人员养成标准化作业的习惯。

(4) 真情付出服务工友

井振明不仅在安全操作细节上做文章，更在后勤服务上下工夫。他说：“安全不是针锋相对，安全也是有感情的，大家心平气和，凝心聚力才能把工作干好。”

为了做好防暑降温工作，不让一名职工中暑，他把各种防暑物品包好，一一发放到职工手中。为了给职工送上冰凉不化的雪糕、冷饮，他更是煞费苦心。他在水果批发市场找来个大一些的泡沫箱子，外面裹上单子做成简易保温箱，每天冒着酷暑将冷饮送到岗位上，职工们吃在嘴里，更是甜在心上。

井振明始终信守这样的安全座右铭：作为一名安全员，就是要想尽办法减少事故的出现，提高职工的安全意识，保证设备人员的安全。

39. 北京建工六建公司安全员张士兴尽职尽责保安全的事迹

1990 年，23 岁的张士兴大学毕业分配到北京建工集团六建四分公司安全科担任安全员。时光一晃即过，可安全技术理论的特殊性和全面性，却在这位年轻人的心中留下了深刻的印象。他常说的一句话就是：“一位专职安全员，如果没有丰富全面的业务知识，没有以职工生命安全为己任的责任心，就不能把安全工作做好。”张士兴就是凭着这样一颗强烈的责任心和全面的安全理论知识，在复杂多变的建筑施工现场，认真细致地严格把关，落实各项安全防护设施。经他参与的几个大型建筑工程的安全管理工作，在北京建工集团的各级安全检查中均取得了良好的成绩。他也因此被北京六建公司评为优秀青年知识分子，三次荣获北京建工集团总公司优秀共青团员的称号。

(1) 深切感到安全工作对职工生命的重要

在北京建工集团六建四分公司承建的国家科委信息业务楼工程，是张士兴参加工作接触的第一个工程。初次参加工作的他，对建筑业只存在一种表面认识，心中涌动着一种激动好奇的感觉。带他的师傅在相识的第二天，给他讲了刚刚发生不久的一起死亡事故。某个工地挖 1 m 多深的沟，操作者违章从下面掏挖，致使一大块土塌陷，将操作者的胸部以下埋在了土里。他仍能讲话，痛苦地叫人们快些救他。闻讯而来的二十几个人，用长长的杉槁撬这块塌陷土，杉槁断了，又赶紧拿锹挖土，操作者不断的呻吟声敲击着在场每个人的心，人们只有一个想法：尽快救人。人终于救出来了，但已经停止了呼吸，腹部已被挤到了身体侧部。师傅接着说："要是我们安全员能够勤检查，及时制止违章操作，就不会发生事故，多年轻的生命啊！"

毛骨悚然的事故和师傅的语重心长，使初涉"沙场"的张士兴深切地感到：安全工作对每一位职工的生命安全是多么重要啊！从此，张士兴暗下决心，要以职工的安全为己任，利用自己所学知识做好安全工作。他认真学习有关建筑安全的各种技术书籍和安全防护标准，认识施工现场的各种安全防护，逐渐熟悉掌握各种安全技术操作规程。

在悬挑双排双杆脚手架搭设过程中，张士兴和师傅按照方案，在现场从第一根工字钢如何摆放到每一根立杆是否垂直，以及各种间距是否符合标准，都做全面认真的检查。他每天拿着尺子去逐一检查，有时与架子工一起实地测量。经过他一道道工序的严格把关，信息楼工程的外架子从基础开始就非常标准、正规。他又根据电梯井防护门安全防护标准化要求，利用现场的废钢筋设计了一个简单易做、开启方便的安全防护门，后来推广到其他工地。经过努力，信息楼工程安全防护标准化成为建工集团总公司的样板工地，并多次在上级的各项安全检查中名列前茅。

(2) 对待工程质量一丝不苟

中央电视台发射塔 207 m 悬挑架是张士兴验收过的最高、最特殊的脚手架。验收之前，他认真查阅了悬挑脚手架的有关书籍，了解掌握了各种悬挑脚手架的搭设标准和搭设原理，结合架子方案，认真核算计划结果。可当他与项目经理、项目工程师、工地安全员、施工员一踏上脚手架时，架子"忽"地晃动一下，就像踏上了一条船。随着架子的晃动，张士兴走到架子的最外侧。架子向外探出近 7 m，向下望去，京城偌大的八一湖水成了一脸盆碧水，公路上行驶的车辆犹如一个个甲壳虫在爬行，而行人成了一个个活动的小点，平时需要仰视的高耸的楼房也变得那样矮小；而眼前的每一样东西都似钟摆缓缓地晃动。“太高，底下没风时，这上面风都很大。”一个人解释说。

张士兴仔细对照方案进行验收，认真检查每一处，发现架子后面的加固措施比方案少了一道拉顶措施。施工人员说：“这个架子不承重，只上人及少量的东西，安装窗户用。可不可以不加了，工期太紧了。”张士兴坚决不同意：“架子一旦发生意外，人还有救吗!”最后施工单位还是按照他的意见，加强了悬挑架稳固程度，保证了施工的顺利进行。

(3) 处理违章行为苦口婆心

国家计委科研楼工程是该公司近几年独立承建的最大工程之一，建筑面积近 90 000 m^2，结构形式多样，最高处 92 m，槽底最低标高负 19 m。有圆弧也有低跨，安全工作极其复杂，是六建四分公司的工作重点。张士兴运用“系统安全分析与事故预测”“人机工程学”等安全技术理论，结合施工特点，与项目部有关人员详细分析，认为结构和装修的安全防护同样是重点，应有所加强。而在结构施工中，由于绑钢筋、支模板用的脚手架相对使用期较短，工人们在搭设过程中，总是认为是临时架子，强调用不了多长时间就拆了，不会出事，就随随便便不按标准办。对此，张士兴在检查中，多次反复向工人解释：“施工中架体设施没有临时与正式之分，都应同样按正规搭设。”根据架子工因疏忽大意造成的事故案例很多，他就对屡次违章的外包队长办违章学习班，进行反复、系统的讲解，从而强化了脚手架标准的执行，保证了施工的顺利进行。

张士兴在数年的安全工作实践中深刻地体会到：安全工作仅靠安全员去管理是远远不够的，它需要施工现场全体员工的共同努力。为此，张士兴每年都用很大的精力去进行安全生产教育培训，用以提高全体员工的安全生产意识，给员工细致讲解安全生产知识和安全工作的重要性，还结合案例强调执行安全标准和操作规程的重要性，深入施工现场，认真查找不安全事故隐患，一发现违章，他便认真填发事故隐患通知书，要求严格整改，彻底消除违章物的不安全状态。

40. 沈阳蜡化厂安全员毕绍华爱岗敬业认真负责的事迹

毕绍华是中国化工集团沈阳蜡化厂的专职安全员、沈阳市劳动模范，大家都尊称他为安全生产的“好管家”。

毕绍华是生产专区的安全负责人，所管辖的区域不仅范围大，而且是公司最危险、最容易发生事故的装置区。他深知肩上的责任重大，所以，把压力转化为动力，时刻坚持“从严、从实、从细”的安全管理方针，大到高危区的安全预演，小到设备上一颗螺钉的巡查，凡是与安全有关的事他都要管、要说。他每天坚持深入专区现场进行监督检查，无论是在装置间还是在炼塔上，他都要查看到位，遇上设备检修或者抢修更是忙碌。他每天坚持安全巡查，两年来共查出安全问题 1 600 余项，安全隐患整改率达到 100%，在他负责的生产专区里，实现了安全生产零事故。

在一次停车检修前的设备处理期间，催化塔顶回流罐 V2201 水包的排空口反串流进瓦斯气。毕绍华第一时间发现并叫停了附近的用火及用电，及时关闭了排空阀。现场情况紧急，他没有时间去说明解释，不知情的人还以为他“多事”。他顶住干扰，严格履行职责，立即安排封锁泄漏现场，并用水雾喷淋迅速稀释空间的瓦斯浓度。由于他及时发现，处理得当，防止了火灾事故的发生。

近年来，沈阳化工实施重点工程 CPP 项目建设，在项目建设期间，毕绍华在现场检查时发现，新建的球罐区泵房有 13 台管道密封自冲洗管线使用镀锌管连接，他马上想到这种管线非常容易发生破裂或泄漏，给安全生产带来隐患。他立即向分厂领导提出建议和改进措施，最后厂家重新更换了管材。他发现火炬凝缩油罐顶部人孔大法兰使用的橡胶垫片，既不耐油也不耐压，更不耐腐蚀和高温，存在重大的安全隐患，立刻建议有关单位及时进行了处理。

CPP 项目建设与沈阳蜡化石油加工生产是在一个区域里进行的，所以安全工作十分重要。CPP 工程有 40 余项需要与蜡化原有装置进行的接口，毕绍华及时编制了“CPP 管网项目建设安全管理办法”，对施工现场加大安全管理力度。施工方案确定后，他放弃了大量的休息时间，认真细致地审查方案中每一项安全措施，到施工现场逐项进行核查，并协调相关部门制定工艺处理方案，提前做好了现场的安全防范工作。他严格执行安全用火审批制度，严把好现场动火作业审批关，用工程人员的话讲：“毕绍华眼里容不得一粒沙子，在他手里开动火票，审查很严，差一点都不行。”

毕绍华在负责新项目施工的安全管理中，纠正违章现象就达 40 余次。一年里，累计审批用火 2 650 余次，没有出现一次问题，保证了火灾事故率为零，顺利完成了各项任务，为 CPP 项目建设以及沈阳蜡化厂的安全生产作出了贡献。

在公司里，毕绍华的任劳任怨、无私奉献精神已经出了名。他周末和节假日经常不休息，平时晚间还主动留在岗位上值班。两年来，他累计奉献休息时间 150 余天。

毕绍华的爱岗敬业精神得到了公司上下的一致好评，先后获得了公司劳动模范、集团公司优秀共产党员、沈阳市安全生产先进个人、沈阳市五一劳动奖章等荣誉，2010 年“五一”之前又获得“沈阳市劳动模范”的称号。(宋连勤)

41. 黄海橡胶炼胶分厂安全员张述厚创安全管理模式的事迹

中国化工集团黄海橡胶炼胶分厂张述厚像呵护自己孩子一般，认真细致地对待安全工作。为了细化安全管理，使安全生产不留隐患，他善于从细微处发现问题，寻找管理方法，并独创了一种简单易行而且行之有效的安全管理模式——建立“设备安全附件检查记录本”。看似简单的台账式记录本却真真切切地帮助炼胶分厂实现了全年安全生产的目标，并由此荣获“先进集体”荣誉称号。员工们称赞：“张师傅的安全管理功不可没。”

进厂近30年的张述厚，并非一直从事安全管理员工作，在这之前，他曾经干过16年密炼机操作，对设备、工艺了如指掌，对安全生产注意事项更是一清二楚。后来担任值班长、车间工艺技术管理员，每天与生产一线的密切接触，让张述厚对所有设备的性能、构造有了更全面的了解。哪台设备有几个刹车系统、有几个防护网、防护罩，他都能随口准确地回答出来，让人真正见识了“业精于勤”和“熟能生巧”的含义。而这些对一线工作的熟悉，为他日后干好安全管理员积累了经验，奠定了基础。

2006年，张述厚走上安全管理员岗位。他说最希望看到所有的职工每天都能“高高兴兴上班，平平安安回家”，这是他工作的最大动力。根据多年在一线的观察和经历，他发现一线岗位上的员工由于个人素质差异，多数人的安全意识不强，也有人甚至对安全操作规程不屑一顾，只追求产量，“安全”之弦十分松弛。曾经作为值班长和工艺管理员的张述厚，对这部分员工经常进行善意的提醒和耐心的劝说，告诉他们，人的安全和健康好比“1”，其他一切好比“0”，只有“1”存在，其他存在才会有意义。而如果“1”消失了，其他再多的“0”最终也还将是“0”。他用深入浅出的哲理故事加强一线员工的安全意识。当他真正要履行一名生产分厂安全管理员的职责时，他察觉只是简单地说教不会真正达到效果。于是根据以往的经验，决定从让每位职工动手开始，强化“安全在我心中”“安全在我手中”“安全从我做起”的安全意识。

员工们发现，张述厚担任安全管理员不久，值班室内多了一项规定，同时还多了一个记录本，那就是“炼胶分厂设备安全附件管理规定”和“设备安全附件检查记录本”。经实施，员工们明白了张述厚的“良苦用心”。原来这里讲的“设备附件”是指各设备转动部位的安全防护网、链条防护罩，还有各岗位的安全刹车系统。建立“记录本”就是要求岗位操作人员每班每天实行班前检查签字，如果检查发现安全附件不到位，就应及时联系进行维修整改。安全附件到位后，方可开机生产。张述厚每天都要对填写的情况进行检查，并对漏填、不填的人员落实考核。

现在，“记录本”与值班室必有的“交班本”已经形影不离，而且成为了安全生产工作中必不可少的一部分。设备安全系数正在不断提高，员工安全意识也正在逐步增强。

张述厚说：“抓安全就要有实实在在的行动。只有确保员工的安全，企业的发展才能实现持续、稳定。因此，安全管理的‘精益求精’就显得尤为重要。”（吕晓梅）

42. 攀宏钒制品厂安全员苏宝东认真排查治理隐患的事迹

“安全工作无小事”，这是四川攀宏钒制品厂五氧化二钒车间安全员苏宝东挂在嘴边的口头禅。该车间连续 8 年没发生过轻伤以上的事故，年年荣获“安全生产先进单位”光荣称号。

五氧化二钒车间属冶炼化工生产性质，生产作业现场环境恶劣，有酸碱、高温、高尘等危害，设备安全隐患较多。如何担负起车间安全员这副重担，苏宝东费尽心思，他认为事故的发生往往是物的不安全因素和人的不安全行为所致，于是一上任就从查隐患入手抓安全。他在工作现场发现，火车把硫酸罐拉进厂后，职工到 2 m 高的梯子上去作业，人容易滑下来。于是提出建议，将斜梯改为半圆形推拉梯，两边焊有护手，从此再也没人滑落过。

这样的合理化建议他每年都要提 20 多项。2004 年 7 月，苏宝东发现焙烧除尘箱离地有 6 m 高，工人们一手提油桶（为电动机加油）一手拿工具爬直梯很不安全，还发现除尘箱顶与仪表室房顶是平齐的，于是提出只要做一个 2 m 长的人行天桥，就可以解决这一问题。此建议被实施后，消除了这一隐患。“作为一个安全员，不仅要关注安全隐患的整改，还要把职工的身心健康放在心上。”苏宝东是这样说的，也是这样做的。

2005 年 1 月，苏宝东发现球磨除尘管道经常被钒渣粉堵塞，不仅影响除尘效果，还给职工的身心健康带来影响，而且处理起来也十分麻烦，要找焊工把管道割开后，再把堵塞的钒渣掏出来，费时费力。为此，他提出再开一个门，定期掏钒渣粉后，用螺钉把门拧紧关上，这既减轻了劳动强度，又提高了除尘效率，改善了作业环境。此建议受到职工们的一致好评。

“要杜绝人的不安全行为必须严格贯彻安全管理制度。”苏宝东和车间领导除了按制度坚持每周一次安全执法检查外，还每天到生产现场巡视。仅 2004 年就查处各类安全隐患 50 多项。一次，一名职工劳保用品穿戴不齐就上岗，苏宝东发现后立即让他停工，后又找这名职工谈心，了解到这名职工的妻子难产，孩子没保住，心情不好。苏宝东立即向车间领导汇报，车间领导下班后到这名职工家进行了走访慰问，后来这名职工成了生产骨干。苏宝东在安全工作中敢抓敢管。2005 年 1 月，他查出各种违章现象累计罚款达 2 000 多元，涉及 10 多人。

为了提高职工的安全意识和技能，苏宝东除了抓好职工安全培训外，还发动职工积极参与安全文化建设，在车间开展了“安全在我心中演讲”和安全知识竞赛，组织职工撰写安全论文，为安全生产营造了良好的文化氛围。

43. 鲁南化肥厂安全员刘跃华铁面无私规范管理的事迹

刘跃华是鲁南化肥厂尿素分厂的一名安全员，他把“企业要发展，安全是保障”作为自己的使命，时刻把生产安全和员工安全放在心上。在安全员这个神圣而又平凡的岗位上工作了 10 年，他那铁面无私的规范管理和“严而细”的工作作风，为分厂赢得了一片安全的天空，用实际行动践行着“建设新鲁化，安全当先行”的安全职责。

大家都知道，安全员是个责任大，又容易得罪人的工作。但刘跃华干安全工作，无怨无悔。多年的工作经验使他练就了一双“火眼金睛”，各种安全隐患还在萌芽阶段就被他查处。他那忙碌的身影频频出现在现场，查看设备是否有异常，检查员工是否有违章，每天不定期地对现场进行无数次排查。哪个岗位需要更换照明，哪台设备需要挂牌警示，哪个管架需要加固……他都记在心上，抓在手上。他还每周组织分厂管理人员对现场重点设备、薄弱岗位、特殊作业等进行专项检查，对查出的各类隐患以下单子、定时限等方式进行现场落实，有力地促进了各类安全隐患的落实整改。

由于刘跃华总是把安全生产挂在嘴上，整天为安全生产而忙碌，因此工人们都称他为“闲不住”的安全员。

只有心态安全，才会行为安全；只有行为安全，才能保证安全制度落到实处。工作中，刘跃华始终把“心态安全”作为安全生产工作的基础前提，重点抓好各班组安全员的安全管理技能和业务素质，以及操作员工的业务技能和自我防护意识，注重员工培训教育，对转岗和新入厂的员工严格按照规定进行三级安全教育，并经严格考试合格后方可上岗。他还创新管理模式，加强对“三违”行为的管理。对员工的“三违”行为，一经发现，除参加“三违”培训班和受到经济处罚外，还在分厂设立“三违”亮相栏，在班会上作“三违”检讨，并取消其“安全之星”的评选资格。同时，还将“三违”通报发放到岗位班组，起到教育本人、促动大家的作用。不断提高员工的安全意识和安全素质，让员工了解“三违”行为的危害性，自觉克服和抵制“三违”行为。

高标准 、严要求、细管理是刘跃华的工作作风，把“凡事安全先，万事安全大”作为自己的工作原则。话筒、记录本是他日常巡检必不可少的“两件宝”，见到爬高上塔没系安全带、劳保穿戴不规范的员工，他都要喊一喊，记下来。他还要求员工要用“看、想、背”三件事来规范操作行为和保证生产安全，即接班前要查看一下现场是否有安全隐患，记录是否属实完善。静想一下交接班时有无遗忘的事宜和哪些需要立即解决。背诵一下安全口诀、工作要求和注意事项。达到上标准岗、想安全事、干规范活的目的，以员工的行为规范来保证安全生产。正因为他懂安全，抓得准，管得严，遇事总要动嘴说一说，插手管一管，所以员工们总是服气地叫他安全“大管家”。

生产中不安全的因素都有其随机性和复杂性，因此刘跃华在管理中总是向细节要安全，牢牢把握安全“接力棒”。他充分利用班前会的时间，要求上一班的员工对设备的运转情况以及可能出现的问题和要注意的事项对下一班进行交底，让接班员工做到心中有数，对事故隐患进行重点防范和处理，避免因不了解设备运转情况而导致事故发生，传递好安全生产的“接力棒”。

“安全生产，以情感人”，是刘跃华安全管理的“金钥匙”，他深知员工情感世界的排他性和多样性对安全生产具有很重要的影响，用他的话说就是“安全仅有教育是不够的，要带着感情去抓，带着人情去做，要以情感人、以情改变人”。他是这样说的，更是这样做的。多年来的工作让他学会了“察言观色”的本领，日常巡检中他就主动与员工交流沟通，谁的家中有困难，谁的子女升学有困难以及谁的情绪有波动等，他不仅知道，还主动当好员工的“心理医生”，给予帮助疏导，并给他们讲述情绪不稳会影响安全的道理，不要因个人情绪引发事故。为了达到触动其心、感发其情的目的，刘跃华还用“以案说法”的方法对员工进行心灵的唤醒，用血的教训警示员工“关注安全、告别违章”，让职工们从内心深处焕发出“我要安全”的迫切感。每到季节交替时，岗位暖气是否通畅，空调风扇是否齐备，防滑防雨的器具是否到位都是他最为关心的事情，物资配备、四防演练、隐患排查也都成了他工作的“主餐”。冬天一句温暖的问候，夏日一杯凉爽的冷饮，无不寄托着他对员工们搞好安全生产工作的殷切期望和嘱托。

多年来，刘跃华在管理中始终以突出一个“细”字来提高自己的管理水平，把握一个“严”字来抓好生产安全，用自己的实际行动诠释了“安全生产是一场只有起点没有终点的接力赛”。正是因为他那“严”而“细”的工作作风，多次被鲁南化肥厂评为“优秀安

全员”，受到人们的尊重与钦佩，他也为鲁化的发展作出了自己的贡献。(张秀玲)

44. 张双楼煤矿群监员吕玉根循循善诱制止违章的做法

吕玉根是徐州矿务局张双楼矿一名普通的群监员，他今年35岁，共产党员，一名农民合同工。自1984年入矿以来，他就把全部的身心交给了矿山。多年来，他认真学习党的方针政策，刻苦钻研技能，面对“三违”既铁面无私又循循善诱，排隐患既不怕艰险又胆大心细，受到各级领导的好评。多次被徐州市工会评为十佳工会劳动保护工作者。

(1) 分析违章心态，探索职工违章心理

近几年，随着改革开放的不断深入，市场经济的大潮猛烈冲击着旧的体制、旧的管理模式，各种承包形式、计件工资、考核制度使人目不暇接。如何抓、如何管？面对这道难题，吕玉根曾犹豫过、徘徊过、困惑过，但他却没有绕道走。而是去学习，在实践中寻找答案。

吕玉根在与工友们的交谈中发现，大部分违章都与钱有关系。例如，干部在带班时，总希望自己带的班，生产任务一超再超，职工得到实惠，自己的威信才高，工作才有成绩。在这种心态的驱使下，如果条件不顺利，处理问题棘手达不到预想生产的目标，就会出现急躁的情绪，进而对班组长或工人施加压力，违章指挥或者自己亲自违章操作。班组长的违章心理主要来源于生产任务与利益分配的压力与刺激。任务完成得好，职工拿的钱多，人人高兴。而处理隐患往往需要很多时间，不能创造经济效益，所以大家都不乐意干，而班组长往往对生产任务的期望值想得很高。如果条件好，拼命干，高了还想高。如果条件差，凑活干。只要能多出煤，多进窑，违章也得干。

操作工人违章时一般有4种心态：一是侥幸心理，总认为，哪有那么巧，人家多次违章都没出事，难道我今天违章就能出事。二锤的吕玉根，透过水雾突然发现顶板在动，他眼明手快，大喊一声："不好，快躲开!"站在迎头的班长还没回过神，就被吕玉根一把拉出迎头。正当他拉出班长的一刹那，被风锤震动的一块大矸石随即脱落，将钎子风锤全部砸在下面。后边的工人听到响声，赶到现场一看全惊呆了。几位说风凉话的工人，也默默无言，主动地找顶打锚杆，并圆满地完成了第二茬炮的任务。

在下班后的酒桌上，班长激动地流着眼泪说："弟兄们，要不是吕玉根心细眼明手快，今天我们不会在这酒桌上，而是在事故追查会上，在家属的哭闹声中，在全矿职工的惋惜、唾骂声中。我保证，今后无论是谁，只要提出的建议是有利于安全的，再苦再累我也干。"全班十几位弟兄也都举杯发下同样的誓言。

几年来，吕玉根就是这样的既以身作则，吃苦耐劳，又不怕冷嘲热讽，循循善诱地制止了一起又一起违章行为，为矿山避免了一次又一次人身事故、生产事故和机械事故，赢得了普遍好评。

企业优秀安全员事迹与做法评述

企业的各项生产经营离不开安全，安全工作是企业健康成长的重要保障。要想使安全工作稳步开展，卓有成效，必须有一支高素质的安全管理队伍，安全员则是安全管理队伍中活跃在前沿的安全卫士。

(1) 企业安全员的定位

在企业的安全管理中，安全员身处基层，肩负着所在单位的安全责任，起着为生产保驾护航和创造良好条件的作用，有人称安全员为"职工人身安全的保护神"，也是有一定道理的。

企业安全员应该定位在哪里，应该扮演什么角色，对此说法很多，但比较贴切的定位是：安全员就好比足球比赛中的守门员。

守门员不是前锋，不是中锋，也不是后卫。守门员一般不会跑到对方的球门前去踢球，否则，看上去好像为球队增加了一份攻击力，然而却会使本方的球门空虚，从而容易被对方攻破。守门员有

(3) 时刻保持警惕，严把现场检查关

1992 年 5 月，吕玉根在卧牛山东翼 789 工作面掘进材料道时，因工作细心，善于观察细小变化，避免了一次透水事故，挽救了十几位弟兄的生命，为国家避免了十几万元的经济损失，受到各级领导的好评。

1996 年 5 月，吕玉根所在的区队在－750 运输上山滑板施工时，由于遇断层，顶板压力大，掘进进尺非常缓慢。区队干部和班组长均存在急躁情绪。12 日中班，吕玉根所在的班出现了生产条件相对好的转机。中班一接班，道钉到迎头，无矸子，支护比较完整。班长一看心花怒放，乐不可支："终于遇上了一个大干的好机会。今天我们放两炮，上井后我请客。"

工友们摩拳擦掌，有的拉风水管，有的扛风锤，积极性空前高涨。刚放完一茬炮，班长就指挥工人赶快扒矸石，准备打眼放第二茬炮。就在这时，吕玉根提醒班长："目前这段顶板正遇断层，应该先支护，再放炮，不能空顶作业。"班长一听大大咧咧地说："没事，我看迎头顶板不错，光滑滑的。"吕玉根又说："你没注意顶板有多处掉碴?"班长有点不耐烦地说："今天生产条件这么好，正准备大干，你又泼冷水，没劲!"吕玉根又耐心地说："还是先打几个锚杆，支护一下顶板，小心点好。"周围的工人也你一言我一语地冷嘲热讽，说什么："就你能，好像比别人多多少经验似的，不就是一个群监员吗?"吕玉根一听也急眼了："矿上三令五申，不准空顶作业，前几年，掘进一区的刘召不是个典型的例子吗?"面对吕玉根严厉的言辞，虽然没有人顶撞，但也没有一个人有去打钻杆的意思。吕玉根当时心里明白，这是他们不赞成自己的意见，不乐意干，多说也没有用，喊破嗓子不如干出样子。于是吕玉根自己默默地扛起风锤，拉风带，拉水管，准备自己打锚杆。班长虽然心理不痛快，但他不忍心让吕玉根自己干，忙帮着吕玉根按眼打钻杆。当班长接好眼，刚打入 300 mm 时，由于风锤的震动，加速了顶板的破碎。正在打是懒惰心理，干活总是想少出力，不按操作规程办事，投机取巧，抄近道，往往容易出事。三是从众心理，即爱随大流，明知是违章，只要大家都这样干，我又何必出风头去制止，反正天塌砸大家。四是因习惯违章造成的心理定式，过去都是这样干的，别人都是这样干的，“谬误重复千次就成了真理”。

通过这些分析，可以看出违章大都因钱引起，所以吕玉根在制止说服违章者时，也多利用钱来算细账，使其心服口服。

(2) 晓之以理，动之以情，反“三违”行为

吕玉根所在的班有一名工人小李，今年才 24 岁，是个独生子，从小娇生惯养没出过力，入矿后，干活总想投机取巧，走路好爬电车，上山蹬钩头，平时好耍贫嘴。1997 年 3 月的一天早班，该区在－750 运输上山施工，已经是下午 4 点多了，工区安排的出砰任务刚打完，人人都累得筋疲力尽。最后一车矸子刚打点走钩，小李又扒着车上了钩头。吕玉根看到后，喊了两声让小李下来，他不听，吕玉根忙过去打了停点，让小李从车上下来，为此事小李在下班回家的路上嘟嘟囔囔，骂骂咧咧：“就你吕玉根狗咬耗子多管闲事，我蹬钩头碍你啥事?”吕玉根说：“我是为你着想，万一钢丝绳断了或者掉道翻车，你该怎么办?”小李不服地说：“别讲得那么玄乎，哪有那么巧的事，我一上就断绳、掉道。”吕玉根说：“俗话说，‘阴天不一定下雨，但下雨必定是阴天。’”

吕玉根接着讲：“一次违章可能出事故，也可能不出事故，但只要出事故就一定有违章因素。你今天蹬钩头也许可以少爬 200 m 上山，省一点力，但万一出事，至少给三代人造成痛苦，还要给矿、区、班组及工友的经济上造成巨大损失，到那时后悔也晚了。即使不出事故，按照局、矿的文件，爬电车、蹬钩头者也要处以开除矿籍留矿察看的处分。孰轻孰重，你掂量掂量。”一席话说得这位小青年哑口无言，心服口服，从此这位小青年改掉了爬电车的坏习惯。干活也不再偷懒，不再违章了。

属于自己的禁区，在这个球门前的区域，冲撞了他是要受到处罚的。

同样，安全员不是钳工，不是焊工，更不是岗位运行工。专职安全员一般也不会直接完成生产任务，否则，看上去好像为生产贡献了一份力量，实际上却会影响自己的本职工作，给事故乘虚而入的机会。安全员也应有自己神圣不可侵犯的范围，在他履行安全职责的时候，任何对他的阻挠都是对安全这一神圣使命的亵渎，理应受到处罚。

前锋、中锋与后卫虽然分工不同，但都属于球队基本的攻击力量。但他们在组织进攻的时候，也总要有一只眼睛盯着自己身后的球门，通过他们的层层防守，或者以攻代守，守门员的压力才能大大减轻，自己的球门才能更安全一些。所以，进攻的力量本身也组成了防守网络，守门员并非防守的全部，只是球队的最后一道防线。

钳工、焊工、岗位运行工，以及各级的生产管理人员，各专业的技术人员，他们都是企业生产中不可缺少的力量。然而他们在为生产服务的时候，也应顾及到自身的安全、同事的安全，以及整个企业的安全。有了各层次、各角度、各专业的互相配合，层层把关，安全生产工作才能有更可靠的保障。所以，“管生产必须管安全”应该作为企业安全生产的基本原则之一。安全员并非负责安全生产的全部工作，而是各种安全力量的组织者和协调者，是企业安全生产的“最后一条防线”。

(2) 培养高素质、爱岗敬业的安全员

安全员工作的好坏，直接关系到企业生产经营工作能否顺利运行，企业要扎实推进安全管理工作，就必须加强安全员队伍的建设，培养出一批高素质、爱岗敬业的安全员。如何培养合格的安全员，使他们能够适应本岗位的需要，充分发挥其管理职能与作用呢？企业应从以下几个方面对安全员进行教育培训，从而提高他们的业务水平。

1）安全员的相关知识培训。要有目的、有针对性地对安全员的素质、安全技能进行系统的培训与教育，以丰富其自身的安全知识，提高安全技能，使他们全面适应安全管理工作的需要。安全员的工作主要在于检查问题，然后解决问题。要掌握发现问题的本领，安全员要学习和理解以下知识：一是与安全生产相关的法律法规、方针政策，以及相关的规章制度、规范标准等知识，本企业的安全管理制度，涉及的生产安全操作规程。二是安全生产技术知识，包括主要生产工艺流程、安全生产管理知识、事故控制理论、劳动卫生知识和安全文化、应急救援知识等。三是掌握本企业设备、设施的分布及现状，重大危险点及危险工序的情况，熟悉各类设备的安全防护及操作要求。四是准确掌握本企业现场安全生产要求及检查标准，熟知违章指挥、违章作业和违反劳动纪律“三违”现象的具体内容。五是掌握伤亡事故的调查、分析、处理及统计报告的方法，具备事故现场勘查、制定事故应急处理措施和提出防止事故再次发生的能力。通过专业知识的培训，使安全员在现场检查、隐患整改、处理违章作业等方面，能够在工作中抓住重点，并能采取措施和管理手段，预防和减少伤亡事故的发生。

2）安全员的素质培养。安全员责任重大，其在工作能力、管理方法、工作质量及责任心方面应有较高的要求。作为基层的管理者，面对作业现场涉及的许多安全实际问题，没有一定的能力是无法胜任的。要整体提高安全员的素质，就要建立安全管理人员的培训体系，从提高专业素质入手，通过不断的学习，达到工作能力的提升。

3）安全员的思想品德教育和爱岗敬业精神的培养。安全员要具有良好的道德素质，要在企业中树立起较高的威信，所以，要有意识地对安全员进行思想品德教育，使他们充分认识到安全工作的重要性，深刻体会到自己工作的价值，从而热爱安全工作，全身心地投入安全工作中去。安全员应有良好的职业道德，在现场管理中做到腿勤、眼勤、嘴勤，不放过一处隐患死角。对不安全的作业行为不讲私情，做到奖罚分明，坚决制止违章冒险作业，严格按制度办事。

建设一支高素质、高水平的安全员队伍，是企业安全工作的基础，安全员要充分认识自己工作的重要性和肩负的使命，摆正位置、稳定心态，以保护员工的安全为己任，充分发挥安全监督、安全把关、安全预防的职能，用自己辛勤的工作，保持安全生产的良好局面。

（五）企业优秀基层管理人员事迹与做法

45. 福州电厂运行部主任许赞飞带领员工攻坚克难的做法

许赞飞是福州电厂运行部主任，自 1997 年参加工作以来，他以高度的责任感、强烈的事业心以及精湛的业务本领，勤奋踏实、奋勇拼搏、爱岗敬业、恪尽职守，出色地完成厂部交给的各项任务，为电厂安全生产、经营管理、企业文化建设作出了突出的贡献。他是电厂优秀青年的杰出代表，多次荣获电厂标兵、优秀共产党员、福建青年五四奖章等荣誉称号。在他的带领下，运行部先后荣获华能集团公司先进集体、福建省知识青年文明号等荣誉称号；运行部班组先后荣获集团公司“双争双优”优秀班组、省市“工人先锋号”等荣誉称号。

(1) 凝心聚力、强化管理，带领员工攻坚克难

许赞飞在担任运行部主任时，正面临三期两台 660 MW 超超临界机组年内必须“双投”的重要任务，同时还要确保一二期 4 台机组的安全稳定运行，能耗指标要继续保持全国同类型机组的领先地位。在艰巨的任务面前，他没有丝毫却步，通过创建本质安全型企业、深化节能减排、强化对标分析、开展值际指标竞赛等系列工作，确保了一二期 4 台机组的安全稳定运行和 3 号、4 号机组煤耗指标的领先和标杆地位。在三期机组调试期间，他率先垂范，通宵达旦是“家常便饭”。同时充分调动三期工作人员的积极性，发挥敢打硬仗的拼搏精神，在大家的共同努力下，三期 5 号、6 号机组全部实现了锅炉水压试验、倒送厂用电、锅炉点火吹管、汽轮机冲转及机组整套启动、发电机并网、首次带满负荷以及“168”试运等八个一次成功，出色地完成了两台 660 MW 超超临界机组年内“双投”的任务。

三期机组投产后，许赞飞没有松气，面对一二期机组设备逐渐老化、三期新投产机组尚待磨合、部分青年员工经验不足等诸多不利因素，他坚定信心，化压力为动力，不断提升管理水平。一是提高安全生产的认识。通过部门会议和学习班等机会，加强反违章治理工作的宣传和动员，在部门员工中牢固树立安全第一的理念。二是强化专项整治活动。大力开展“百日反违章”“违章零容忍”“设备整治”等专项活动，加大安全生产大检查和隐患排查治理的力度，突出抓好重点领域和薄弱环节的安全管理，通过严格规范操作、精心合理调节和认真排查隐患，确保机组安全、稳定、经济地运行。三是优化机组运行方式。积极开展值际“小指标竞赛”“电量竞赛”等活动，团结带领部门员工认真分析、仔细研究，努力克服送出受限导致的机组负荷率下降，以及大量掺烧劣质煤等因素对节能指标的不利影响，使各项运行参数进一步得到优化。继 3 号、4 号机组煤耗指标继续保持领先和标杆地位的基础上，6 号机组的生产供电煤耗取得了集团公司同类型机组第一的好成绩。四是努力发电降本增效。作为运行部主任，完成电量目标是厂部分配的一项重要任务，在他和部门员工的共同努力下，2011 年福州电厂发电量达 169.05 亿 kW·h，完成年度任务的 130%，提前 84 天完成了公司下达的 130 亿 kW·h 的目标任务。

(2) 多措并举、强化培训，全面打造精英团队

作为运行部的主要负责人，许赞飞充分考虑运行人员的年龄构成和特殊的倒班方式，以人为本，强化培训学习，积极打造一支能力突出的领导干部队伍，一支技术精湛的专业技术队伍，一支品学兼优的青年人才队伍。一是以竞赛促培训。通过仿真机举办各种形式的技能竞赛，营造良好的“比、学、赶、帮、超”氛围，使运行人员的操作技能得到很大的提高，实战经验进一步得到加强。二是完善培训长效机制。在每值每月两次集中学习的基础上，由各专业专工牵头，每月再组织学习 2～3 次，重点学习安全通报、设备原理和缺陷分析等，学习收到了良好的效果。三是加大青年员工综合素质培养，充分考虑青年员工参加工作的时间不长、劳动技能和生产经验相对薄弱，对关键安全点把握不足等现象，积极开展岗位练兵，进一步强化“以师带徒”培训机制，促进青年员工以主人翁般的强烈的责任感和使命感，融入到电厂和部门的各项工作之中，不断提高自身的综合素质，努力在岗位上建功立业。

(3) 以人为本、以诚相待，营造和谐工作氛围

许赞飞高度重视员工队伍的建设，注重培养员工的责任心、荣誉感和凝聚力。在他的带领下，运行部员工的思想道德水准、技术文化素质明显提高，进一步形成了良好的道德风尚及和谐的人际关系，营造了人人互助的良好氛围。一是关心爱护员工，以诚相待。面对严峻的生产经营形势，他经常在部门的各种会议上摆事实、讲道理，讲述企业发展和职工发展的关系，使职工群众牢固树立与企业同呼吸、共命运的意识。二是热心帮助群众解决实际困难。他努力为员工办实事、办好事，深受员工群众的信任与好评。病休职工林某某，患脑瘤后家庭生活一直比较困难，许赞飞非常关心，经常与部门员工上门帮扶。在其住院治疗期间，他在部门内发动捐款，并将 6 万多元捐款及时送到家属手中。三是丰富员工业余生活。为了促进企业文化有型化建设，他响应公司和电厂的号召，组织全部门员工积极开展各种球类竞技和文艺活动，如“颂歌献给党”大型文艺演出、“我与祖国共成长、青春建功献给党”青年竞技比赛、“书香华能·隽永人生”青年读书沙龙等，部门员工组织排练的舞蹈《海峡情·华能梦》和小品《特殊护理》，还荣获了优秀节目奖和最佳舞台效果奖。通过开展丰富多彩的文体活动，展现了运行员工良好的精神风貌和强烈的团队意识。

面对未来，许赞飞保持着一名普通员工的坚韧执著，立足岗位、争创佳绩，用“奉献不言苦、追求无止境”的人生格言，为广大青年员工树立了学习的榜样。

46. 桃园煤矿生产队长侯华新“三面镜子”抓管理的做法

他白净的面庞与耿直的性格形成强烈的反差；他安全管理细致入微，备受工友称赞；他坚持冲在工作一线，既是指挥员，又当战斗员，被称为运输线上的“铁队长”。他就是安徽淮北矿业集团桃园煤矿运输区生产一队队长侯华新。

（1）“三面镜子”抓管理

运输生产点多面广战线长，人员岗位分散，管理上稍有不慎，就容易出现安全漏洞。结合安全精细化管理要求和多年来的工作经验，侯华新总结出“三面镜子”管理法：排查安全隐患用“显微镜”，不放过任何事故苗头；处理问题用“放大镜”，对影响生产的任何环节都要追究到底，放大处理；班前会分派工作用“望远镜，做到心中有幅‘活地图’”，超前部署。“三面镜子”管理法转变了职工岗位操作中存在的“看惯了、干惯了、习惯了”的不规范操作行为，提高了职工安全操作的能力和业务技术素质，使安全事故率降到了零。

（2）工作作风“严细实”

“认真工作每一班，抓好安全每件事”是侯华新的座右铭。在与工友并肩“战斗”的同时，他时刻注意督察职工的现场操作行为，发现有故意减少安全工作流程或“手指口述”不规范的，立即给予纠偏指正。

运输区青工所占比例大，他们思想活跃，容易产生安全隐患。侯华新总是像大哥一样与他们推心置腹地交流，及时了解、掌握和分析全队每一位职工的思想动态。对于家庭有困难、夫妻不和、家人生病等存在安全思想隐患的职工，侯华新一方面积极帮助他们解决问题；另一方面耐心细致地做思想工作，帮助他们排除不良情绪的干扰，实现“轻装上阵”。

2008 年 6 月初的一天夜班，正在主持召开班前会的侯华新发现一名职工微眯着眼睛，精神不振，便主动与其交谈，得知这名职工家在很远的农村，回家忙完麦收后没有休息便拖着疲惫的身体赶来上班。于是他劝这名职工先回宿舍休息一天。起初，这名职工以离家较远，需要攒班回家耕种为由，不想缺班。侯华新苦口婆心做思想工作，终于说服了他，并向区值班领导汇报，为这名职工办理了事假。后来，这名职工感激地说：“回到宿舍后，我一觉睡到第二天上午 10 点多。如果当班下了井，还真不知道要出什么安全问题呢。”

侯华新常说：“其身正不令则行，与其在职工面前说破嘴皮、喊破嗓子，不如给职工干出样子。”多年来，他每月平均出勤在 26 个班以上，哪里苦、脏、累、险，他必定出现在哪里，用自己的实际行动给职工们作出了表率。

(3) 狠罚违章“没商量”

作为一名基层管理人员，侯华新深刻地意识到，安全工作容不得半点马虎，违反安全规定的人员，今天给他面子，明天放松要求，说不定哪天就害了他。许多想钻安全空子的人，从他那儿得到的都是三个字——没商量。

“侯队长，给个面子，帮个忙，上井后我请你撮一顿。”“你就是请我撮八顿也没商量。斜巷走钩来不得半点马虎，不能因为我帮了你的忙而给安全带来隐患，害人又害己。”这一幕是 8 月的一个中班，侯华新正在北四采区主运斜巷下部车场拒绝一名跟料工的“打料请求”。原来，这名职工所跟的物料车中，由于有一辆矿车缺少固定钩头销子，不符合斜巷提升规定，被侯华新“倒”到了备用道上准备升井。这名跟料工便拿出自己准备好的活销子，让侯华新帮忙把料“打”上去，没想到却吃了个“闭门羹”。

近年来，在侯华新的带领下，生产一队在顺利完成运输任务的同时，“三违”现象逐年减少，轻伤以上事故为零。侯华新也因此被

授予淮北矿业集团劳动模范和桃园煤矿“安全标兵”的荣誉称号。（孔军、石启元）

47. 衡阳工务段米河工区王忠林获“三严工长”称号的事迹

王忠林是湖南衡阳工务段米河工区的工长。担任工长一年以来，他从提高线桥设备质量入手，紧紧依靠群体的力量和智慧，彻底甩掉了工区“脏乱差”的帽子，使工区从后进班组一跃跨入先进班组的行列。是什么使王忠林在短期内改变了米河工区的面貌呢？靠的是严格标准化作业，把住作业质量关，严格考核职工劳动纪律和以身作则、模范带头作用，这是王忠林使的“三板斧”。

(1) 不怕困难，主动请缨求战

2000 年 7 月，一纸请战令递到了段领导手中，王忠林主动请求从段材料室材料工的岗位调到米河工区当工长，段领导被他这种请缨求战的精神感动，满足了他的心愿。领导的信任、职工的期待、工作上的重担、别人的议论给他带来了精神上的压力和钻研业务的动力，他说：“前面即使是万丈深渊，我也义无反顾！”

初到工区，为尽快掌握工区的情况，王忠林对管内 11 个曲线、全长 678 m 的金龙山隧道、2 座桥梁设备进行了一次全面的检查，做到了心中有数。在带班作业中，他发现职工作业质量不高，少数人不按标准化作业，于是对职工进行了一次业务理论考试，结果发现全工区 24 名职工中只有 4 名职工及格。为了尽快提高职工的业务素质，他创办了学习业务知识的夜校，对职工进行补习“充电”，组织职工重新学习了新“技规”“维规”“安规”“铁路轨道”及“电气化区间作业规则”等业务知识。仅半年多时间，工区职工的业务素质有了很大的提高，在接下来的职工业务知识考试中，合格率达到了 100%。

(2) 严格标准化作业，把住作业质量关

捣固是工务部门最常干的活，可是职工简化作业程序、盲目乱干，作业质量根本得不到保证，刚捣完的线路一过车，又变得高低不平，尤其在曲线上，线路质量更难保证。

面对这种情况，王忠林经常在线路上手把手地教职工捣固的动作、举镐的高度、脚踩的位置、镐数以及两人怎样协调配合等，不厌其烦地教会每一个人。职工小刘平时干活马虎，捣固的质量差，王忠林盯了他好几回。有一次，王忠林又发现小刘偷工减料，本要捣固 18 镐的，他只捣固 8 镐，王忠林严厉地说："标准化作业你又耍滑，捣固没有什么技巧，靠的是力气，你捣固的地段每次火车一过，钢轨就下沉，线路高低不平，这样轨检车怎么能跑出好成绩!"王忠林硬是守着他，把定额工作量重新捣固一次。大伙见王忠林这样认真对待工作，也就改正了不按标准化作业的坏习惯。

(3) 把严字当头的作风带到班组，严格劳动纪律

职工遵守劳动纪律的情况与安全生产密不可分，王忠林把严字当头的作风带到班组，职工都戏称他是"黑脸工长"。2000 年 8 月的一天，工区进行道岔维修作业，职工谷良田在带班进行道岔改道作业后，王忠林回检验收，发现轨距超过了规定允许误差值 1 mm，当场责成其返工，并扣发了他当月生产奖的 30%。同时，他和这几个职工一起干，待收工回来，天已变黑。职工有的说："王工长太认真了，工务工作是粗活，个把毫米出不了什么事。"可王忠林却严肃地说："个把毫米虽然说出不了大事，但是它隐藏着事故的隐患，搞安全是来不得半点松懈的，我今天不是罚返工和扣奖金，而是在培养一种精神，培养一种作风，那就是职工的敬业精神和顽强拼搏的作风。"一席话说得大家心服口服。

还有一次，工区班长在进行抬道维修作业时，有两名职工只顾抢任务，邻线来车时下道过晚，被段领导检查发现后处以违章罚款。王忠林为没有管好自己的职工深感内疚，主动承担了与违章者同等的罚款。他对大家说，这是因为我在布置工作时强调不够，我应承担责任。他还要求两名职工在安全分析会上作出深刻检讨，使其受到教育，让大家引以为鉴。

(4)"喊破嗓子，不如作出样子"，严格要求、精益求精

"喊破嗓子，不如作出样子。"这句话在王忠林身上体现得淋漓尽致。在作业过程中，王忠林对自己更是严格要求、精益求精，凡是技术难度大、要求高的活，他都要亲自干。2000 年 12 月，米河桥有 22 根钢轨要"下岗"，更换钢轨时翻动钢轨在工务部门施工中是个危险活儿，重 1.5 t、长 25 m 的钢轨要想翻个身，可不是件容易的事，弄不好就会发生人身安全事故。干这活儿不但要有力气，还要有巧劲与娴熟的技术。在这次连续 4 天的换轨施工中，每次施工翻钢轨都是王忠林拿"龙头"，且回回都安全顺利，施工正点率达到100%。

多年来，工作中王忠林在双休日很少休息，他把全部的精力都投入到了对线路病害的整治中。有一年，京广下行线衡山至米河区间改线施工开通不久，一个星期天的子夜时分，巡道工报告说，新金龙山隧道南头有一根钢轨垂直裂纹达 60 mm，需要立即更换下道。听到报告后，王忠林迅速带领职工赶到现场，以最快的速度将伤轨更换下道。重伤钢轨是换下来了，意外的事又发生了，把钢轨换上去后，发现这处的钢轨接头轨缝大了几毫米，虽然不影响行车，但存在隐患。王忠林对此始终放心不下，又拿来了轨缝调整器，把这 1 km的接头轨缝反复调整。这样一干又是一个多小时，直至轨缝达到标准。按规定，当工长每月可有 1/3 的时间在室内搞管理，整理台账，但王忠林总是把室内工作放在晚上，除了开会之外，上道率基本达到了 100%。难怪王忠林的妻子有一次生气地问："你这么不要命地干，到底图个啥?"听了妻子的责怪，王忠林只是一笑地说："铁路安全总得有人保。"

头雁高飞众雁随，王忠林用自己的行动把大伙的心凝聚在一起。线路上，他不知洒下了多少辛勤的汗水，工区里，不知留下了他多少感人的关怀。一分耕耘，一分收获，正是王忠林这种特有的敬业精神和拼劲，才改变了米河工区的面貌，换来了米河工区"先进班

组”的光荣称号。（谭尚策、朱娜）

48. 天铁集团焦化厂回收车间主任杨华义埋头实干的事迹

作为一名普通职工，杨华义把自己宝贵的23年青春献给了天津天铁冶金集团公司焦化厂回收车间，从一线职工、班长、车间副主任到车间主任，每一步都浸透着他埋头实干、恪尽职守的工作精神。翻开焦化厂近年来的生产记录，回收车间粗苯、硫铵、焦油等化工产品不断攀升的产量总会让人赞叹不已，而粗苯1.09的收率更是名列全国同行业前茅，回收车间平均每年为焦化厂创效益近亿元。在这些骄人成绩的背后，凝结着杨华义多年的心血和汗水。

(1) 严管理，确保化工产品优质高产

伴随着焦化厂管理力度的不断加大，杨华义为把工作做实、做牢、做细，狠抓基础管理工作不放松。首先从各岗位台账入手，要求各操作工、检修工台账记录要实，即实实在在反映本班次的生产指标；要细，即记录要认真细致、及时准确；要净，即记录是要核实、要备查的，不卫生的记录能及时反映职工的不良心态，所以要净。此外，杨华义还修订、规范了车间有关的制度和管理规定，如每日的班前班后会议制度、操检合一巡检制度等。针对执行规定中可能出现的问题，他又制定了“焦化厂回收车间管理考核细则”，对违反劳动纪律的个别职工严厉考核，决不姑息迁就。

生产任务要完成，设备设施是关键。杨华义要求所有设备必须达到生产需求的指标，运转设备每小时巡检一次，备用设备每日巡检两次，大到整台机电设备，小到底座螺钉、螺母，做到处处无死角，点点无盲区，使焦化回收车间的设备运转周期明显提高，检修费用逐年降低，为提高化工产品的开工率创造了条件。

对于设备检修，杨华义要求使用材料备件要恰到好处，绝不能“肥头大耳”，更不能偷工减料，他向职工讲解“星级设备管理体系的操作细则”，使每位职工都参与管理，树立主人翁意识，人人都是管理员的理念。在设备系统评定验收中，回收车间的设备达到了二星级标准，成为焦化厂红旗设备、红旗站所的标杆。

健全的规章制度、先进的设备管理，再加上职工的精心操作，使回收车间的粗苯产量连年上升并突破了 13 000 t 大关，硫铵、焦油产量也在原来的基础上有了大幅度提高。

(2) 抓安全，为生产保驾护航

在焦化厂，回收车间作为甲级 A 类防火区，易燃、易爆、易中毒，危险系数高，不安全因素多，而且全厂的“心脏设备”鼓风机就在这个车间，所以安全工作必须慎之又慎。这几年检修项目多，动火部位极其复杂，如何做好防火工作，是回收车间安全的首要问题。

杨华义对安全工作极为重视，“动火审批手续必行，安全措施落实必行”，这是车间保证安全生产的重要环节，丝毫不能马虎大意。尽管每次审批动火都符合要求，可杨华义还是不放心，他要亲自过目，亲自盯守现场，直到工作完毕，他才松口气。在每天早晨的调度会上，为安全，他不怕别人说他婆婆嘴，要讲上几分钟，甚至十几分钟，对每项工作可能出现的安全隐患力求先整改后施工，也正是因为这样，回收车间几年来从未发生过火灾爆炸事故。针对本车间的实际情况，他建议厂里制定实施了“进入粗苯库关闭通信工具”等一系列安全规定，他还定期组织车间职工进行实地消防演习，使职工的安全技能水平不断提升，为实现安全生产的局面打下了坚实的基础。

(3) 搞技改，打造“美丽”车间

为了提高化工产品产量、质量，进入 2001 年，焦化厂回收系统技改工程全面铺开，这一项目是公司投资 5 500 万元的跨年度工程，其中包括机前煤气初冷系统改造、溴化锂制冷站的改造、新蒸氨的改造及酚氰污水处理系统改造等重点项目，由于技改进行的同时，生产还要照常进行，作为车间主任的杨华义，既要抓好日常生产，又要参与技改工作的决策指挥。

回收系统技改工程建设的600多个日日夜夜，杨华义都忘我地工作在施工现场，即使是在下班之后，他还要想想技改工程中哪个地方不合理，哪个部位什么时候能干完，哪项工程什么时候能开工，所有的问题他都在想。在他的督促和协调下，回收车间多达十几个施工队伍的施工项目，没有出现任何安全和质量问题，并且实现了新旧系统的顺利衔接。新横管初冷器于2003年5月在没有任何经验的情况下一次性试运行成功，溴化锂制冷站也于2003年7月投入运行，新蒸氨及酚氰污水处理系统的开工，使焦化厂污水指标达到了国家外排标准。改造后的回收车间布局更合理、工艺更先进，为焦化厂即将实行的区域巡检制奠定了基础。

(4) 爱职工，做大家的贴心人

俗话讲，职工的心是企业的根。回收车间现有230名职工，为了发挥每个职工在生产中的作用，杨华义组织车间管理人员从技术上、思想上、多方面、多角度地综合评价每位职工，挑选出精兵强将送到重要岗位上，或是当班组长，或是当技术骨干，或是当生产工作带头人。让一线职工体会到工作被认可的荣誉感，使大家一心一意学技术、钻业务。在2008年的焦化厂八大技术工种比武考试中，回收车间有9人被评为技术能手。

关心职工除了从工作角度出发，还要切实关心职工的生活。几年来，他坚持做到“四到五必访”，在职工的病床前、家里都留下了组织的关心和温暖，用实际行动树立了基层领导干部的良好风范，搭起了企业与职工的连心桥。

(5) 作表率，当好班子领头人

作为车间领导班子的领头人，杨华义注重团结，襟怀坦白，廉洁自律，他要求班子成员要补台不拆台，工作中讲民主，对于涉及职工利益的事情必须集体商讨决定，实现公开、公平、公正。

近年来，随着焦化回收系统技改工程的进展，新增加的岗位越来越多，职工们因岗位变动等大事小情，总要找他、求他，而每遇到此事，不管个人关系是否密切，他都严格按有关规定办事，并向他们讲清道理。在他的带动下，回收车间领导干部廉洁自律蔚然成风。杨华义在工作上不仅有一身正气，还有一种拼搏奉献的精神。2001年，回收系统技改工程全面铺开，自那时起至今，杨华义从未歇过一个双休日、节假日，他总是想在最短的时间内尽快熟悉新设备、新技术、新工艺，用自己的实际行动感召、凝聚全车间的职工为焦化厂的安全生产尽心竭力地努力工作。

平凡孕育伟大，实干铸就辉煌。作为一名基层管理人员，杨华义把对天铁集团的感恩回报化作干好工作的不竭动力，带领焦化厂回收车间职工不断努力，再接再厉，谱写新篇章。

49. 唐钢公司炼铁厂炉长刘士友把炼铁当成一门艺术的事迹

在唐山钢铁公司炼铁厂南区二号高炉炉长刘士友眼中，炼铁是一门艺术。为了追求这门艺术的完美，他孜孜不倦地钻研了21年，精益求精地创造了21年。

(1)“要干，就干成一流”

1991年8月，毕业于东北工学院冶金系的刘士友，被分配到唐山钢铁公司。按照“所有新入厂大学生必须从基层干起”的要求，刘士友到炼铁厂当了一名炉前工。由于当时的炼铁厂使用的是100 m^3 的小高炉，环境差、条件苦姑且不论，很多炉内技术问题靠得是“拍脑门、捶大腿、实在不行咧咧嘴”式的经验性操作，大学课本里学的理论根本派不上用场。

在理想与现实的差距面前，刘士友同自己较上了劲：“要么不干，要干就干成一流!”从炉前工到班组长再到炉长，刘士友这一干就是21年。

刘士友记得，刚参加工作时，有一次大学老师去北京开会路过唐山来看望同学们，当一位同学满身粉尘地出现在老师面前时，老师忍不住抱住那位同学哭了。刘士友说，正是对炼铁岗位艰苦劳动的切身体会，时刻激励着自己刻苦钻研，学以致用，不断用技术改造来提高效率、降低一线工人的劳动强度。

21 年来，刘士友坚持在炼铁第一线一边干工作一边搞科研。他主持的“全面参与设计筹建强化过程控制，确保高炉投产达产”获公司现代化管理成果奖；主持的“唐钢炼铁厂南区 2 号高炉筹建改造及工艺优化”，获公司科技成果奖；他创造的高炉温、高风速、高风量、高料层、高顶压、低硅冶炼的“五高一低”操作法，取得良好的经济效益，年创效 500 万元。自 1998 年以来，刘士友连续 5 年被唐钢评为“公司优秀科技工作者”，2003 年，被聘为首批“唐钢炼铁专业技术带头人”。

(2)“炼铁是一门追求完美的艺术”

唐山钢铁公司 2005 年生产统计资料上记载着这样一组数字：炼铁厂南区 2 号高炉累计产铁 640 482.22 t，超目标 65 607.22 t；高炉利用系数达到 3.898，比设计能力提高 0.398；综合焦比降至 496.59 kg，比目标降低 12.66 kg；高炉风温达到 1 185℃，比目标提高 65℃；喷煤比达到 145.32 kg，比目标提高 25 kg。

对于外行人来说，数字是抽象而枯燥的，而粗通炼铁知识的人则不难看出，这组数字所体现出的是高产量、低能耗的各项经济技术指标，已是我国同类非富氧高炉指标优化所能达到的几近完美的境界。

2004 年 1 月，刘士友被任命为唐山钢铁公司炼铁厂南区高炉二车间主任，全面负责 2 号高炉建设及开炉达产工作。鉴于此前两座同类高炉因基建技改中存在问题，投产后始终难以达产，刘士友给自己定下了硬指标：“前两座高炉出现的问题不能再出，前两座高炉没有出现的问题更不能出！”

分析前两座高炉在设计、施工过程中出现的问题，他大胆指出了高炉设计的缺陷 109 项，重大问题 27 项。为了对改进结果负责，他与设计单位协商后，自己亲自动手画图，并派专人负责，逐项落实到设计者、设备厂家和施工安装现场，及时制止了不达标施工 100

多起。

经过120多天的昼夜奋战，2号高炉于5月27日一次点火成功，并于开炉16天实现利用系数每天3.5 t/m³，实现了开炉即达产的目标。

投产后，刘士友又把目标锁定在各项指标的优化上。他不仅注重横向比，即每月都要与同行业先进企业进行全方位对比，而且更热衷于纵向比，即自己和自己的最好指标对比，车间内部各作业区之间、班组与班组之间、同一岗位之间等都要进行对比。

“谁说钢铁无情？你没见滚烫的高炉已经把坚硬的矿石化成了温柔的铁水吗?”刘士友说，炼铁是一门艺术，虽然总会留下些许遗憾，但仍是一个追求完美的过程。

(3)“理想和事业是无价的”

凭着一项又一项科研和管理成果，刘士友在业界已是小有名气。名牌大学毕业生、高级工程师的“头衔”则更增添了刘士友在人们心目中的“含金量”。尤其是近年来，随着钢铁生产整体规模的扩大，钢铁技术人才十分“走俏”。一些私营钢铁企业不断向刘士友摇出“橄榄枝”：高薪、住房、职务、股份等，各种优厚条件水涨船高。有人劝他：“趁年轻多赚点钱。”刘士友则回答说：“理想和事业是无价的，我想趁年轻多干些事业。”“是党和国家培养了我。我所取得的每一点成绩，都离不开企业对我的信任和支持，我的根在唐钢。”

如今，刘士友更感觉到肩上担子的沉重，打造一支素质过硬的职工队伍的任务又摆在他面前。为尽快实现队伍素质整体提高的目标，刘士友亲自担任教员，言传身教，并组织培训考试，将成绩纳入经济责任制考核，使整个高炉车间形成了自觉学知识、争相比技术的良好氛围。

50. 华能海门电厂锅炉专工姚友工勤于思考刻苦钻研的事迹

在华能海门电厂，提起锅炉专工姚友工，可谓无人不晓。四十出头的他，中等身材，质朴的脸上透着一股精干和坚毅，黑亮的眼睛中流露着聪明和睿智，言语不多，但特别爱钻研，只要是锅炉专业方面的问题，说起来总是头头是道。他兢兢业业，尽职尽责，用不懈的努力和火一样的热情，诠释了对华能事业、对企业的热爱和忠诚，用汗水和执著浇注出一道道人生的彩虹。他先后多次荣获华能广东分公司双文明职工标兵、党员示范岗、质量管理先进个人，并于 2009 年、2010 年连续两年荣获华能国际电力股份有限公司先进个人和华能集团公司劳动模范。

(1) 勇挑重担，攻坚克难

2010 年，实现 3 号机组年度投产目标是海门电厂工作的重中之重，但由于诸多客观因素的影响，3 号机组从设计开始就相对滞后，而锅炉安装量大、面广，更是整个工期中最关键的环节，几万个焊口不能出丝毫差错，对于姚友工来说是一个严峻的考验。他身先士卒，迎难而上，凭借着自己多年丰富的基建经验，一心扎根在现场，按照电厂确定的工期计划，倒推节点时间，制订出严密的三级工期计划，严格落实到每一个施工人员，把握每一个关键环节。

在 3 号机组建设中，烟风道安装严重滞后制约着整个工程的进展，为了攻克这一难点，电厂成立了烟风道突击分队，分成 60 多个小组两班倒，进行 24 h 连续作业。作为突击分队队长的姚友工，以只争朝夕的紧迫感昼夜奋战在施工现场，忙得顾不上喝水的他常常嗓子嘶哑着在现场指挥把关。忘我的工作精神感染了现场的每一名参建人员，原本需要半年的工期，只用了 40 天就提前完成了，保证了机组吹管节点和整组启动的按期进行。

锅炉是机组的心脏，锅炉的焊接质量直接影响到设备的使用性能，甚至影响到设备的使用寿命和安全运行。姚友工充分应用他在多年基建工程中总结出来的在焊接控制方面的管理方法，在受热面焊前制定了锅炉“零爆管”技术措施，制定并完善了“承压受力部件缺陷检查处理奖励办法”，加大对受热面、压力容器等设备的监督检查力度，对受热面进行内窥镜100%检查，高度重视焊前检查、焊后验收工作，每次检查都亲力亲为，以确保焊接质量，特别是锅炉吹管后的集箱内部清洁度检查，在50℃多的高温下一蹲就是五六个小时，确保不留死角，3台机组共15万多个焊口，没有出现过一次变形、泄漏，创造了1号、2号、3号机组168 h试运期间锅炉“零爆管”记录，1号、2号机组运行至今未发生过一次爆管，海门电厂1号、2号炉“零爆管”质量小组也荣获了“广东省十大质量创新团队”。

(2) 锐意进取，突破创新

作为技术排头兵和专业带头人，姚友工勤于思考，刻苦钻研业务知识，积极开展技术创新，攻克了一个又一个技术难题。

1992年，姚友工参与国内科研单位联合开展的大型烟道非金属三向膨胀化国产化工作，产品大大节约了燃气轮机的生产维护成本，于1995年通过了国家电力部的产品鉴定。

姚友工认真开展海门电厂3号锅炉烟风道及煤粉管道形状和布置优化工作，采用先进的CFD技术，有效降低了锅炉烟风道阻力，提高了锅炉燃烧均匀性和稳定性。在168 h试运期间，3号炉飞灰可燃物含量仅为0.13%，比1号炉下降了0.5%，炉渣可燃物含量仅为0.26%，比1号炉下降了0.3%，同时节省了投资。

引风机小汽机驱动技术是海门电厂3号机组工程设计优化的主要项目之一，也是集团公司2010年节能技术创新的科技攻关项目，工程技术难度大、风险高、工期短。姚友工凭借多年的工作经验和对理论知识的深入研究，积极参与技术攻关，与攻关小组一起认真收集国内外有关资料，全方位协调设计和制造厂家，确保风机能够满足设置GGH后的高压力引风机要求。在电厂指挥部的正确领导和全体参建人员的共同努力下，攻关小组克服了设计、施工中的各种困难，仅用40天就完成了动引风机的安装和调试任务，并经受住了168 h满负荷试运期间的性能考验，整体试运参数良好、调节稳定，与1号、2号机组相比，仅此一项优化设计就降低了厂用电率的1.27%。

(3) 孜孜不倦学习，感恩回报企业

“成功源于不断的追求，不断的学习”。多年以来，姚友工始终保持着不断学习、持续充电的习惯，1998年通过锅炉压力容器监察工程师资格考试，2003—2007年参加了四川大学的电气工程自动化专业学习，取得了本科毕业证书。工作之余，姚友工积极总结技术经验，撰写论文，与锅炉专业的同行交流工作和学习体会，曾多次在国内重要期刊上发表论文，其中在国内核心期刊《燃气轮机技术》上发表了题为《改造余热锅炉的挡板实现快速启动》，在《科技信息》上发表了题为《圆形煤场煤堆主要自燃现象及改进措施调研》等论文。

熟悉姚友工的同事都知道，其实他有一个殷实的家庭环境，哥哥和弟弟都有自己的企业，看着他这么辛苦地工作，一年下来没几天休息，都力劝他辞掉工作来和他们一起经营企业，遇到这样时候的姚友工总是默默不言。他说也曾经有过动摇的时候，但想到部门缺乏有经验的老职工，想到领导极力挽留的目光，最后他还是割舍不下对事业、对企业、对华能的那份深情与热爱，踏踏实实留在了工作岗位上，就如他说过的一句话：“责任意味着奉献，为了这份责任，我无怨无悔，我爱华能，这里就是我的家。”

二十几年如一日，姚友工以严谨的工作作风，求真务实的工作态度、崇高的敬业精神在平凡的岗位上勤勤恳恳地工作着。他没有惊天动地的壮举，没有催人泪下的故事，唯有实实在在的奉献、默默无闻的付出和踏踏实实的生活。(黄喜阳、郑丽虹)

51. 河北钢铁储运中心车间主任潘武强化组织管理的做法

河北钢铁集团公司储运中心第三原料车间，承担着储运中心大部分原料的储备、接卸、配料、输出等任务。该车间主任潘武，带领他的团队，自我加压，不断优化卸车方案、强化卸车组织，带领职工多次打破火车日均卸车历史纪录，为公司效益的最大化作出了突出的贡献。

（1）攻坚克难的带头人

对车间每月的生产任务，潘武都亲自分解、精心组织，强化管理，细化生产安排。每天早上早调会结束后，他都会到岗位了解生产情况，询问存在的问题，并在第一时间组织解决。他对工作的高度责任意识和极强的工作效率，不断激发职工的工作积极性，形成了良好的工作氛围，为第三原料车间各种工作的推进打下了良好的基础。

2012 年 1 月是冬季最为寒冷的月份，也是原料场生产最困难的时期。火车来料经常被冻成大块，有时从北方来的原料几乎冻成一个整体，车帮车底都被冻得结结实实，料条里的原料也都冻成大大的冰盖，厚达 0.5 m，堆取料机无法取料。皮带运输机漏斗极易被原料黏附冻结，造成堵塞，无法输送原料。面对冬季保料的各种困难，潘武和职工一起肩并肩战斗在生产一线。春节期间，由于含铁原料突击进场，卸车压力明显加大。为了尽快卸完积压料，他带领突击队员，连续 7 天奋战在卸车一线，工人换了一班又一班，而他始终值守在现场，吃住在工地。

针对原料上冻、卸车困难的问题，潘武制定了保料措施，对易冻料撒盐及加盖棉被进行保温，同时根据火车来料冻料多、翻车难，他在翻车机组织建设了简易解冻室，大大提高了翻车效率。最困难的时期，他一连几天盯在卸车现场，仔细观察卸车的各个步骤，与卸车单位人员研究商讨优化卸车操作，缩短卸车时间。他将卸车的流程细化成若干个具体的操作步骤，每个操作步骤都规定了时间，形成了一套标准化作业流程。遇到卸车超时的情况时，他亲自组织分析，找出问题的根源，并制定改进措施。在他的带领下，第三原料车间圆满完成了冬季保料任务。

(2) 优化物流的带头人

“节约每一分钱!”这是潘武经常对职工说的一句话。他带领职工从每一个环节、每一个流程、每一个岗位做起，在接卸、盘垛、倒运、配料、输出等环节都要进行成本测算，以效益最大化为目标组织生产。

储运中心刚成立时，中心库的原料经常需要跨厂区用汽车倒运到一、二料场，增加了运输成本。为了解决此问题，自 2010 年 5 月开始，潘武利用管带机过料成本比用汽车倒运低 2.54 元的优势，采取了库内盘倒到汽车受料槽，然后再用管带机输送到一、二料场的办法。为了进一步减少汽车倒运费，他又经反复研究、多方商讨，终于在 2011 年 4 月组织实施了管带机技术改造，增加了一台 C2 皮带机，使酸精可以直接通过管带机输送到一料场，结束了用汽车往一料场跨界倒运酸精的历史，仅此一项每年就可为公司节约倒运费 365 万元。

(3) 挖潜增效的带头人

2012 年 4 月，一料场改造过程中产生的大量含铁废物料移库至三料场，总计 15 余万 t。他把这些废物料视如珍宝，及时组织外围保产单位进行筛分，将筛出的粉子料在混匀配料过程中，按一定比例配加，共计消耗废料 5.7 万 t，仅此一项就为公司节约了 3 420 万元。

2011 年，翻车机双联更换一次皮带约需 20 h，严重影响了翻车机的作业效率。针对这一情况，他和维保单位研究对策，把双联改造成快速换皮带装置，将更换皮带的时间缩短至 6 h。一号汽车受料槽存放高炉块矿的 4 个料仓的导料槽，由于设计缺陷，在卸料时皮带磨损非常厉害，一条新皮带使用一个月就需要更换，不但皮带消耗量高，还严重制约着生产。为了解决这一难题，他守在皮带机旁，仔细观察，最终制定了改造方案。经过与技术人员研究并征得同意后，他立即安排实施改造。这项改造完成后，皮带的使用寿命比过去延长了10个月，仅此一项每年就可节约30万元。

52. 中石化天津分公司车间副主任周利军勇于争先的事迹

1993年7月，20岁的周利军以第一名的成绩毕业于天津石化化工学校，在选择工作单位的时候，他毫不犹豫地选择了天津石化公司化工部，因为这是他父母曾经工作过的地方。

当时，周利军的父亲已经去世。在上班报到之前，要强的母亲反复叮咛："利军啊，上班后要好好干，在厂里听领导的话，多向叔叔阿姨学习请教，争取干出成绩来，别给老人抹黑。"周利军郑重地点了点头，从那时起，他就决心成为最出色的职工。

（1）勤奋好学，做最努力的人

周利军最爱说的一句话是："混也是8小时，学也是8小时，干也是8小时，不管在什么岗位上工作，即使不能成为最好的，但起码要成为最努力的。"进入工厂后，他一头扎入生产装置现场，凭着一股子拼劲和韧劲，仅用了半年的时间，就将生产流程了然于胸。

1997年，周利军因工作努力、勤奋好学、成绩突出加入了中国共产党，成为了一名共产党员。他说："现在回想起我入党宣誓的时候，我还感觉特别激动。入党是一个人一生的事，我要用我这一辈子，践行我对党的承诺，就像誓词里说的那样，为共产主义事业奋斗终生。"

1998年12月，周利军从溶剂油车间调入化工部"技术含量"最高的大芳烃车间。面对复杂的流程图，周利军当时的感觉就像是看天书，不知道从哪里入手学。当时，大芳烃装置刚开始建设，技术资料特别少，他就到处找资料学。后来，终于借到一本《装置通用操作手册》，他如获至宝，把700多页的通用操作手册用一个月的时间抄了一遍。一有时间就学，有时一学就是4～5 h。时值冬天，为了把流程图中的管线和现场对上号，需要到现场熟悉流程，他穿着防寒服，在现场一待就是多半天，虽然人冻得打哆嗦，但心里却因学到了知识而热乎乎的。到了装置开车的时候，他不仅能熟记大芳烃装置的流程图、背出管线号，还清楚每条管线的作用以及流向，对现场流程更是了如指掌，成了问不倒的“活流程”。

凭着这种锲而不舍的精神，周利军成了蓝领中的工人专家。车间为了检测吸附塔的运行状态，要频繁测量床层压差。把吸附塔24个床层测量一遍，需要二十几个小时才能完成，工作非常繁重。由于吸附室物料温度高，手工操作测量会导致数据不准确，而且操作工的安全也得不到保证。为攻克这个难题，工人们向外国专家请教，外国专家耸耸肩、两手一摊说：“这是我们多年研究的设备，在哪个国家都有规定步骤，没有其他办法。”善于思考的周利军不信邪，他觉得，总是重复别人的东西不会有出息，要超过他们，非要有自己独创的技术不可。于是平时很乐观的他陷入深深的思考当中，一心要琢磨出解决办法。后来，他索性把妻子和孩子送回了娘家，一头住进办公室进行研究。白天在车间测算工艺数据，晚上翻阅研究国内外论文。

一天，周利军独自在桌上边画图边思索。不经意间，一只长腿蜘蛛从他眼前缓缓爬过。灵感从天而降，蜘蛛细长的腿在他眼中变成了引压的管线，而蜘蛛的身体则变成了连接管线的压差表，一个大胆的构想在周利军脑海里逐渐清晰起来：如果把测压装置做成蜘蛛那样，将13个取压点像蜘蛛腿一样依次引入测量仪的高压管和低压管，中间用阀门隔开，只要开启相应的阀门，不就能轻松完成测压工作了吗？周利军的大胆设想非常有创新性，组织上给予了大力支持，鼓励他大胆尝试。周利军和车间技术人员一起反复研究，先后解决了不同床层压差切换和数据传输等问题，终于设计出了一套“吸附室床层压降测量系统”。投入使用后，将测量床层压降数据的时间由原来的二十几个小时缩短为30 min，同时提高了数据精度和操作安全。外国专家看了这套装置后也赞不绝口，并希望把这项技术推广到他们在世界各地的装置上。现在这项成果已经申请了国家专利，并广泛应用于中石化企业同类装置中。

工作以来，周利军先后参与科研项目 5 项，工艺攻关项目 10 余项，提出合理化建议 108 项，为企业增效 4 600 万元，节约成本 1 170 万元。2007 年，周利军荣获天津市“工人发明家”称号，2010 年当选全国劳动模范。

(2) 不为高薪所动，情系国企发展

虽然只是一名普通工人，但周利军有着强烈的主人翁意识，对自己的企业怀有深深的感情。随着他的知名度在石化行业越来越高，很多民企、外企都想让他跳槽，有的甚至许以高额年薪，几乎相当于他现在工资的 10 倍，但周利军丝毫不为所动。有人替他惋惜，他却淡淡地表示：“钱多并不一定幸福。我是天津石化的子弟，是石化众多的领导和老师傅培养了我。我在这里出生、成长，这里有我的事业和追求，在这儿干，我心里踏实。我只做了自己应该做的事，但领导和同事却给了我很多荣誉，我舍不得离开这个企业，我也舍不得我们这个团结协作的优秀团队。”

对企业的热爱，使周利军不满足于个人的进步，他不仅利用各种机会，影响和激励身边的同事共同学习、勇于争先，也毫不吝啬地帮助年轻人。周利军先后带过 47 名徒弟。如今，他们都成长为技术骨干和操作能手，其中获得技师称号的职工 8 人，提出工艺攻关和合理化建议 91 项，累计创造经济效益 2 700 多万元。现年 32 岁的车间技术组组长霍道勤就是周利军众多弟子中的佼佼者。曾多次作为专家到兄弟石化企业指导装置开工的霍道勤至今还记得周利军对他说过的一句话：“你即使作为一名操作工，也要成为最牛的那一个。”周利军的人生格言，使他和他的弟子们受益终身。(赵荣君)

53. 下花园发电厂继电室主任李方兢兢业业、精益求精的事迹

李方是大唐国际下花园发电厂检修公司继电保护室主任，自 1998 年从华北电力大学电力工程及其自动化专业毕业分配到下花园发电厂工作起，一直从事继电保护工作，从检修工、班长、专工、主任工程师直至继电保护室主任，他一步一个脚印走过来，兢兢业业、精益求精。

作为发电厂检修公司继电保护室主任，李方身先士卒，带领车间职工学技术、学理论，积累了丰富的继电保护专业知识，更培养了他们踏踏实实、勤奋朴素的作风，公道正直的品格和心系企业、无私奉献的精神。2007 年，李方带领继电保护室全体工作人员团结协作、共同努力，圆满完成了全年的工作任务，取得了突出的成绩，使管理水平迈上了一个新台阶。

(1) 硕果累累：7 个生产指标 100%

下花园发电厂是一个有着 70 年历史的老厂，设备的老化和技术的不断更新改造，加大了继电保护工作的任务和难度。工作中，李方虚心向老师傅和同事们请教，勤勤恳恳；专业上，他不断加强学习，提高业务水平。继保室的主要任务是提高机组的设备安全系数，为保证设备的健康和安全水平，他通过组织管理人员分析历年来工作中的不足，总结经验、吸取教训，把管理重点放在增强职工的责任心和信心上，全力以赴开展好继电保护工作，用严谨规范、坚持不懈的辛勤工作换取了设备安全系数的提高。

李方在工作中坚持高标准、严要求，每项工作务必做到工作负责人验收、班长验收、工作人员再亲自验收的“三级验收”责任体系。正是由于坚持管理规范、责任到位的管理制度和以勤补拙的管理手段，才有效遏制了设备异常现象的发生，取得了优良的业绩。

2007 年，发电厂继电保护工作实现了全年保护装置投入率 100%，保护装置校验完成率 100%，自动装置投入率 100%，机组、系统录波完好率 100%，220 kV 保护装置正确动作率 100%，电量计费系统全年故障时间为零，遥信正确动作率 100%，仪表校验合格率 100%。7 个 100%的优异成绩，各项考核指标均达到历年的最好水平，设备健康水平提高了，确保了设备的安全稳定运行。

(2) 严字当先：技术改造创精品

李方在不断丰富专业知识、积累工作经验的基础上，立足岗位开展技术改造，专业技术越来越精湛。为提高设备的健康水平，保证系统更加稳定地运行，李方带领职工结合安全性评价，加大了继电保护设备的改造力度。在2007年的设备改造中，继电保护室如期顺利地完成了3项重大改造工程，即2号机组大修中的2号机发变组保护双重化改造、2号机DCS系统改造、6 kVⅡ段保护、控制及计量装置改造；2211、2212、2245关口电能计量装置改造和2211、2212线路开关安装、CZX－11A型操作箱控制回路的改造和2211、2212、2245失步解列装置的安装。在改造过程中，他们严把质量关，严格按图施工，严格遵守“三级验收”和“华北电网继电保护基建工程验收规范”制度，使得改造后的设备一次投运成功，并实现长周期安全生产无故障，达到了优质标准，受到了大修专家组和厂领导的好评。

(3) 强化管理：未雨绸缪保安全

通过几年孜孜以求、不断探索的一线生产实践，李方认识到要确保设备的安全稳定运行，必须做到层层落实责任制。因此，在工作中，他认真贯彻“三级验收”管理体系，始终坚持逐级管理，尤其要求自己把好最后一道关，对检查出的问题耐心与大家进行沟通、讲解，不留疑问。为了确保企业安全生产，他经常教育和引导职工要严谨、认真工作，认真履行职责，在广大职工中树立“只要多付出一点辛苦，多把一道关口，设备故障概率就降低一分、设备安全系数就提高一分”的继电保护工作理念。他经常说，继电保护者的职责是通过自己谨小慎微、责任到位的工作，换来全厂设备安全系数的提高，这种付出非常值得。

将工作重点放在前期准备上，也是他从多年的继电保护管理经验中总结出来的。继电保护有其专业特殊性，他坚信继电保护前期全面细致、充分完善的准备工作，是顺利完成工作的基础，具有事半功倍的效果。在每次改造中，他都要求全体人员认真学习新设备原理、结构及接线图，对概念模糊的地方要进行全体讨论，直到问题“水落石出”为止。正是由于这样认真负责的态度和顽强执著的作风，才保证了多次技术和设备改造工程的顺利进行和新设备的安全可靠投入，使全年保护装置正动率有效提高。

（4）技术攻关：争创学习型职工

当前的电力技术发展迅速，李方深知只有不断地汲取新知识，不断更新思想观念，才能满足电力快速发展对专业人员提出的更高要求，这也是他从一名普通检修工走向领导岗位坚持的学习精神和钻研态度。凭借多年的工作经验和对理论知识的深入研究，他带领继电保护室职工创新地制定出了独特的改进方案，解决了长线路的抗干扰、开关失灵保护等困扰继电保护专业数年的顽疾，使设备投入正常生产运行，为全厂设备的安全运行起到了积极有效的作用。

作为技术排头兵和专业带头人，李方以自己过硬的技术、谦和的人品和精益求精的工作作风获得了继电保护室的每一位成员的尊重，遇到技术难题，大家都不约而同地想到：“问问李主任吧。”

如今，机组的扩容增加了对技术人员的需求，职工培训工作也随即摆上了他的议事日程，即加强对人员专业理论知识和专业技术技能操作等培训工作。在工作中，他提倡采用新老结合、师徒传帮带等方法，由经验丰富的成员负责监护，指导新人工作，充分锻炼新人的动手能力，并且要求边工作边讲解，工作结束后再进行点评和总结，加快了新人技术技能的提高。

自信源于实力，实力源自学习。在坚持不懈的理论学习和踏实认真的工作实践中，朴实无华、默默无闻的李方发挥着继保带头人的引领和示范作用，充分调动了全体人员的积极性，实现了继电保护全年设备安全稳定运行的既定安全目标。（赵楠）

54. 铜川电厂运行部汽机专工张学海绽放青春创业绩的事迹

张学海今年 26 岁，2006 年毕业于东北电力学院并参加工作，现为华能铜川电厂运行部汽机专工。张学海从大学毕业就来到了陕西省华能铜川电厂，开始了他的工作生涯。他先后在华能铜川电厂运行部担任集控副值助手、集控副值、集控主值、汽机专工职务，每一个岗位，每一串足迹，都闪耀着他青春的风采。

(1) 争当学习先锋，立足岗位成才

2006 年 7 月，张学海大学毕业后就投入华能铜川电厂生产准备培训中。他严格要求自己，刻苦钻研专业知识，虚心求教，将大学中所学的专业知识逐步融会贯通至电厂实践中，并完全在思想、心态及行为上成为了一名真正的电力职工，以优异的成绩给生产准备培训工作交了一份满意的答卷，在生产准备运行人员技术培训综合考评中获得二等奖，竞聘为运行部集控副值助手岗位。

生产准备培训结束后，他投入了新投产的两台 600 MW 机组的整体试运调试工作。每天扎进工作中，苦干实学，再苦再累的倒班，他始终如一地坚信“宝剑锋从磨砺出，梅花香自苦寒来”的格言，虚心向调试人员及老师傅请教学习。在他的记录本上，总是记录着点点滴滴的知识和经验，整个调试结束后，一本写满密密麻麻字的记录本，为他以后的工作提供了可靠而有力的理论及实践经验和保障。

(2) 用心钻研技术，脚踏实地干工作

作为一名集控运行人员，张学海在技术上用心钻研，理论上熟记操作运行规程，实践上严格遵守运行规程，提高事故处理能力。在部门各级领导的指导下，在各级人员的协力合作下，圆满完成了 1#、2# 机多次启停检修工作；积极有效组织成功避免了多起主要辅机损坏、机组“非停”的事故。因 1#、2# 机组刚投产不久，隐患多、缺陷多，他不放过每一个隐患和缺陷，积极联系检修处理，并合理有效地提出自己的整改意见。

张学海是一个勇于思考、善于总结、敢于大胆提出自己的创新思想的人，而所在的运行工作，当时恰恰最缺少分析、总结和创新。针对 1#、2# 炉燃烧优化调整，汽机安全经济优化方面，张学海通过深入细致的观察，经过认真摸索，改变配风方式，优化制粉系统，在多次机组指标排名得第一。他认真学习华能铜川电厂关于建设节约环保型电厂的实施方案，积极开展节能减排工作。按规定认真组织开展机组节能监督工作，每月组织本机组人员对能耗指标进行分析并及时进行总结，认真分析本班能耗指标与企业对标值之间的差距，并根据机组实际工况加强运行调整，在确保机组安全稳定运行的基础上尽可能降低各项能耗指标。2009 年上半年，华能铜川电厂在同类型 600 MW 亚临界机组中各项指标均列前位。在每一个细节上，张学海无不精心调整，尽全力履行着一个运行值班员的职责。2008 年，他被华能铜川电厂授予“先进工作者”称号，2009 年被陕西省团省委授予优秀团员称号。

(3) 挑战自我，超越自我，绽放青春创业绩

2010 年 1 月，张学海以优异的成绩竞聘为华能铜川电厂运行部汽机专工岗位。多少羡慕的目光投向了他，也有多少怀疑的眼神在他身边闪烁，“如此年轻的小伙子，担任运行部汽机专工岗位，能行吗?”他勇敢地挑起了如此沉重的担子，不辜负领导的信任和期望，他相信只有干出成绩，创造业绩，才能打消怀疑得到认可。“千里之行，始于足下”。他快速地融入了汽机专业的技术管理工作中，多少次日日夜夜挑灯夜战，多少次挥汗如雨扎根现场，刻苦学习专业技术，扎实开展专业管理工作，虚心求教，不耻下问；他不放过现场的每一个缺陷、每一个异常现象，认真分析缺陷及异常现象出现的原因、暴露的问题，研究如何整改，并制定可靠且行之有效的防范措施。

2010 年，2# 机组大修，作为华能铜川电厂自投产以来最大的一次检修，汽机专业的技改和试验工作也是最多的。这对张学海来说，也是一个巨大的挑战。他就是这样一个人，敢于迎接挑战，超越自我。他对 2# 机组 A 修时汽轮机通流部分布莱登汽封技术改造研究透彻，制定措施详尽，在多方人员的共同努力下，2# 机组 A 修布莱登汽封改造后机组一次启动成功，打破了其他厂在进行完该技改后需要启动多次的"怪圈"。他广泛咨询他厂经验，多方调研，查阅大量资料，熟读设备说明书，制定出了一整套完整的参考价值极高的机组启动技术措施，正确有效地指导值班员顺利圆满完成了2#机组A修后的试运、启动、试验工作。他清醒地认识到，虽然在大家的帮助和自己的努力下他获得了认可，但需要解决的问题还有很多。2011年年初，他经过反复的理论计算和论证，带领运行值班员成功实现了大小间冷泵运行方式的试验，为华能铜川电厂的节能工作画上了浓厚的一笔，深得领导赞许；他敢于迎接挑战，不断追求创新，为了解决汽轮机气流激振问题，他经过查阅大量论文、咨询多个电厂、多次论证和反复斟酌，提出了通过互换汽轮机2#阀和4#阀的阀序来解决气流激振的构想。在厂领导的大力支持下，在各方人员的努力下，成功完成了1#、2#机阀序互换修改的工作，较大程度地抑制了汽轮机气流激振的发生，提高了机组的安全性和经济性。

张学海立足过的每一个岗位，走过的每一串足迹，都闪耀着青春的风采，他立足岗位永争优，绽放青春创业绩。他站在新的起点上，依然不断踏踏实实，努力刻苦地学习；依然钻研他的业务，使专业技术知识和专业管理技能更上一层楼。

企业优秀基层管理人员事迹与做法评述

企业优秀基层管理人员，即车间主任、工区工段领导、部门领导等，是企业实施管理的骨干，是广大职工的带头人，也是职工心目中的标杆和榜样。有人说，有什么样的领导，就带出什么样的兵，这话是有一定道理的。

自2007年开始，塔里木油田公司与杜邦（中国）研发管理有限公司合作开展油田安全文化建设，以安全为企业核心价值，从转变人的安全观念、培养人的安全习惯、提高人的安全技能入手，大力培育"有感领导"，推行属地管理，提升安全管理体系。对于基层管理人员来讲，"有感领导"是实施安全文化建设，推进基层管理工作的有效手段。

(1) 有感领导的含义与由来

有感领导是指企业各级领导通过以身作则的良好个人安全行为，使员工真正感知到安全生产的重要性，感受到领导做好安全的示范性，感知自身做好安全的必要性。

美国杜邦公司首创的有感领导，诞生于早期杜邦公司严峻的安全生产环境中。杜邦公司早期火药生产过程中的高风险性和安全管理措施的不完善，使生产中曾发生过多次严重的安全事故。事故使杜邦公司的高层领导意识到，各级管理层对安全负责任的程度，是当时公司能否继续生存的重要条件。杜邦公司创始人埃留特·伊雷内·杜邦，为了让自己家人的安全和员工的生命安全联系在一起，把自己的家建在车间上面的山坡上。特别是在1818年杜邦历史上最严重的40名工人丧生的爆炸事故发生以后，公司规定在杜邦的家族成员亲自操作之前，任何员工不允许进入一个新的或重建的工厂，并进一步强化高层管理者对安全的负责制。该制度演变为如今杜邦公司管理层的有感领导。现在，有感领导已经成为安全领导力有代表性的词汇，即领导通过自己言行示范，给予安全工作以人力、物力保障，让员工和下属体会到领导对安全的重视。

(2) 有感领导的推动力作用

塔里木油田理解的有感领导是指有安全感召力和安全领导力的领导，即通过领导的言行向员工传递企业和领导者本人对安全的信念、决心和热情，并产生感召力、感染力，激发员工参与安全管理的积极性。同时，领导还应具备驾驭本单位安全管理的能力，其中包括：了解本单位的安全管理状况，及时研究解决问题；掌握安全技能；有主动意愿并能够亲自参与安全实践，不断更新了解安全知识和安全管理的状况；有清晰的管理思路，始终把握安全管理发展的方向并作出正确的决策等。

塔里木油田安全文化建设之初，就意识到文化建设必须始自有感领导，否则无法开始，因此将实践有感领导视为企业各级领导履行安全职责的具体体现、企业领导管理素质的体现、提高驾驭安全管理能力的有效途径、引领全员参与的重要抓手，在全油田掀起了实践、展示有感领导的风尚。企业各级领导在安全方面以身作则，并从关心员工健康安全的角度出发，积极参与安全实践，改善企业安全管理，产生了强烈的示范效应，充分调动了员工的积极性和创造力，营造出遵章守纪和全员参与的浓厚氛围。有感领导成为油田安全文化建设的核心推动力和根本保障，并形成安全文化建设的“动车效应”，即不仅车头有动力，而且每一节车厢都产生动力，使安全文化建设这辆动车加速前进。

(3) 推进有感领导氛围形成的三个层次

推动有感领导氛围是一个循序渐进的过程。在塔里木油田，推进有感领导氛围的形成，主要从“听到、看到、感受到”3个层次入手，即让员工听到领导在各种场合强调安全，看到领导亲身实践安全，感受到领导从关心员工健康的角度重视安全。这既是推进有感领导的原则，也是评价有感领导的标准。按照这一原则，塔里木油田在有感领导方面进行了一系列具体实践。

1）制订个人安全行动计划。有感领导不能仅停留在口头上，而是必须体现在行动上，要让员工看到油田各级领导对安全工作的重视。编制和落实个人安全行动计划，就是这样一个推进和展示有感领导的重要平台。个人安全行动计划是各级领导亲自制订的个人参与安全实践的计划。塔里木油田各级领导在每年年末都要亲自制订第二年的个人安全行动计划，行动计划内容完全由领导自己根据油田要求和本单位安全管理实际确定，但要体现高标准和持续改进的原则；个人安全行动计划包括一年中各领导拟亲自参与或组织的安全工作，相应的频次及时间计划，编制计划的过程就是反映领导本人对待安全工作的态度以及统筹考虑全年安全工作的过程；个人安全行动计划一旦制订，必须以各种方式公示并付诸实施，公示既展示了领导对安全工作的决心，同时又有助于形成群众监督的氛围，逐渐使其成为自觉行为。

2）强化有感领导技能培训。展示有感领导需要掌握一些安全理念和安全管理技巧，必要的培训不可少。塔里木油田采取了“瀑布式”的集中强化培训和“手把手”式的一对一辅导培训方式，迅速让各级领导掌握要领并开始有感领导的行动。随着对有感领导理解的加深以及行动的升级，培训内容由浅入深，循序渐进。例如，增加了事故调查方法、工艺安全分析、变更管理，以及针对安全文化建设过程中出现的理解和执行落实的偏差开展一些纠偏式的提高培训。

3）为展示有感领导提供载体。塔里木油田在推进有感领导氛围形成的过程中，不断创新展示有感领导的工具和手段，积极为各级领导展示有感领导搭建平台、提供载体和帮助。比如，规定各级主要领导必须亲自组织安委会会议。会议首先要进行安全经验分享和会议安全提示，由各部门及公司领导亲自做安全工作汇报，领导亲自制定具体、可测量的安全方针、目标并与员工沟通。现场作业时，领导的首要工作是进行安全观察与沟通，带头遵守安全标准制度，亲自组织并参与事故事件调查，亲自对员工的安全工作表现进行表扬激励，亲自对直接下属进行安全绩效的评估考核及辅导，亲自开展安全培训以及参与安全管理体系的审核等。通过这些亲力亲为的工作，既展示了有感领导，又能提高各级领导对安全的认知和技能水平。

4）建立持续改进机制。为推进有感领导氛围的形成，塔里木油田建立了促进氛围加快形成的持续改进机制，定期对有感领导的实施情况进行评价。对有感领导的效果最有评价资格的是员工，因此塔里木油田每年都会以访谈和调查问卷的形式，对各级领导展示有感领导的效果进行员工测评，并就评价的结果与单位领导进行沟通。油田规定，员工测评的结果要与领导的安全绩效考核挂钩。油田为此专门制定了关键领导岗位人员变更的管理办法，当领导职务升迁或进行岗位调整时，都会对其以往的安全业绩、有感领导效果及安全领导力进行综合测评，作为判断其是否具备适应新岗位要求的重要依据，以此引导各级领导的价值取向，落实安全核心价值理念。

(4) 实施有感领导的成效和影响

经过近5年的发展，塔里木油田推进有感领导，在培育企业特色安全文化方面取得了很大的成效。在基层，员工听到、看到、感受到领导重视安全的机会明显增多，有感领导的效果得到了广泛的认同和欢迎，影响力与日俱增。

1）提高全员参与安全工作的主动性。在有感领导的作用下，员工安全观念的转变进程加快，对安全文化的理解和支持成为主流，员工自我约束、自主管理的主动意识增强，参与安全管理的热情高涨，涌现出大量安全创新、革新案例，良好的氛围为安全文化持续发展奠定了坚实的群众基础。

2）强化领导安全履职的能力。各级领导在参与有感领导实践的过程中，增强了对安全工作的理解，加强了对基层安全管理状况的了解，提高了安全知识和技能掌握水平，提升了安全领导力，由过去的被动状态转变为主动积极状态，对待安全工作更加自信和得心应手。

3）丰富企业的管理内涵。安全文化建设中有感领导的推进方法和实践经验，丰富了企业的管理内涵，即已经从单纯的安全管理延伸应用到油田企业管理的方方面面。目前，有感领导正在成为油田各级领导一门必修的领导技能，构筑了油田发展的软实力。

三、企业培养遵章守纪优秀员工做法与经验探讨

企业培养遵章守纪的优秀员工，首先需要对员工进行安全知识、操作技能等方面的教育培训，提高员工的自身素质，这既是法律法规的要求，也是企业生产作业的实际需要。在对员工的培训上，有的企业所采取的措施很值得借鉴：一是将培训内容和生产实际结合起来，培训内容结合日常工作，如设备操作、设备维护、事故处理、故障分析等，这样会增加员工学习的兴趣。二是将培训成绩与考核、奖励挂钩，从而激发员工主动学习的积极性。三是让员工明白掌握技术技能与安全生产、企业兴衰的关系，进而激发员工提高自身素质的热情。除此之外，在培养遵章守纪的优秀员工的过程中还需要将奖励与处罚相结合、活动与学习相结合等。对此，不同的企业有各自不同的方式、方法，值得了解和参考借鉴。

1. 中国铝业中州分公司培养员工自我安全管理能力的做法

中国铝业中州分公司的前身为中州铝厂，1987 年开工建设，1993 年建成投产，拥有 1.08 亿 t 国内矿石资源储备，氧化铝年产能达到 281 万 t，主要产品为冶金级氧化铝和化学品氧化铝，产品广泛应用于冶金、建材等行业，国内市场占有率不低于 60%，并远销至美国、日本、韩国等 10 多个国家和地区。公司现有员工 6 525 人。

近年来，中州分公司贯彻落实“安全第一、预防为主”的方针，强化员工安全培训，提高员工的安全意识，针对生产特点和作业全过程，加强员工行为的安全管理，促进企业安全文化的建设，通过严格控制人的不安全行为，强化现场监管，努力构建一个“领导长期重视、部门真正负责、员工自觉参与、激励公平透明、监督有效严格”的安全文化氛围，从而促进了企业的各项安全管理工作。

中国铝业中州分公司培养员工自我安全管理能力的做法主要是：

（1）坚持长期不懈，努力培养员工的安全理念

员工行为安全管理是企业安全文化建设的重要方面。一个企业的安全文化和员工安全行为的养成不是一蹴而就的，而是需要长期不懈的坚持才能取得成效。为此，中州分公司采取多种方法，努力培养员工的安全理念。

1）转变员工培训内容和方式。理念决定意识，意识主导行为。安全培训可以帮助员工不断强化安全理念，使广大员工不仅把安全理念入脑入心，而且可以使安全理念内化到心灵深处，转化为安全行为，升华为员工的自觉行动。2008 年以来，中州分公司改进安全培训模式，引导员工自觉参与安全培训。在培训方式上，变培训对象的“被动性”为“互动性”，变“教练式”培训为“参与式”培训；在培训内容上，坚持“按需施教”，对各级领导重点进行“思想教育”和“方法教育”，对职能部门重点进行“责任教育”和“形势教育”，对安全工程师重点进行“技术教育”和“态度教育”，对基层员工重点进行“技能教育”和“素质教育”，通过培训，使全公司员工的不安全行为得到控制。同时，提高了全员参与安全管理的积极性。

2）利用视觉冲击强化安全宣传。中州分公司特别强调利用强烈的视觉冲击进行安全理念的宣传。公司在厂区主要道路、车间厂房的醒目位置都悬挂了写有安全理念、安全警句、亲情嘱托等感人至深的内容宣传牌板，让员工时刻被警示、被关爱的氛围熏陶，督促自己遵章作业。

3）培养员工的守法意识。中州分公司坚持用法律法规来规范企业员工的安全行为，使安全生产工作有法可依、有章可循。不仅管理层要学法懂法，依法从事现场监管。同时，还重点组织员工学习安全法律法规和规章制度，让员工了解应该遵循哪些法律，为何要遵守企业的各项安全规章制度，违法后将付出什么代价，从而培养员工知法、守法的意识，在生产中自觉用规章制度规范自己的行为。

(2) 采取积极有效的方式，推进员工自我安全管理能力的培养

在企业生产过程中，需要积极推进员工自我安全管理能力的培养，加快员工思想的转变，提升员工的安全技能，培养员工良好的安全习惯，使员工实现从“要我安全”到“我要安全”的转变。

1）倡导员工安全的行为习惯。中州分公司在安全管理上，强调“贵在坚持、严在管理、落在实处、注重细节”。一是示范安全的操作行为。各级安全管理人员特别是各班组安全负责人，通过自身的安全行为，为员工示范良好的安全行为习惯，表现对员工安全的关心与支持，带领员工形成日常的安全行为习惯。二是通过对物的不安全状态的排查，保障员工的操作安全。中州分公司通过开展“百日安全隐患排查”活动，下大力气根除员工中屡查屡犯的“习惯病”和“常见病”，纠正员工的不安全行为习惯。三是深挖管理缺陷。对分公司安全管理系统进行认真梳理，完善管理网络，优化控制程序，增强检查实效，前移安全管理关口，下移安全管理重心。通过培养员工安全行为习惯，倡导员工互相关爱、关注行为，建设积极向上的安全文化，最终形成具有中州分公司特色的行为安全管理模式。

2）倡导有感领导。有感领导就是企业领导者通过公开的“管理承诺”以及“个人承诺”、自身的行动和领导技巧来显示对员工安全的关心与支持，进而带领员工将安全变为企业的核心价值。领导是否具备优秀的素质是企业安全文化建设成败的关键。企业领导必须“言必行，行必果”，而且是以“正确做事”和“做正确的事”的行为方式传递正确的信息给员工，这是企业安全文化建设的前提。

3）开展亲情文化建设。中州分公司注重发挥员工家属在安全生产中的作用，让员工自觉地把安全生产与家庭幸福、企业发展联系起来，增强遵章守纪的自觉性，形成了员工、家属共保安全的良好局面。通过签订“家庭安全包保协议书”活动，让员工家属参与到安全管理中来。实施定期协议回访制度和邀请员工家属到企业座谈等互动形式，加强与员工及其家属的沟通交流，为深入推行亲情化管理奠定了良好的基础。

4）建立畅通的沟通渠道。在管理层与员工之间建立有效沟通反馈的渠道，可以使管理人员及时了解员工动态，掌握一手资料，引领员工的安全行为。中州分公司在这方面进行了多项有益的尝试。一是建立安全教育宣传平台，发挥各种媒体的作用，加强安全信息的交流，通过内部平安网进行安全知识的普及，进行案例教育，开展事故演练，宣传安全管理工作的先进典型，推广先进经验。二是员工通过安全需求卡、HSE 合理化建议、电话举报、电子邮件等方式，向分公司反映 HSE 方面的意见和建议。

5）建立激励、约束和监督机制。通过领导安全讲话、安全述职、安全公开、安全谈话、班组“两会”、安全有奖举报、无伤害班组创建等活动，充分发挥激励、约束和监督三大机制的作用。同时，开通了员工安全记分考核系统，规范员工的操作行为，持续开展以“抓人的不安全行为”为主题的“反三违”专项治理行动。中州分公司以安全记分考核系统为平台，对违章违纪行为坚决予以曝光处理，杜绝三违现象发生。

通过加强员工行为安全管理规范员工行为，既“保证人的安全”，又“依靠人保证安全”，达到了“和谐管理”，使以人为本的安全管理理念得到了具体的应用。如今在中州分公司，员工自觉规范操作行为，主动关注团队安全，形成了良好的安全生产氛围，从而促进了中州分公司安全文化的建设。（王淑婷）

2. 洛阳石化总厂运用“五化”提高员工安全素质的做法

洛阳石化总厂于 1977 年年底开工建设，1984 年部分建成投产，1993 年全面建成并通过国家竣工验收，之后边生产边建设，投入产出滚动发展，逐步从单纯燃料型企业发展成为集炼油、化工、化纤于一体的综合型炼化企业，目前是中国石油化工集团公司下属的一家特大型石油化工企业。企业资产总额为 105 亿元，企业正式职工有 4 210 人。

洛阳石化总厂针对新形势下搞好安全生产工作的重点和难点，不断探索企业安全工作的新途径，通过反复实践和总结，创立了“五化”安全管理方法，具体包括：“规范化”的安全活动、“系统化”的岗位练兵、“多样化”的劳动竞赛、“制度化”的安全检查和“标准化”的考核体系等。“五化”安全管理方法的实施、完善和不断发展，有效地推动了企业安全生产的顺利进行。

洛阳石化总厂运用“五化”提高员工安全素质的做法主要是：

(1) 坚持规范化的安全活动，不断强化职工安全意识

安全是企业永恒的主题。教育职工树立“安全第一”的思想是开展规范化安全活动的宗旨，通过对安全活动的规范化，目的是提高职工的安全意识。在对企业历年所发生事故的调查中可以看出，由于安全意识差而酿成的事故占有相当大的比例。事故的致因理论和实践表明，构成事故有三个因素，即人员—机物—环境。一般来讲，事故大都是“人的不安全行为”与“机器或物质的不安全状态”在同一时空相遇而发生的；少数事故是“人的不安全行为”遇到“环境的不安全条件”发生的；极少部分事故是“机物的不安全状态”处于“环境的不安全条件”下引发的。因此，有效地消除“人的不安全行为”“机物的不安全状态”及“环境的不安全条件”，就能保证安全生产无事故。其中，消除人的不安全行为最为重要，而要消除“人的不安全行为”就必须提高人的安全意识。

安全活动规范化，就是把安全活动作为班组管理的一项重要内容，作为提高员工安全技能的一个方法，落实制度的一个措施，经济考核的一个方面，使员工从“要我安全”向“我要安全”转变，进而形成人人关心安全，个个自我规范的良好气氛。在具体实施中，除对全厂的日常安全管理规范化以外，洛阳石化总厂更着重强调班组安全活动的规范，做到“四落实一齐全”，即活动的内容、形式、地点、时间四落实，活动记录齐全。事故演练活动，要求做到演练“五齐全、三保证”，即演练方案、组织、结果、总结、存在问题等五方面齐全，保证质量，保证效果，保证实用性。

该厂对年初制订的安全工作计划、周四安全大检查、班组责任区安全承包、每周一的立体巡检作了严格的规范，使职工进入装置就处于一种浓郁的安全氛围中，养成良好的安全生产意识，时时注意安全，处处留心安全，操作先想安全，从而把安全生产变成自觉行动，把安全隐患消灭在萌芽状态。

（2）坚持系统化的岗位练兵，不断提高职工技术水平

职工技术素质是装置安、稳、长、满、优生产的决定性因素，是职工战斗力的集中体现。只有高技术素质的职工队伍，才能适应新形势下安全生产的需要。为此，洛阳石化总厂大力开展“六个一岗位培训”练兵活动，加强对不同职工的“层次培训”和“系统培训”。

1）“六个一岗位培训”练兵活动。活动包括每日一题、每周一讲、每月一抽考、每季一普考、半年一测试、每年一评比等。“每日一题”“每周一讲”等经常性的练兵活动，使职工对生产中不断出现的异常情况多思考、多提问、多讨论、多提高，从中找出操作存在的问题，使好的操作方法能很快在全厂推广；“每月一抽考”“每季一普考”，不断地提高新工人和新转岗工人的培训，通过引导性的技术培训，达到独立顶岗，一岗多能；“半年一测试”，对每个操作人员学习摸底，并结合实际调整培训重点，使职工学习有一个正确的导向；“每年一评比”可选出岗位技术尖子，作为该厂年终评选“活流程”“十佳职工”的依据，鼓励能人上岗，岗位成才。真正使所有职工精一岗、会二岗、知三岗，最后达到系统操作的水平。

2）“三想一演练”活动。结合生产实际，有针对性地开展“三想一演练”活动，加强职工对突发事故的预防、预警和预处理能力。“三想一演练”包括回想事故、吸取教训，联想事故、做好预防，预想事故、心中有数和预演事故、临阵不慌等。该厂还把系统教育、定向培训、日常练兵等方法作为单位基础工作来考核，坚持“六个一岗位培训”制度，健全了安全知识考试、考核制度，形成了安全知识、技术、能力的层次教育体系，使职工在赶、学、比、超的氛围中不断提高综合技术素质，从根本上预防了事故的发生。

(3) 坚持“多样化”的劳动竞赛，提高安全生产的积极性

洛阳石化总厂还以形式多样的劳动竞赛为载体，把职工的注意力引导到安全生产上来。在多年的安全管理实践中，该厂深深地感到纯粹的安全说教容易使职工产生一种消极、麻痹的心理。故采用年初制定年度安全劳动竞赛方案，每一阶段结合集团公司所制定的主题开展相应的活动，活动的开展则突出三个特点。一是突出季度性的特点：根据季节变化，开展与之相适应的活动，有助于平稳生产。二是突出党政工团齐抓共管安全生产的特点，全方位开展劳动竞赛。党组织重点开展“党员模范岗”活动，充分发挥党员在安全生产中的模范带头作用。工会重点抓好班组劳动竞赛和劳动保护工作，调动班组职工工作积极性。团组织重点以“青年安全岗”活动为载体，团结和带动团员青年为装置安全生产保驾护航。三是突出群众性、日常性的特点，开展“三个争当、两个样板、一个竞赛”活动，即争当“操作能手”，搞好平稳操作；争当“安全卫士”，查改事故隐患；争当“优秀司泵工”，搞好机泵维护。平稳操作仪表划直线样板、“交接班日志”规范化书写样板和开展安全无事故竞赛等，都收到了良好的效果。

(4) 坚持“制度化”的安全检查，及时消除事故隐患

现场管理是基层安全工作的重要组成部分，又是衡量一个企业管理质量的主要标志，有群众性和动态性的特点。为此，实际工作中该厂坚持日抽查和周四小岗检相结合，及时查改现场问题，确保现场管理保持在良好的状态。

日抽查除严格落实生产岗位巡回检查制外，还要求车间管理人员，上班之后去现场，下班之前在现场，车间值班人员现场检查每班不少于 4 次，工艺考核每班不少于 3 次，及时查改隐患，确保现场有人巡检，问题有人发现，隐患及时治理，事故杜绝发生。周四小岗检活动，每周一次不断线，由车间领导、工程技术人员、安全员、班组长等组成联合检查组，对装置安全、设备、生产等方面进行全面检查，最后对查出的问题汇总通报反馈，并坚持“三定”原则，即定整改人、定整改时间、定复查人，使工作得到有效落实。周四小岗检活动，既发现了新问题，又复查了老问题，每周一次，循环往复，以此推动现场管理工作的稳步提高。

（5）坚持“标准化”的考核体系，层层落实安全责任制

长期以来，洛阳石化总厂在系统论观点的引导和启发下，认真剖析石化企业基层管理的特点，结合自身实际情况，探索出了适合自身发展的管理考核体系，经过不断完善与发展，形成了一套“标准化”的考核体系。在安全子系统中，确立了“遵章守纪、安全活动、隐患整改、劳动保护、巡回检查”五个主要控制点，对每个控制点又建立了相应的考核办法及措施，在管理上采取“日检查、周公布、月综评奖兑现”的方法来推动这种管理机制的正常运行。另外，车间管理人员与班组实行连锁，参加班组活动，掌握班组情况，沟通信息，有针对性地开展工作。为了保证考核的公正、公开、公平，提高职工发现和处理隐患的积极性，公司还成立了隐患评估小组，对发现的隐患，分级给予个人奖励，为发现隐患职工所在的班组予以安全加分，有效激发了职工的安全工作热情，杜绝了事故的发生。

3. 中平能化集团加强班组建设提升安全管理水平的做法

中平能化集团是由原平煤集团和中国神马集团联合重组而成的，是一家跨区域、跨行业、跨所有制、跨国经营的特大型能源化工集团，现有职工 15.7 万人，生产班组 10 550 个，其中井下班组 6 369 个。

长期以来，中平能化集团高度重视班组建设，始终坚持以科学发展观为指导，以抓基层、强基础为目的，不断探索新形势下班组建设的新途径、新方法，通过完善班组建设机制，创新班组建设模式，突出班组建设重点，涌现出了以白国周班组为代表的一大批学习型、安全型、技能型、和谐型、创新型示范班组，为企业又好又快地发展打下了坚实的基础。

中平能化集团加强班组建设，提升安全管理水平的做法主要是：

(1) 明确方向，始终坚持抓班组建设不动摇

在中平能化集团的发展历程中，不论是过去的平煤集团、还是现在的中平能化集团，历届党政工领导都始终坚持把抓班组、强基础作为强化企业管理、促进安全生产的重要抓手。根据不同时期企业的实际，提出不同的目标，制定不同的方案，采取不同的措施，先后制定下发了“关于开展创建‘五好班组’活动的通知”“关于加强班组建设的指导意见”“关于加强煤炭产业班组建设的实施办法”等一系列文件，从体制、机制上保证了班组建设持续强化。每年的工作会议，都对班组建设工作进行重点安排，并不定期召开班组建设推进会、研讨会、经验交流会等会议，与创建学习型企业、实施精细化管理紧密结合，推进了班组建设向纵深发展。

近年来，中平能化集团面对企业规模不断壮大、管理难度日益增大、安全条件更加复杂的新形势，坚持做到抓班组、强基础的方向不变，并结合企业实际和发展的形势，做到常抓不懈、常抓常新。通过班组建设，不仅强化了企业的基础管理，而且促进了煤矿和危化行业的安全生产，从而更加坚定抓好班组建设的信心。

(2) 完善机制，充分激活班组建设活力

集团建立目标管理机制，提出用 3～5 年时间，在全集团打造 1 000 个明星班组、5 000 个优秀班组，培养出 1 000 名明星班组长、5 000 名优秀班组长。努力把班组建设成为“安全文明高效、培养凝聚人才、开拓进取创新、团结学习和谐”的企业基层组织；把班组长培养成为素质高、业务精、懂技术、会管理的基层管理者；把班组职工培育成为勤奋、敬业、创新、进取的新型劳动者。

1）建立评比评价机制。公司按照班组技能建设、创新建设、民主建设、文化建设、团队建设、健康安全建设“六项建设”的要求，制定了优秀班组、明星班组、示范班组“三级”班组竞赛评价标准，并建立了班组当班考核、区队月度考核、厂矿季度考核、集团年度考核四级绩效考核体系。在绩效考核的基础上，区队每月评选“优胜班组”和“优胜班组长”，厂矿每季度评选“优秀班组”和“优秀班组长”，集团每年评选“明星班组”和“明星班组长”。对于连续3年荣获厂矿“优秀班组”“优秀班组长”，或5年内累计2次荣获集团“明星班组”和“明星班组长”的，授予“示范班组”和“示范班组长”的称号。

2）建立班组长激励约束机制。集团明确规定，井下采掘及辅助单位生产班组长的工资待遇，原则上按其所在班组平均工资的1.2～1.6倍进行分配。井下班组长的安全质量风险抵押，原则上不低于所在区队副职的50%，并同所在区队副职一同考核、兑现。被评为“优秀班组长”“明星班组长”“示范班组长”的，除在经济上进行激励外，还在提拔使用、发展入党、推荐评先、外出疗养、考察学习等方面进行综合激励。农民工班组长当年荣获集团“明星班组长”称号的，年龄放宽到38岁给予转招。荣获“示范班组长”的，直接授予集团“劳动模范”称号。

3）建立学习培训机制。公司大力实施“万名班组长培训计划”，分期分批对全集团班组长进行轮训，并做到了培训计划、培训时间、培训内容、培训机构、培训师资五落实。积极鼓励班组长参加继续教育。对荣获厂矿“优秀班组长”称号、通过考试取得国家承认的大专及以上相关专业学历，按规定的比例报销学费；对累计两次获得厂矿“优秀班组长”的，可带薪参加高等院校的相关专业学习深造；班组长获得市级及以上劳动模范的，根据有关政策，免试学习主体专业，并报销期间学费。公司在职工培训方面还做到内培与外培相结合、导师带徒与技术比武相结合、专业培训与学历培训相结合，实行多证、多薪和技术津贴制度，调动了职工学文化、学业务、学技术的积极性。

(3) 创新模式，搭建班组建设新平台

近年来，中平能化集团紧密围绕企业发展战略，创新途径、创新方法、创新模式；搭建班组建设新平台，突出抓了五个重点。

1）构建班组建设大格局。公司成立以集团党政主要领导为组长，常务副总经理和工会主席为副组长，组织、宣传、工会、劳资、培训、共青团和各安全生产业务处室主要负责人为成员的班组建设领导小组，领导小组办公室设在工会，具体负责班组建设的指导、推进和协调工作，明确了集团、厂矿、区队抓班组建设的任务和职责，在全集团建立起党委领导、行政主体、工会协调、部门联动的班组建设大格局，形成了齐抓共管、各负其责的工作局面。

2）成立班组建设研究室。公司制定了班组建设研究室的具体职责、工作任务和研究的课题。聘请懂班组业务、有理论基础、有实践经验的同志担任班组建设研究员。围绕班组建设的发展趋势和工作难点，确立研究的重点和课题，开展立项攻关。目前，班组研究室共有研究成果 5 项，课题立项 9 项，内容涉及班组机制、白国周班组管理法等方面，并经常深入基层调研、督查、指导，总结经验、发现问题、指导工作。公司设立了班组建设研究经费，实行专款专用。

3）成立班组长协会。集团成立了班组长协会，制定了章程，建立了制度，规定每月召开一次会长工作会，每季度召开一次常务理事会，每半年组织一次联谊活动，每年召开一次理事会。积极发挥协会作用，定期组织开展班组之间、班组长之间经验交流、技术合作、观摩考查、互动联谊等活动，相互学习、取长补短，推进了班组工作水平迈向新的台阶。

4）创办班组论坛。各单位设有“班组讲堂”“班组课堂”，让班组职工当“讲师”，讲工作、生活技能；聘请专家搞讲座，讲班组管理知识、安全知识、经济形势、企业发展方向，让班组职工全方位学习新知识、掌握新技能、了解新信息，有效提升了班组职工的整体素质。此外，公司还利用企业内部网站、报刊、广播、电视台、短信平台，设立专栏、创办论坛，动员职工谈班论组。公司设立了班组宣传橱窗一条街，形成了班组政策宣传、知识导读、信息交流、风采展示、成果共享的舆论氛围。

5）组建技术骨干学习工作室。全集团共组建技术骨干学习工作室65个，组织职工学习技术、交流经验和技术攻关。仅2008年，集团“学习工作室”共解决各类安全生产技术问题1 458项，完成立项攻关726项，形成工作法和操作法82项，为企业创效1.6亿多元。学习工作室成为班组职工技能提升的“加油站”、激发班组职工创新的“发动机”、职工成长的“孵化器”。

企业发展必须要抓好班组这个基础，始终把班组建设作为推动企业科学发展、实现安全发展的重要举措，通过加强班组建设，把企业的管理理念、制度、措施、任务落实到班组，为实现又好又快发展打下坚实基础。

4. 泰山西周矿业公司选拔班组长提高班组长素质的做法

山东鲁能泰山西周矿业有限公司始建于1997年年底，后由于资金紧张于1998年12月停工，2004年2月由山东鲁能泰山电缆股份有限公司注入资金后恢复矿井建设。设计生产能力21万t，2008年7月正式投产为基本建设矿井，现为华能山东发电有限公司所属煤矿企业，现有员工821人。

近年来，西周矿业公司高度重视班组基础建设，坚持把加强班组建设作为不断深化“双基”建设，全面提升企业管理水平的重要内容和措施，夯实基础，稳步推进，取得了明显的成效，促进了全矿安全生产持续稳定地发展。

泰山西周矿业公司选拔班组长、提高班组长素质的做法主要是：

(1) 选好班组长，提高班组长素质

企业千条线，班组一针穿。选好班组长，对落实任务，完成指标，做好本质安全至关重要。因此，西周矿业公司按照“班组长任职条件”的规定，注重在班组长的选拔和提高整体素质上下工夫。

1）抓好班组长的选任工作。公司在班组管理规定中明确规定，凡是在岗、懂业务、工龄满两年以上，具有初中以上文化程度，热爱本职工作，业务技能和群众威信高的人都可参选班组长，实行公开、公平竞聘制度，相对保证了班组队伍的稳定性，有利于增强班组长的事业心和责任心。

2）加强安全生产教育培训，提高班组安全生产和自我保护能力。班组长处于“兵头将尾”的特殊地位，在一线直接指挥和组织生产活动，所面对的事务以细、小、全、实为特征，却往往冒险蛮干，违章指挥、违章作业，成为事故的责任者和受害者。因此，公司着重加强对基层班组长的培训，提高基层班组长的安全素质，采取脱产学习、外出培训等形式，为班组长提供多种形式的安全学习培训和实践锻炼机会，着力提升班组长在生产作业中的安全管理水平。同时，公司高度重视和发挥班组在员工安全教育培训中的主阵地作用，加强班组安全知识、岗位技能培训，严格对新招录员工进行岗前培训，使他们达到应知应会的目标。各区队、班组采取每日一题、班前一课、每周一案、每月一考等方法，组织职工随时随地学习业务知识。

3）注重对班组长综合素质的培养。班组长素质的高低直接影响企业安全生产和班组管理的效果。一年来，公司除抓好班组长的正常培训外，重点注重班组长管理能力的培养和锻炼，有意识地给班组长压担子，并放手让他们抓工作，班组长的管理能力有了进一步提高。

(2) 激励、约束双管齐下，增强班组长工作活力

西周矿业公司高度重视班组建设在整个管理系统中的基础性作

用，注重体现班组长作为“兵头将尾”在班组各类事务管理中的核心地位，围绕发挥班组长的作用，建立起了较为完备的激励机制。公司坚持正向激励与负向激励相结合，以正向激励为主；坚持奖励与惩罚相结合，以奖励为主的做法，做到激励“三落实”，充分调动班组长在管理班组事务上的积极性、主动性和创造力。

1）落实荣誉激励，让优秀班组长感受到价值。对在班组安全及其他班组工作中作出突出贡献的班组长给予荣誉激励，对班组建设开展以来评选出的优秀班组长，提高其荣誉规格。

2）落实政治激励，创造条件让优秀班组长脱颖而出。对优秀班组长在入党、提干、学习等方面优先考虑，规定以后提拔区队管理干部，主要从优秀班组长中选拔。

3）落实经济激励，让班组长得到更多的实惠。公司对处于运转正常状态班组的班组长，除落实班组长津贴外，还在矿安全奖励方面享受本区队副职同等待遇。此外，公司还建立班组长动态管理机制，班组长能上能下、能进能出，对考评不合格及表现不好的，公司班组建设领导小组按规定启动任免程序予以撤换，始终保持班组长队伍的先进性。

在做好正面激励的同时，公司也加大了班组长的约束管理力度，实行考评结果与收入紧密挂钩。一是当月生产任务完成低于计划指标的80％，不享受当月岗位津贴。二是发生重伤以上人身事故和一级非人身事故，采区班组2人次轻微伤以上，掘进班组1人次轻微伤以上，辅助单位班组出现工伤的班组长，取消当月岗位津贴；工作质量月检、旬检、日抽查为不合格品的班组长不享受岗位津贴。同时，工资、奖金扣减按矿相关文件执行。三是如本班组缺乏团队精神，班组凝聚力、战斗力不强的，视影响程度给予班组长相应的处罚。四是工作能力不强，履职不到位，出现严重违章指挥及发生重大生产责任事故的班组长解除职务，并按规定追究其相关责任。

(3) 深化以班组为基础的安全文化，营造班组建设浓厚氛围

西周矿业公司充分发挥舆论宣传的导向作用，开辟班组长建设专栏、利用条幅和宣传牌板等形式，大力宣传班组建设的重要意义和目标要求，宣传班组建设中涌现出的先进典型、成功做法和经验，充分发挥典型的示范、带动和影响作用，形成了你追我赶、争先创优的良好局面。

同时，西周矿业公司深化以班组为基础的安全文化建设，以创建本质安全型班组为主线，突出重点，以点带面，不断加强煤矿班组安全基础管理，使广大职工形成无事为有事的居安思危思想、小事当大事的防微杜渐教育、昨天事当今天事的防微杜渐教育、别人事当自己事的自我警示教育，使职工实现了由“要我安全”向“我要安全、我会安全、我能安全”的根本转变，推动了班组建设的不断创新发展。

班组是企业组织生产经营活动的基本单位，是企业最基层的生产管理组织，是企业全部管理工作的基础，“基础不牢，地动山摇”，作为高危行业的煤炭企业，最重要的就是抓好班组建设这个基础性的工作。只有班组工作扎扎实实，企业才会有旺盛的活力。

5. 五菱汽车公司积极推进安全零事故“三步走”的做法

上汽通用五菱汽车股份有限公司是一家大型中外合资汽车制造企业，公司总部位于广西柳州市，拥有柳州、青岛两大制造生产基地，主要制造生产工艺有冲压、车身、涂装、焊接。2006 年 11 月，公司获得“国家安全质量标准化一级企业”称号。

五菱汽车股份有限公司西部车身车间（以下简称“西车”）作为公司四大工艺车间之一，生产工艺成熟，现场管理体系完善。为了推进公司安全文化建设，构建良好的安全文化氛围，2009 年 2 月，公司以西车为试点，主要分为三步开展“安全零事故活动”，即通过开展“手指口唱”“接触齐呼”“危险预知 4 阶段法”“一分钟冥想”培训，使员工掌握实施“安全零事故活动”的方法，并将这些方法融入日常的工段、班组活动中。西车实施“安全零事故活动”以来，未发生一起人员受伤事故，实现了“零事故”，员工安全意识不断提高。

五菱汽车公司积极推进安全零事故“三步走”的做法如下：

(1) 第一步——奠定“安全零事故活动”基础

“安全零事故活动”是基于“每一个人都是不可或缺的”这一“以人为本”的基本理念，把零事故、零疾病作为终极目标，通过全员参加和安全预知的方法解决岗位的危险及问题，实现作业场所的安全、健康和舒适化，进而创建明快、活泼的岗位气氛。为使“安全零事故活动”有序开展、推广，西车对车间所有成员进行了系统的“安全零事故活动”理念培训。

为了达到培训效果及便于定期开展零事故培训、交流活动，2009 年 2 月，西车设立了可容纳 100 人的“安全零事故”培训教室。培训教室配齐了培训器材和基础设施，车间按批次对员工进行了全员培训，同时定期在培训教室开展安全讨论及现场改善的研讨。

为了提高培训的质量，西车建立了培训师团队。车间分班次，由值班经理带领具有培训师资格的工段长接受公司安全科的培训，培训后按照“安全零事故活动”的理论，针对车间的实际，经车间领导小组讨论编写了车间特色零事故活动教材，形成了车间特色的培训模式。培训师团队以值班经理为主讲培训师，主讲培训师主要负责理论的培训，并推行零事故的方法。零事故推行教练由第一批参加零事故培训的工段长组成，每次培训均有 3 个推行教练参加，主要配合培训师完成零事故方法的示范并组织学员进行练习。培训团队设定推行教练的角色，有效地增强了学员参与的热情。

为增强培训的效果，西车把培训教材进行精简，制作成“安全零事故活动”宣传的小册子。为了提高员工对开展零事故活动的理解，车间还制作了“安全零事故活动”的视频教材，供培训师及工段培训使用。

为了增强员工参与活动的积极性和主动性，西车由车间经理带头进行了车间安全承诺活动，并邀请了公司安全科长为车间的安全业务伙伴，构建整体性、全方位、全过程、全员的安全环境。安全承诺内容均为基本的日常行为要求，如行走人行道，走斑马线，在行走时不接（打）手机以及手不插口袋行走；不醉酒上岗（开车），感冒时不驾车；骑电单车戴头盔（安全帽）；不是自己操作的设备不乱操作等。

西车为规范“安全零事故活动”，还成立了以车间经理为组长的车间级零事故小组一个，以各工段长为组长的零事故小组22个，零事故小组负责监督车间“安全零事故”活动的开展，并定期组织会议，针对安全问题进行讨论，建立涉及安全及人机工程的现场改善课题，不断优化车间的安全体制，并给员工建立和谐安全的工作环境。

(2) 第二步——开展班组“安全零事故活动”

结合车间的生产运作方式及每天的工段、班组活动，西车将“安全零事故活动”融入到每天的班前会、工间休息及班后会活动当中，创建了特色的工段、班组安全零事故活动。

1）工段班前会。工段班前会是班组每天十分重要的工作内容之一，是工段长、班组长通过班前会，针对每一个时段的安全活动、安全工作内容，向员工及时宣传，对每一名员工在作业活动中应注意的安全事项，应采取的安全措施进行讲解；同时，工段长、班组长通过班前会，还能及时了解员工身心健康的状况，掌握员工的情绪，并在工作上作出合理的调整。

以往西车的班前会，员工纪律性不强，每天都出现开会迟到的现象，加上车间的环境嘈杂，工段长及班组长在布置任务及讲解安全工作时，效果特别差，很多员工把班前会当成了岗前的一次休息时间，导致工段长及班组长未能及时了解员工的精神状态，给生产安全带来了很大的隐患。为了达到效果，车间为每个工段购买了音响设备，规范了班前会的流程，并要求车间领导一起参与工段班前会，使员工更加理解了“每个人都是不可或缺”的理念。

2）工段班组休息时间活动。在忙碌的生产过程中，员工很容易疲倦，尤其是大夜班的生产，人在疲劳的状态下工作，很容易因为不留神、精神恍惚导致不安全的行为。为了防止不安全的行为，使员工有个良好的心态面对每天的工作和学习，车间将“安全零事故活动”的“一分钟默想法”及“手指口唱法”有效地运用到车间的休息活动中。

“一分钟默想法”是结合心理学的冥想法、呼吸法及松弛法于一体，放松心情的一种有效方法，使员工在紧张的工作中得以身体安定，进而达到心灵上的安定，促进安全卫生的效果。工段班组零事故休息时间活动是：员工休息下岗后，可有 7～8 min 自由活动时间；自由活动过后主动回到工段园地集合，同时班组长组织各自班组的员工进行一分钟默想法，缓解工作过程中的疲劳状态，放松身心；最后工段长组织员工进行接触齐呼后，回到工作岗位，待全体员工准备就绪后，班长给出信号启动生产。此项活动开展后，西车在不增加人员及设备的前提下，由原来的每班次计划产量的 245 台，提高到每班次稳定输出 255 台。

3）班后会。为推动员工将“安全零事故活动”变为一种习惯，把安全确认工作当成一种习惯，西车在完成生产任务后，通过团队形式进行 5S（整理、整顿、清扫、清洁、素养）工作，同时与下班次的员工交接当班次工作进度、发生的质量缺陷及安全隐患，有效地避免了因人为因素造成安全及质量事故的发生。接着，班组长组织员工进行总结，并为班组制定更高的目标。最后，全体进行接触齐呼，再一次增强了团队的凝聚力，大家互相提醒无论上班还是下班都要时刻注意安全。

(3) 第三步——开展安全主题活动

为全面建立车间的安全文化，西车结合“安全零事故活动”的

“4R 法”（潜藏着什么危机、这是危险重点、如果是你该怎样做、我们这样做），以工段为单位定期开展工段安全主题活动，保证了工段班组参与安全文化建设的激情。

工段员工心理辅导活动。为确保每位员工的心理健康，工段定期进行心理辅导活动，这正是利用“安全零事故活动”中的“健康询问”法与员工进行沟通交流的表现，避免不安全的行为导致悲剧的发生。

心理辅导方法分为启发谈话、心理训练两大部分，由工段根据自己实际情况定期开展，可一周一次，或半个月一次，参与员工也可根据实际情况邀请部分员工参与或工段全体员工参与。同时，以车间经理为组长的零事故小组，定期下到车间工段基层，与员工面对面谈话，引导职工以班组为单位，对情绪低落的人员进行心理辅导活动。通过谈话、故事启发、心理小训练等方法，调整团队成员的情绪状态。

零事故小组会议。西车根据生产的实际，由工段零事故小组定期（半个月或一个月）针对工段内的事故隐患召集零事故小组会议，会议场所定在车间零事故培训教室，各成员相互沟通、共同思考、相互提醒，发表自己的意见，利用危险预知 4 阶段法（现状把握、本质追究、制定对策、目标设定）找出潜在的危险因素后，确认危险的重点，对危险重点制定有效的措施，并利用“手指齐呼”的方式进行确认。推行“零事故小组活动”会议以来，很多员工的想法在项目的执行中实现了，对于优秀改善项目，还以小组名字或员工名字命名，使员工在活动中找到了集体的归属感。同时，也激发了员工参与的热情。（杨新伟、黄建人、李亮）

6. 上海焦化公司实施班组安全学习积分制深化培训的做法

上海焦化有限公司始建于 1958 年，是上海市最大的城市煤气生产企业，具有日产城市煤气 240 万 m^3 的能力，约占全市供应总量的 50%；同时年产冶金焦 140 万 t、甲醇 80 万 t、苯酐 5 万 t，以及煤焦油系列、油脂化工系列等产品 120 余种，总计 20 余万 t，目前已经发展成为以煤为主要原料的综合性大型化工企业，总资产 70 亿元，年销售收入 65 亿元。

近年来，上海焦化公司贯彻落实“安全第一、预防为主、综合治理”的方针，根据本企业的实际情况，积极开展安全教育培训，实施班组安全学习积分制，不断深化安全教育培训，通过安全教育培训提高员工的安全意识，增强安全技能，实现安全生产的目标。

上海焦化公司实施班组安全学习积分制深化培训的做法主要是：

(1) 对安全教育培训重要性的认识

安全教育培训应该是企业开展安全工作中的最基本且最重要的活动。安全教育培训的目的，就是确保员工的操作安全以及人身安全。

安全教育培训具有强制性、多样性、科学性、实用性、娱乐性的特点。安全教育培训承担着传递安全生产经验、提高人员自主安全意识的重要任务。通过安全教育培训可以使员工的安全文化素质不断提高，安全精神需求不断发展，并且通过安全教育培训还能够形成和改变员工对安全的认识观念和对安全活动及事物的态度，使员工的行为更为符合企业生产中的安全规范标准和要求。因此，不断开展安全教育培训和提高安全教育培训质量，将会在以后的安全工作中扮演着十分重要的角色。同时安全教育培训也是可以无所不在的，在实际工作中，处处都可以成为培训的“课堂”。只要本着一颗想要把安全工作做好的心，多与员工沟通，多开拓思路，汲取别人的先进经验，安全教育培训工作就一定可以越做越好，安全教育培训的成果也会越来越显著。

(2) 采取多种措施，加强安全教育培训

目前上海焦化公司有气体、德士古、甲醇三个生产作业区和检修作业区，其中涉及多个不同操作工段，生产工艺较为复杂，对各类工种的要求也较高，还涉及多种特殊工种作业。所以在开展员工安全教育培训时，就需针对每个作业区每个岗位操作特性的不同，制定与之相对应的安全培训材料与课程。因为分公司员工人数较多，员工相对年龄跨度较大，人员文化程度差异也较大，所以在制订安全教育培训计划时必须统筹兼顾，内容必须通俗易懂，生动趣味，且有较大的实用性，以激发员工自主学习的积极性，从而达到员工主动要求安全的目的。为此，公司采取了一些积极有效的措施，促进安全教育培训。

1）“班组安全学习积分制”机制。公司于 2010 年 5 月开始实行“班组员工安全教育培训积分制”（以下简称“积分制”）。“积分制”规定，公司各部门以每 3 个月为一个周期，每一个月开展三次课程，为班组员工讲授安全、环保、设备方面的专题知识。而每名班组员工则按照规定，必须在生产稳定的情况下，由当班值班长安排分批参加公司组织的“安全、环保、设备”的学习和考试，且员工每参加一次不同内容的学习可积 2 分，班组员工每年需积满 6 分方为及格。这样做不仅缓解了因四班二运转后带来的班组安全学习时间参差不齐，授课难的问题，即员工可以自由选择时间参加安全学习，同时还提供了一个机会让安全、环保、设备三部分可以相互结合，互补、互用，从而形成了一个“大安全”的概念，使班组安全学习的整体效果更具有实用性和宽泛性。目前，“积分制”课程已开设至第二期。不论在人员组织、课程安排上，还是在材料准备、授课方式上都有了很大的进步，已将班组安全学习授课的重点定位于“实用”“精炼”，规避了以往那种“大套路”“大道理”等华而不实的授课内容，侧而从操作人员实际工作中常接触的一些东西、可操作性较高的技能出发，辅以提问互动、案例分析等模式，使员工可以更充分了解现实工作中应注意的安全事项，并促进员工自主进行安全思考。

2）通用工种安全培训机制。由于公司生产工艺复杂，生产、检修任务繁重，涉及大量特殊工种人员作业，因此，加强通用工种安全培训十分必要。由公司机动办牵头，每个月组织下属检修作业区开展一次“通用工种安全培训”。培训通过视频、PPT 的方式向操作人员介绍相关工种最新安全操作规程，最新安全技术及特殊作业防护措施，尽量以生动的模式让操作人员学习、接受。同时培训过程中还会刻意通报一些近期国内外关于违章而造成的特殊作业事故，以此告诫操作人员必须严格遵守相关安全规程、规定，杜绝违章，从而提高自己和他人的生命安全保障。

3）安全技能培训机制。公司结合人员流动性大，新近员工较多的特点，在开展应急救援演练的同时增加了应急器材使用的实操演练。2010 年在安全保卫部的大力支持下，公司多次利用到期灭火器、空气呼吸器等应急救援器材组织新进厂 3 年以内的员工进行实际操练，从而提升了新进员工的应急救援能力。

4）相关方安全教育培训机制。公司考虑日常检修任务繁重，涉及相关方较多，其人员流动性也较大，故在对相关人员方进行安全教育培训的同时，还在原有三级教育的基础上，增加了“安全基本知识考试”，即在二级安全教育后，对被教育人员进行一些安全常规、基本知识的考试，外来相关方人员只有通过了考试，才可以在分公司内进行施工作业。

5）应急救援演练机制。依照国家标准以及集团公司的要求，公司针对下属所有关键装置、重点部位，每半年开展一次“重大危险源事故救援演练”。演练结束后，需要公司领导主持召开演练效果评价会，对演练中出现的不足进行原因分析，制定相应的整改措施，再由相关部门落实整改，以确保事故应急救援演练效果的最大化。

(3) 了解安全教育培训，力求把安全教育培训做得更好

安全教育培训十分简单，但是真正做好并不容易，这需要深入了解安全教育培训，深入了解安全教育培训对象，积极做好各项工作。

1）力争培训前期做到“心中有数”。即每项培训事先必须对培训目的及培训对象有一个全面的把握，做到心中有数，如果培训对象是初次受训人员，如青年员工、外来人员等，培训将以基础安全教育和常识培训为主；如果培训对象是多年的熟练工或者一般管理人员时，则必须进行新知识、新技术方面的安全培训，从而使分公司所开展的安全教育培训成为与时俱进、适应需要的培训。

2）力争将培训内容做到“因人施教”。公司员工因年龄结构、文化层次的差异，接受能力及知识面也各不相同，所以在开展培训前应与员工多沟通、多交流，并在准备课件时尊重员工的意见，选择目前员工最希望、最迫切需要接受的安全教育知识，因人施教，耐心辅导。

3）力争将培训方式做到“灵活多变”。安全教育培训的培训方式方法十分重要，好的方式、方法可以刺激员工学习积极性，从而变“要你安全”为“我要安全”。故在分公司的安全教育培训计划中，更多地采取了理论结合实际的培训模式，多开展应急救援、器材使用等实战、实操演练，在实际动手中培养员工的安全兴趣，同时把一些较为抽象的专业培训与案例分析相结合，边分析边讲解，如此便可更易学易懂，生动趣味。相信灵活多变的培训发式，不仅能激发职工的学习兴趣，还能使安全教育培训达到事半功倍的效果。(王一军)

7. 卫东控股集团实施员工奖励与处罚促进安全的做法

湖北卫东控股集团有限公司由原国营卫东机械厂整体改制而成，始建于1964年，属湖北省军工企业，现为工业和信息化部民用爆破器材和民用爆破器材专用设备定点生产企业，是湖北省规模最大、品种最全的起爆器材龙头企业。多年来，公司依靠科技创新和技术进步，以专业化生产铸就卓越品质，以顾客满意为宗旨提供一流服务，多次荣获“省优、部优”荣誉称号，1998年以来连续六年获“湖北省国防科技工业系统质量管理、安全管理先进单位”称号。

“安全，是我们每一个人都需要把握的人生财富。没有安全，一切都是负数。我们企业的安全是体现在从尊重人、保护人，到塑造人的全过程中，安全工作只有一个目的，那就是关爱职工生命，提高企业本质安全。”湖北卫东控股集团董事局主席顾勇对企业安全管理有着特别超前的看法，并在实践中倡导和实施了一种通过对员工奖励与处罚促进安全的做法——顾式管理法。

卫东控股集团实施员工奖励与处罚促进安全的做法主要是：

(1) 从事高危产品生产，探索适合企业的安全管理之路

湖北卫东控股集团有限公司（以下简称卫东公司）的前身是一家建于1964年的地方军工企业，在改革的浪潮中一度濒临破产边缘。1994年12月26日发生的一起导致4人伤亡的爆炸事故，更是让卫东公司付出了血的代价。2003年年底进行股份制改革后，企业不断发展壮大。目前，该公司产品涵盖民用爆炸物品、机加工产品和军用产品三大类共40多个品种，是工业和信息化部民爆器材和民爆专用设备的定点生产企业，2009年实现销售收入3.2亿元。

从事高危产品生产的卫东公司，在经济快速发展的同时，企业领导和员工对安全生产工作高度重视，确定了以塑造企业的“本质安全”为目标，不断在人防、物防、技防等各个环节研究、建立强化安全管理与控制的新机制、新模式，形成了一套以“安全违章整改跟进法”和“安全生产累进奖励法”为核心的“顾氏管理法”，使安全生产状况持续改进。目前，卫东公司已经连续多年未发生重伤以上安全事故，2006年轻伤事故率达到1.7‰，2007年降至1.6‰，2008年降至0.74‰，2009年为1.25‰，先后被襄樊市安监局和湖北省安监局命名为“安全管理示范企业”。

(2) 用“安全违章整改跟进法”，强化对职工违章行为的纠正

走进卫东公司的每间工房，入口处都悬挂着告示牌，上面附有一个表格，即安全违章整改跟进表。这是公司为强化对职工违章行为的监控、整改实行的“安全违章整改跟进法”。

“安全违章整改跟进表”共有5项内容：一是违章行为，包括企业职工的违章依据、风险评估，以及可能给职工自身和他人造成危害的行为；二是对违章行为的整改要求；三是对整改期限的规定；四是对违章行为进行整改的责任人及投入保障；五是整改跟踪时间，明确为1～6个月。

卫东公司为构建安全违章整改的长效机制，实施“安全违章整改跟进表”，通过公司每月组织的一次集中隐患排查、分厂每周组织的一次安全检查和安全管理人员每日进行的日常巡查，将排查出来的职工违章行为和各类事故隐患，统一填制在“安全违章整改跟进表”中，同时通过公司网络、公示栏、大型视屏等进行公开展示，公示时间与整改跟踪时间一致，为6个月。只有该违章行为在6个月内不再重复出现，才可以确定为整改到位，撤销公示；若在公示期间再次出现同样的违章，则从重复出现之日起，连续追踪6个月，直至整改到位为止。

在实施“安全违章整改跟进表”的过程中，为消除员工的抵触心理，违章跟进采取不记名方式，即只公布违章行为，以此告诉员工，安全员抓违章，并不是针对员工个人，而只是针对违章行为，希望违章员工和其他同岗位员工能够真正重视起来，从而彻底消除违章。

“安全违章整改跟进法”实施后，在卫东公司起到了警示职工、降低违章、避免事故的作用。每发现一起职工违章，可使全体职工共同受到教育。特别是公开展示连续6个月的视觉冲击，会给每名职工带来深刻的记忆，提高职工自律意识和能力。这一方法还保护了职工的积极性。有的员工说：“以前违章就会被点名，虽然也能起到纠正违章的作用，但感觉还是没有面子，往往让人产生抵触心理。自从公司实行了违章跟进管理法，违章后只是把违章现象写在公示板上，违章职工不被点名，安全员把违章的弊端及改进方法在底下单独与违章职工交流，既保住了个人的面子，又起到了纠正违章的作用，真正激发了我们要安全的主观能动性。”

“安全违章整改跟进法”在 2006 年实施当年，共统计各种违章现象 27 起，主要有超量、违反劳动纪律、违反工艺操作规程、违反公司安全十大禁令、无证上岗等，职工违章率为 1.7%；到 2009 年，违章现象统计降低为 7 起，职工违章率降到 0.4%。

(3) 靠“安全生产累进奖励法”促整改，消除安全隐患

从制度上促进员工改正违章行为，是一种被动的安全管理方法。卫东公司为了引导员工在意识上关注安全，彻底消除安全隐患，根据员工在生产中的思维规律，充分发挥经济利益对人的行为的引导作用，实施了“安全生产累进奖励法”。

“安全生产累进奖励法”，即在对管理人员实行安全风险抵押金管理的同时，对一线员工实行安全生产累进奖励。具体奖励方法是以一个月为考核周期，如员工当月安全考核合格，则计发当月安全奖，并作为全年累进奖励基数，逐月累进，奖励按基数逐月累进增加。

为体现安全奖励的公平性，卫东公司根据安全生产风险的大小，把累进奖励级别分为 3 个等级，确定不同的奖励系数。风险高的岗位系数大，奖励基数高。安全奖励采取按年度发放的办法，若员工在年度某月考核不合格或发生事故、出现违章行为，则扣发某月之前的安全生产累进奖；所在分厂发生重伤以上事故，则扣发分厂安全累进奖；若公司发生伤亡事故，则公司免去安全累进奖。

“安全生产累进奖励法”最大的特点还在于安全生产奖励的累进性，即在奖励上“只做加法，不做减法”，违章跟进将过去的无情处罚变为有情提醒，警示员工养成良好的安全行为习惯，体现出公司关爱员工的理念，而每天班前会的重复，连续 6 个月公示的视觉冲击，让员工的记忆不断加深，从而增强了员工的自律意识；如果员工全年不违章，可以得到累进的高额奖励，一旦出现安全问题，最严厉的处罚措施是扣发累进奖励，不影响员工的正常收入，既体现了奖罚分明的原则，又很人性化，是员工乐意接受的。

2006 年实行“安全生产累进奖励法”当年，全公司共兑现累进奖励 80 多万元。2009 年，安全累进奖总额已经超过 500 万元。对于公司职工而言，安全已不仅仅是生命健康的保障，而且成为了富裕生活之源。而作为一家高危行业领域的生产企业，卫东公司也从刚改制时工业年产值只有 1 200 万元，员工平均年收入 4 000 多元，发展为现在年产值达到 3.2 亿元，员工收入翻了四番，利税突破 6 000 万元，连续 3 年获得襄阳市纳税大户称号，一跃成为湖北省最大的民爆器材生产企业，且因安全状况良好，软实力大为增强，吸引了更多的合作单位和项目。

更为重要的是，经过长期的安全生产实践和安全文化沁润，卫东公司干部员工的安全管理和文化素质不断提高。卫东公司的安全环境使每位员工切实感受到了作为企业人的尊严，做“安全行为人”成为卫东员工的自觉。高安全素质的干部员工队伍，成为卫东公司实现本质安全的最坚实的基础。（胡少飞）

8. 阜新能化工程公司开展“每日一案例”教育活动的做法

阜新能源化工工程有限公司所在地为辽宁省阜新市，注册资本金为 3 000 万元，主要负责大唐能源化工有限责任公司所属多伦煤基烯烃项目、托克托铝硅钛项目及今后陆续投产的克旗煤制气、阜新煤制气、鄂尔多斯铝硅钛、呼伦贝尔 1830 化肥等项目的检修、维护、保运、小型工程建安施工等工作，并且逐步承担化工公司各项目的压力容器与压力管道制造及检测、施工监理等工作。

近年来，阜新能源化工工程有限公司针对化工检测、维修工作危险因素复杂、事故多发的特点，结合班组“三讲一落实”安全管理工作取得的经验，从 2009 年 12 月开始，积极开展班组“每日一案例”活动，取得了明显的效果，职工安全意识有了明显的提高，事故发生率显著下降，职工习惯违章现象明显减少，活动得到了公司领导的充分肯定，同时也得到班组和职工的广泛支持和认可，为推动企业安全生产管理起到了重要作用。

阜新能化工程公司开展“每日一案例”教育活动的做法主要是：

(1)“每日一案例”活动产生背景

班组“每日一案例”活动是指班长在每天班前会上布置完工作任务、讲清楚安全风险和安全防范措施后，利用 5～8 min 的时间，引用一个与当天工作任务接近的事故案例进行安全教育，组织员工共同讨论分析，明确事故原因，吸取事故教训，正确认识和掌握事故发生的规律，针对当天实际工作任务进行有效的事故预防和控制，时刻做到安全警钟长鸣，防范安全措施不落实、麻痹大意、违章指挥、违章作业等造成的事故。

“每日一案例”活动是创新安全教育形式，是“三讲一落实”工作的拓展和延伸。近几年，国家对安全生产要求越来越高，企业必须要不断创新安全管理机制，探索行之有效、简单可行的方法，“每日一案例”活动已经成为公司班组安全管理的长效机制，通过“每日一案例”活动，对员工进行警示教育，使员工清醒地认识到违章就是事故的根源，只要认真分析危险因素，严格落实安全措施，仔细确认安全条件，一切事故都是可以避免的。

“每日一案例”活动是促进班组安全发展的需要，班组开展“每日一案例”活动，能够充分调动员工参与安全管理的主动性和积极性，使班组逐步走向安全工作的自我管理，通过案例使班长对工作负责人进行提醒，工作负责人和工作班成员对照案例再一次辨识、分析危险源，确认控制措施，防止事故发生。

(2)“每日一案例”活动的内容

阜新能化工程公司全面推广“每日一案例”活动，并使之成为常态化教育方式，并不断丰富活动内容。公司结合化工检修的特点，有针对性地精选了高处坠落、机械伤害、火灾及爆炸、车辆伤害等 11 类典型事故案例，坚持在每天班前会上组织学习，保证员工在进入作业现场前学习一起安全事故，每天在班前会上为班组成员发放一起与工作任务相关的案例材料，所选案例有安全常识、有防范措施、有制度规定，且文字简短、图文并茂，学习起来不但通俗易懂，耗时不长，还给人以身临其境的感觉，增强了员工对事故的直观认识，促进了员工提高安全防范意识，规范了作业行为，落实了安全措施，起到防范事故发生的效果。

“每日一案例”活动较之每周安全日活动“念材料”的学习形式，员工们更乐于接受，易于掌握。活动中，各班组所讲案例逐步由班长一人选材变为员工轮流自选，内容可选择公司下发的案例材料，也可选择新闻媒体报道的人身伤害事故和员工身边的真实故事。通过活动，员工们接受安全教育的主动性和积极性逐渐增强，各班组将学习情况形成文字记录，全员签字确认，对学习过程起到了监督作用，确保了“每日一案例”教育活动取得实效。

(3)“每日一案例”活动取得的经验

实践证明，“每日一案例”活动并不是简单的重复，它是一项安全系统工程，只有全面融入安全生产管理，才能发挥作用，不流于形式。在具体实施过程中，公司借鉴了一些车间班组的成功经验，取得了实实在在的效果。

1）创新活动形式，丰富活动内容，班前会案例选择由班组自主决定，增强了员工参与活动的主动性，所选案例贴近工作实际，内容丰富，容易理解掌握，提高了职工学习热情，增强了活动的吸引力和感染力。

2）加强班组领导，各级管理人员每天深入班组检查指导“每日一案例”活动，及时解决活动中遇到的问题，与员工一起讨论、分析案例，找出原因，吸取教训，做到了全员参与，共同提高。

3）增加活动互动性，改变以往“班长念、员工听”的做法，每天由班组员工轮流主持学习，其他员工互动发言，深入分析事故的根源所在，提高防范意识。

4）加强对“每日一案例”活动的宣传力度，让每位员工都深知“每日一案例”活动的实质是通过借鉴“他人”的教训，提高自我保护意识，是对员工的关爱，进而使员工对这项活动的重要意义有了充分理解，乐于接受。

对于班组在“每日一案例”活动中取得的好经验、好方法要积累经验、树立典型，通过班组之间学习交流，及时推广，使活动不断完善提高、持之以恒地开展下去。

9. 小河嘴煤矿开展算“安全5笔账”活动警醒员工的做法

四川达竹煤电（集团）有限责任公司前身为达竹矿务局，始建于1967年，2005年8月划归四川省煤炭产业集团管理。公司下辖7对生产矿井，核定生产能力262万t/年；两对在建矿井设计生产能力105万t/年；两座选煤发电厂，原煤入选能力250万t/年，发电装机容量4×6 000 kW；还有机械制造、煤炭运销等16个专业子（分）公司，公司资产总额40亿元，现有员工13 265人。

近几年来，达竹公司小河嘴煤矿为抓好煤矿安全的基础工作，打造安全高效型矿井，强调抓安全生产责任考核，强化企业主体责任，在员工教育上，开展算“安全5笔账”活动，警醒员工的安全意识，加强现场安全管理，用安全确认制保证设备达标，用准军事化的执行力和服从力保证员工的规范操作，用动态管理、过程确认和严格的质量验收保证工程质量达标，从而保证了企业的安全生产。

小河嘴煤矿开展算“安全5笔账”活动警醒员工的做法主要是：

(1) 严格考核，为安全生产护航

小河嘴煤矿的特点是大倾角极薄煤层，作为国内典型的大倾角极薄煤层和高瓦斯矿井，构建安全高效型矿井可谓是任重而道远。

几年前，由于煤矿现场安全管理粗放，管理队伍安全作风漂浮，安全规章制度执行常打折扣，导致零敲碎打的生产安全事故时有发生。2008年，煤矿就曾经发生一起因隐患未及时整改而导致职工受伤的事故。在采区煤仓建设时，上一班煤仓上部锚网未及时支护喷浆，跟班人员发现隐患后，下达了隐患整改书。但是由于安全管理松散，隐患整改指令没有及时传达到中班作业职工手中。在作业过程中，煤仓上部的岩石片帮砸到下面一名作业职工的耳部，发生了生产安全事故。

2009 年 2 月，小河嘴煤矿为扭转现场安全管理粗放的现状，推出了不同层次双向安全生产责任制考核制度。“不同层次”，即决策层（矿领导班子）考核管理层（科队级管理人员），管理层考核操作层（职工）。“双向”，即操作层也可以考核管理层，管理层也可以考核决策层。这一制度的执行，要求从矿领导班子到普通职工全部制定岗位安全工作职责，再根据安全职责制定出各个岗位、各个层面的考核办法和细则，同时加大对考核结果的运用，考核结果直接与工资收入、职务升降、岗位调整挂钩。这一制度的制定与实施，在管理人员队伍中引起了强烈的震动。

为加大安全责任追究力度，特别是落实队、班两级安全生产主体责任，该矿对包括矿领导班子成员在内的各级管理人员实行安全风险抵押和安全结构工资制度，对违反规定的人员从严处罚。2009 年 6 月，小河嘴煤矿掘进一队发生一起轻伤安全事故，在月度安全考核会上，按照考核办法，当场宣布免去该队队长的职务，将他降为副队长。这位队长是一位曾 4 次获得达竹公司和矿劳模称号的老掘进队长。当时考核现场很紧张，有人出面为他求情，但是制度面前人人平等，安全工作来不得半点马虎，最后还是按照制度处理了这位老队长。2009 年以来，小河嘴煤矿先后有 8 名副队级管理干部被降为操作岗，有 1 名正队级管理人员被问责降为副队级，2 名机关管理岗人员被降为操作岗。

(2) 强化安全意识，开展算“安全 5 笔账”活动

小河嘴煤矿地质条件复杂，煤层赋存极薄，平均煤厚只有 0.4～0.75 m，且同一煤层倾角变化在 3°～45°，煤层倾角极不稳定。由于极薄煤层矿井开采受“一大三低”（劳动强度大、机械化程度低、安全系数低、工作效率低）的影响，严重制约了安全生产。而对于厚度在 0.8 m 以下的极薄煤层，几乎是煤炭开采的禁区，矿工在低矮的采煤工作面上作业，要跪着劳作，爬着前行，一个采煤工一年要在工作面上来回爬行几千米，故极薄煤层采煤被称为“夹缝里淘金，骨头缝里剔肉”。如何确保安全发展，是小河嘴煤矿面临的最大难题。

“事故猛如虎!”任何一次安全事故，不仅会给社会、矿井和职工家庭带来不同程度的经济损失，还会给伤者本人带来永久的伤痛。为提高员工的安全意识，2008 年以来，小河嘴煤矿为了强化员工的安全意识，持续开展了算“安全 5 笔账”活动，积极教育和引导全矿职工家属正确认识和处理安全与生产、安全与效益、安全与稳定、安全与社会、安全与个人、安全与家庭的关系。

“安全 5 笔账”，即经济账、家庭账、生命账、社会账和政治账。经济账是结合安全奖罚规定，引导职工计算发生“三违”和事故付出的成本代价，与实现安全生产所得到实惠相比，增强职工的安全意识；家庭账是计算职工家庭因事故造成的损失或负面影响，给个人、家庭带来的经济损失、伤害和痛苦；生命账是让职工明白人的生命只有一次，因生产安全事故而失去生命，当事人一切“账”都完了，是无法挽回的一笔账；社会账是针对事故算集体荣誉的损失，算算单位在此事故后的无形负面效益；政治账是引导各级领导把实现安全当成一项政治任务来抓，履行各自的安全职责。

(3) 采取多种形式，加强宣传教育

为确保活动取得实效，小河嘴煤矿将“安全 5 笔账”印成小册子发给全矿所有职工，要求每位职工对照手册查找自身存在的问题。该矿还组建了三支“安全 5 笔账”巡回宣讲小分队，到各区队、班组开展安全巡回演讲，通过案例让每位职工和家属都算一算自己的账，在职工家属中引起了强烈的反响。

2008 年 9 月，小河嘴煤矿机电队一名职工违反电气设备检修作业规程，擅自带电检修开关，被电火花烧伤手背，造成轻伤。伤好后，他被送进“三违人员”学习班，安全帮教老师刚开始给他讲解违章的危害时，他还满不在乎，认为受点轻伤算不了什么，损失不大。然而安全帮教老师按照“安全5笔账”给他一一算来：一个普通的皮外伤，受伤需要缝几针，每针10元，再加上用药大约在200元；另外还需要打10天的点滴，每天药费按30元计算，需要花费300元；误工费每天按50元计算，10天又是500元，这些加起来都要1 000元。如果再重一点的工伤就要花费几万元甚至几十万元。除了药费，个人的工资每月还要扣3 000余元，减少了家庭收入；违章者造成安全事故，轻者被罢免，重者被追究刑事责任等。经过算账，这位职工动情地说：“不算不知道，一算吓一跳，每笔账都算到我的心里去了，这种教育方式比家里媳妇的唠叨更让人明白。”

结合算好“安全5笔账”活动，小河嘴煤矿还全面推行了机电、运输、通风、采煤、掘进、地质、测量、爆破、瓦斯抽放、监测等“10种典型违章行为”背诵活动，要求每位职工都能熟记10种典型煤矿安全事故案例及各大工种的10种违章行为，牢记事故造成的各种影响和损失，引导职工争做“本质安全人”。（吕楠俊、杨涛）

10. 扬巴石化公司建立体系对特种作业人员培训管理的做法

扬巴公司全称为扬子石化——巴斯夫有限责任公司，成立于1994年，是中国石化总公司与德国巴斯夫公司合资兴建的特大型一体化石化基地。公司坐落于扬子江畔的南京六合地区，拥有9套生产装置和相应的原料、成品罐区；配备有铁路、公路装卸站和万吨级江运码头。

扬巴公司由于生产性质，各种石化装置具有高温高压、易燃易爆、有毒有害的特性，这些设施绝大多数都属于特种设备，公司员工也绝大多数都是从事特种作业的人员。本着以人为本的原则，公司始终把特种设备管理和特种作业管理摆在了重中之重的位置，建立了管理体系，对特种作业人员加强培训管理，取得了可喜的成绩，得到了社会的肯定。

扬巴石化公司建立体系对特种作业人员培训管理的做法主要是：

(1) 加强安全教育和培训，做到了100%取证和复审

安全生产培训工作是安全生产管理工作的重要内容，也是预防事故发生的主要措施。公司人力资源部的“发展与培训”分部对此做了大量的协调和组织工作。

公司的特种作业人员主要分布在9个生产装置和维修部门中，已经取得各类“特种设备作业人员证”的有1 700多人次，而扬巴的正式员工只有1 400多人。由于持证作业人员数量庞大，持证种类繁多且复审时间、周期等不尽相同，对此，人力资源部利用其办公管理软件建立了特种设备作业人员管理档案。“发展与培训”分部在复审期满3个月前，向发证部门提出复审申请。人员集中的证书，复审时间不同的，尽量给予合并，由政府部门派人到公司内部进行培训；零散的证书持有人，安排参加政府部门组织的一年两期的公开课；如果两期的时间都赶不上，便联系附近其他单位是否有相同的培训，更多的时候与中方母公司密切联络，安排两家公司人员同时进行培训。为了让这些人员安全地做好现场工作，“发展与培训”分部同时在公司内部定制了各种各样的相关培训。

维修部是特种设备作业人员相对集中的部门。特种设备作业人员的证书全部由部门统一管理。维修部下属的维修中心静设备组员工主要涉及压力容器、压力管道维修资质证、叉车证、电气焊证、锅炉压力容器无损检测证、起重证、起重机械/行车证。公司派人参加锅检所组织的“特种设备管理培训”，取得了压力容器、压力管道检验员证。公司还对内部的压力容器逐台在政府相关部门办理注册登记，登记证书随同设备的原始资料永久保存在公司的文档室，各装置保留复印件备查。扬巴维修中心为了开展特种设备的维修，申请了压力管道GC2安装证，压力容器A2级修理、改造许可证。作业前，公司依照政府机关规定的安全技术和检查规程，先将压力容器、压力管道检维修向南京市质量监督局和南京市锅检所进行“告知”，然后编制方案，由拥有特种设备作业人员证的员工在现场作业，工程师进行监管。现场工作严格执行“安全工作许可证”制度，根据工作的类型由装置经理签发特定的工作许可证，许可证分为危害工作、动火工作、限制性空间进入，工作中还安排消防监护员和安全监护人跟进，工作期间对可燃气体进行定时检验，每隔 1 h 分析一次，掌握气体浓度的变化情况，以确保人身安全。每日安排工作的同时进行班前安全交底。

因维修需要而增加新的焊接项目时，公司组织焊工按照规定培训考试。在资质允许范围内修理后的压力容器及压力管道，需要出具质量证明书，证明书必须和设备原始资料一起存放在文档室，装置保留 1 份复印件。维修中心电器仪表组员工的证书涉及检定员（压力表）证、检定员（电三表）证、检定员（热电阻、热电偶）证、检定员（智能流量计组态）证、计量员（气体流量计）证、电工进网维护证。对各种仪表实施检验的先决条件是要拥有这些证书。车间里设有 3 个校验标准间，分别校验压力、温度仪表和电三表。为此，电仪组把本组的人员分工，安排到相关政府部门参加不同的取证培训。工作中，要求员工注意压力、电、过热保护、高温，防止烫伤。所有的校验工作严格按照国家规范进行，每次校后有记录，制作校验证书。根据《中华人民共和国计量法》，扬巴石化公司内部制定了自己的“计量管理程序”。根据程序对所有扬巴的计量器具、标准仪器进行监管，包括采购、定期标定、换修、报废和登记管理。

在各部门的努力下，扬巴公司特种作业人员的安全教育和培训做到了 100％的取证和复审，使特种作业人员成为安全生产工作的中流砥柱。

（2）建立完整细致的安全体系，完善各项规章制度

公司建立了一套完整细致的环境、健康和安全体系，制定了 30 多个管理程序。按照“危害识别和风险评价”程序，公司成立了危害识别和风险评价小组，识别重大危险源，确认现有安全措施是否能够将所有风险控制住；“安全生产责任制”明确了包括公司最高管理层在内的所有员工的具体责任，确保每位员工工作所需的安全培训得到计划、安排、实施、回顾和记录；“应急响应计划”为各种紧急事件制定了响应方案，包括紧急响应中心、义务响应小组、装置紧急管理小组、跨装置紧急管理小组、现场处置和指挥领导小组等。公司在“气体钢瓶管理”制度中详细地规定了气体钢瓶的吊运、储存和使用的注意事项；在“脚手架管理”制度中对脚手架的搭拆、安全管理和使用管理做了明确的规定，特别是对于作业人员的安全起着举足轻重作用的“特殊设备脚手架”的搭设给予了详尽的要求。

为使各项安全制度能够得到切实的遵守和落实，公司安全部根据生产维修需要，为所有扬巴职工制定了培训矩阵表，并派出 5 名现场监管员，分片区组织开展专项检查，参加装置每周 1～2 次的巡检。现场监管员在对检测、维修和工程项目的监管过程后，找出不安全因素，参加装置的事故分析会、开工会、例会，提供安全方面的支持。对发现的违章现象进行处理，对违反安全法律法规规定的行为，责令改正。通过检查，提高各部门执行安全法规的自觉性，做到自觉整改问题，确保安全生产。对有登高未系安全带，气瓶倒在地上，站在叉车上进行高空作业而不是使用脚手架等行为的员工，提供教育和再培训，将可能发生的事故扼杀在萌芽状态。

在扬巴现场工作的还有很多第三方的员工，被称为长期合同承包商。公司的材料技术和质检部针对不同的工种，对进场的每一位焊工进行现场技能测试。实际工作过程中，每天统计焊工的焊口数量和检测结果。在装置内巡查，发现影响质量和安全的不规范操作行为立即给予指出，多次不能整改，便要求施工单位撤换焊工，保证在公司现场工作的全部是合格的施工人员。公司还召集来自承包商和公司内部的所有焊工每个月组织半天的“焊工质量技术讲评会”。会上，对发生的问题进行讲解，提醒每位焊工引起注意，以避免相同的问题再次发生。

（3）以人为本责任关怀，不断改善工作环境

为保证特种作业人员的身体健康和安全，公司不断改善工作环境，并做了一些必要的资金投入。焊工的工作场所尘埃、噪声较大，公司在他们的工作区域安装了真空吸尘罩；改造剪板机，使钢板落地时的噪声大大减小。公司制度中严格规定，要确保员工使用正确的个人劳动防护装备、设备和材料。从事特种作业所需的特殊劳动保护用品由各部门提交采购申请，采购部通知供货商，将制造商和型号已经通过安全部认定的特殊劳动防护用品送到公司的中心库房后发给各部门。

公司还依据国家和地方法规，对接触特种设备的育龄员工进行危害评估、交流及工作调整。在改善员工健康和安全的同时，将个人风险和对工作场所的干扰最小化。公司制定的“呼吸保护”程序，对呼吸器的选型、使用、培训、检查和清洗都做了严格的规定。中心医疗站制定的“急救”程序，为公司医疗急救服务提供统一的操作指导，合理配置急救人员及急救包，对受伤人员进行初步救治，并对10%的现场员工以及长期为扬巴服务的承包商员工进行急救培训，每期两天，每年更新一次。培训内容包括化学污染的初步医疗措施、急救包的使用及急救器材的使用。公司的“听力保护”程序要求各装置管理层指派工程人员评估降噪标准，提供护耳器给员工，确保员工按要求使用，并在噪声区设置警示牌。

公司还投资200万元购买了设施齐全的抢险车，并从各个部门抽出一部分员工参加历时15天，涉及抢险知识的全方位培训。2005年4月15日上午11点，安全部接到通知，某运输公司的槽罐车在运送公司产品时，在靖江高速公路路段发生翻车事故，紧急响应中心立即组织相关专业人员奔赴现场，支持当地消防和交管部门（包括地方政府）实施的抢救行动。从下午1点到深夜零点，顺利完成了抢救工作，得到了当地政府和各相关部门的高度认可，运输公司的负责人感动得说不出话来。2006 年 3 月，类似的事故发生在江苏省句容市，公司再次派出抢险车参与了急救工作，充分体现了扬巴公司的责任和关怀理念。